저자 약력

이치우(lcw66631@gmail.com)

인하대학교 문과대학 일어일문학과 졸업
일본 横浜国立大学 教育学部 研究生 수료
駐日 한국대사관 한국문화원 근무
(전)일본 와세다대학 객원 연구원
(전)한국디지털대학교 외래교수
(현)일본어 교재 저술가

저서

『최신 개정판 JLPT 일본어능력시험 한권으로 끝내기 N1/N2/N3/N4/N5』(다락원, 공저)
『4th EDITION JLPT 일본어능력시험 [문자·어휘 / 문법 / 한자] 콕콕 찍어주마 N1/N2/N3/N4·5』(다락원)

JLPT 콕콕 찍어주마 N3 문자·어휘 4th EDITION

지은이 이치우
펴낸이 정규도
펴낸곳 (주)다락원

초판 1쇄 발행 2003년 9월 5일
개정2판 1쇄 발행 2010년 1월 5일
개정3판 1쇄 발행 2017년 12월 15일
개정3판 5쇄 발행 2024년 10월 10일

책임편집 임혜련, 정선영, 김은경, 한누리, 손명숙, 송화록
디자인 정현석, 허문희, 하태호(표지)

다락원 경기도 파주시 문발로 211
내용문의: (02)736-2031 내선 460~465
구입문의: (02)736-2031 내선 250~252
Fax: (02)732-2037
출판등록 1977년 9월 16일 제406-2008-000007호

Copyright ⓒ 2017, 이치우

저자 및 출판사의 허락 없이 이 책의 일부 또는 전부를 무단 복제·전재·발췌할 수 없습니다. 구입 후 철회는 회사 내규에 부합하는 경우에 가능하므로 구입문의처에 문의하시기 바랍니다. 분실·파손 등에 따른 소비자 피해에 대해서는 공정거래위원회에서 고시한 소비자 분쟁 해결 기준에 따라 보상 가능합니다. 잘못된 책은 바꿔 드립니다.

ISBN 978-89-277-1179-7 18730
     978-89-277-1168-1 (set)

http://www.darakwon.co.kr

- 다락원 홈페이지를 방문하시면 상세한 출판정보와 함께 동영상강좌, MP3자료 등 다양한 어학 정보를 얻으실 수 있습니다.
- 콕콕 기출 문제, 콕콕 예상 문제, 파이널 테스트의 해석은 다락원 홈페이지 학습자료실 또는 책날개의 QR코드로 다운로드 받으실 수 있습니다.

머리말

　　JLPT(일본어능력시험)는 일본어를 모국어로 하지 않는 학습자들의 일본어 능력을 측정하고 인정하는 것을 목적으로 하는 시험으로 일본국제교류기금 및 일본국제교육지원협회가 1984년부터 실시하고 있습니다.

　　JLPT는 1984년 총 15개 국가의 21개 도시에서 응모자 7,998명(일본 국내 2,849명, 해외 5,149명)으로 제1회 시험이 개시되어, 2016년에는 866,294명(제1회 389,674명, 제2회 476,620명)이 응시하는 대규모 시험으로 발전하였습니다. 일본 정부가 공인하는 세계 유일의 일본어 시험인 만큼 JLPT는 일본의 대학, 전문학교, 국내 대학교의 일본어과 등의 특기자 전형과 기업 인사 및 공무원 선발에서의 일본어 능력에 대한 평가 자료로도 활용되고 있습니다.

　　2010년부터 실시된 새로운 시험에서는 학습자들의 과제 수행을 위한 커뮤니케이션 능력을 측정하는 것을 목표로 하고 있으며, 기존 4단계에서 5단계로 단계 조정을 하게 되었습니다. 기존의 시험은 위의 급부터 1급-2급-3급-4급 구성이었지만, 새로운 시험에서는 N1-N2-N3-N4-N5로 바뀌었습니다. 여기서 「N」은 「NIHONGO(일본어)」, 「NEW(신)」의 첫 글자인 「N」을 가리킵니다.

　　1990~2017년까지의 일본어능력시험 문자·어휘의 분석을 토대로 이번에 『JLPT 콕콕 찍어주마 N3 문자·어휘』를 개정하여 출간하게 되었습니다.

　　『JLPT 콕콕 찍어주마 N3 문자·어휘』PartⅠ에는 1990~2017년까지 출제된 문자·어휘의 모든 단어와 연습 문제를, PartⅡ에는 예상 단어와 연습 문제를 실었습니다. 그리고 부록으로 학습자의 실력을 점검할 수 있도록 4회분의 「파이널 테스트」를 마련했습니다. 따라서 이 책만 충실히 공부한다면 JLPT N3 문자·어휘에 대한 고민은 더 이상 하지 않아도 되리라 확신합니다. 이 책으로 학습한 분들께 좋은 결과가 있기를 진심으로 기원합니다.

　　끝으로 자료 수집과 분석을 도와준 이한나 님, 감수를 해 주신 米倉安生 님, 이 책의 출판에 도움을 주신 (주)다락원의 정규도 사장님, 그리고 일본어 출판부 직원들에게 이 자리를 빌어 감사를 드립니다.

저자 이치우

JLPT 일본어능력시험에 대하여

1. **목적 및 주최** | JLPT 일본어능력시험은 원칙적으로 일본 국내외에서 일본어를 모국어로 하지 않는 사람을 대상으로 하며, 일본어를 공부하거나 사용하는 사람들의 일본어 능력을 측정하고 인정하는 것을 목적으로 한다. 일본 정부가 세계적으로 공인하는 유일한 일본어 시험으로 국제교류기금과 재단법인 일본국제교육지원협회가 주최한다.

2. **실시 횟수** | 매년 7월 첫 번째 일요일과 12월 첫 번째 일요일 2회 실시한다. 하지만 주관 부서의 사정에 따라 변경될 수도 있으니 http://www.jlpt.or.kr/ 에서 확인하기 바란다.

3. **레벨** | 시험은 N1, N2, N3, N4, N5로 나뉘어져 있어 수험자가 자신에게 맞는 레벨을 선택하면 된다. 각 레벨에 따라 N1~N2는 언어지식(문자·어휘·문법)·독해, 청해의 두 섹션으로, N3~N5는 언어지식(문자·어휘), 언어지식(문법)·독해, 청해의 세 섹션으로 나뉘어져 있다.

4. **시험결과 통지와 합격 여부** | JLPT 일본어능력시험은 다음 예와 같이 각 과목의 ①구분 별 득점과 구분 별 득점을 합계한 ②총점을 통지하며, 이 두 가지 기준에 따라 합격 여부를 판정한다. 즉, 총점이 합격점 이상이고, 각 구분별 득점(과목별 점수)이 기준점 이상이어야 합격이 된다.

〈일반 수험자 합격 기준점〉

2017. 12월 시험 기준

레벨	합격점/만점	기준점		
		언어지식	독해	청해
N3	95점 / 180점	19점 / 60점	19점 / 60점	19점 / 60점

*2017년 12월 시험에서는 총점으로는 95점, 기준점으로는 각각 19점이 모두 넘어야 합격이 되었다.
만약 한 과목이라도 19점을 넘기지 못하면 총점이 95점을 넘더라도 불합격이 된다. 이 점수는 매년 달라진다.

*A 씨의 성적표 (예)

① 구분 별 득점			② 총점
언어지식	독해	청해	
50 / 60	40 / 60	15 / 60	105 / 180

*총점은 105점으로 합격점은 충족하지만, 청해가 15점으로 기준점 19점을 넘기지 못했다. 따라서 A 씨는 **불합격**이다.

*B 씨의 성적표 (예)

① 구분 별 득점			② 총점
언어지식	독해	청해	
40 / 60	30 / 60	35 / 60	105 / 180

* 총점은 105점으로 합격점을 충족하며, 구분별 득점도 모두 19점 이상이므로 B 씨는 **합격**이다.

5. 시험 내용 | 각 레벨의 인정 기준을 【읽기】, 【듣기】라는 언어행동으로 나타낸다. 각 레벨에는 이 언어행동을 실현하기 위한 언어지식이 필요하다.

레벨	구성 (항목 / 시간)		인정 기준
N1	언어지식 (문자·어휘·문법) 독해	110분	폭넓은 장면에서 사용되는 일본어를 이해할 수 있다. 읽기 • 폭넓은 화제에 대해 쓰여진 신문의 논설, 논평 등 논리적으로 약간 복잡한 문장이나 추상도가 높은 문장 등을 읽고, 문장의 구성이나 내용을 이해할 수 있다. • 다양한 화제의 내용에 깊이 있는 내용을 읽고, 이야기의 흐름이나 상세한 표현 의도를 이해할 수 있다. 듣기 • 폭넓은 장면에 있어 자연스러운 속도의 정리된 회화나 뉴스, 강의를 듣고 이야기의 흐름이나 내용, 등장인물의 관계나 내용의 논리 구성 등을 상세하게 이해하거나 요지를 파악할 수 있다.
	청해	60분	
	계	170분	
N2	언어지식 (문자·어휘·문법) 독해	105분	일상적인 장면에서 사용되는 일본어의 이해에 더해, 보다 폭넓은 장면에서 사용되는 일본어를 어느 정도 이해할 수 있다. 읽기 • 폭넓은 화제에 대해 쓰여진 신문이나 잡지의 기사·해설, 평이한 논평 등 요지가 명쾌한 문장을 읽고 문장의 내용을 이해할 수 있다. • 일반적인 화제에 관한 내용을 읽고, 이야기의 흐름이나 표현 의도를 이해할 수 있다. 듣기 • 일상적인 장면에 더해 폭넓은 장면에서, 비교적 자연스러운 속도의 정리된 회화나 뉴스를 듣고 이야기의 흐름이나 내용, 등장인물의 관계를 이해하거나 요지를 파악할 수 있다.
	청해	50분	
	계	155분	
N3	언어지식(문자·어휘)	30분	일상적인 장면에서 사용되는 일본어를 어느 정도 이해할 수 있다. 읽기 • 일상적인 화제에 대해 쓰여진 구체적인 내용을 나타내는 문장을 읽고 이해할 수 있다. • 신문의 표제어 등에서 정보의 개요를 캐치할 수 있다. • 일상적인 장면에서 눈으로 보는 범위의 난이도가 약간 높은 문장은 대체 표현이 주어지면 요지를 이해할 수 있다. 듣기 • 일상적인 장면에서 비교적 자연스러운 속도의 정리된 회화를 듣고 이야기의 구체적인 내용을 등장인물의 관계 등과 맞춰서 거의 이해할 수 있다.
	언어지식(문법)·독해	70분	
	청해	40분	
	계	140분	
N4	언어지식(문자·어휘)	30분	기본적인 일본어를 이해할 수 있다. 읽기 • 기본적인 어휘나 한자로 쓰여진, 일상생활 중에서도 우리 주변의 화제의 문장을 읽고 이해할 수 있다. 듣기 • 일상적인 장면에서 약간 천천히 이야기하는 대화라면 내용을 거의 이해할 수 있다.
	언어지식(문법)·독해	60분	
	청해	35분	
	계	125분	
N5	언어지식(문자·어휘)	25분	기본적인 일본어를 어느 정도 이해할 수 있다. 읽기 • 히라가나나 가타카나, 일상생활에서 사용되는 기본적인 한자로 쓰여진 정형적 어구나 글, 문장을 읽고 이해할 수 있다. 듣기 • 교실이나 신변적인 일상생활 중에서도 자주 접하는 장면으로, 천천히 이야기하는 짧은 대화라면 필요한 정보를 캐치할 수 있다.
	언어지식(문법)·독해	50분	
	청해	30분	
	계	105분	

6. 성적표 교부 | 합격자에 한해 교부되는 급수별 「일본어 능력 인정서」와 함께 응시자 전원에게 합격·불합격의 결과를 알려주는 통지서, 인정 결과 및 성적에 관한 증명서를 교부한다.

N3 문자·어휘의
문제 유형 분석

JLPT 일본어능력시험 N3 문자·어휘 문제는「한자읽기」,「표기」,「문맥규정」,「유의표현」,「용법」의 5가지 유형으로 35문제가 출제된다.

問題 1 한자읽기

밑줄 친 한자를 바르게 읽은 것을 찾는 문제로, 문자·어휘 35문제 중 8문제가 출제된다.

> 問題 1 _____のことばの読み方として最もよいものを、1・2・3・4から一つえらびなさい。
>
> ① 日本の首都はどこですか。
>   1 しゅとう   2 しゅうと   3 しゅと   4 しゅうとう

問題 2 표기

밑줄 친 단어를 한자로 바르게 표기한 것을 찾는 문제로, 문자·어휘 35문제 중 6문제가 출제된다.

> 問題 2 _____のことばを漢字で書くとき、最もよいものを、1・2・3・4から一つえらびなさい。
>
> ⑨ みんなで話し合って、問題をかいけつした。
>   1 改決   2 改結   3 解決   4 解結

問題3 문맥규정

문맥에 맞는 어휘를 고르는 문제로, 문자·어휘 35문제 중 11문제가 출제된다.

> 問題 3 (　　)に入れるのに最もよいものを、1・2・3・4から一つえらびなさい。
>
> ⑮ この携帯電話はボタンが押しにくいという(　　)を持つ利用者もいる。
>   1 関心   2 不満   3 目標   4 我慢

問題4　유의표현

밑줄 친 단어나 표현과 의미가 비슷한 것을 찾는 문제로 문자·어휘 35문제 중 5문제가 출제된다.

問題4 ＿＿＿＿に意味が最も近いものを、1・2・3・4から一つえらびなさい。

24 わたしは妻と一緒に通勤しています。

　1 仕事に行って　　　2 勉強に行って
　3 買い物に行って　　4 散歩に行って

問題5　용법

주어진 어휘의 올바른 사용법을 묻는 문제로 문자·어휘 35문제 중 5문제가 출제된다.

問題5 つぎのことばの使い方として最もよいものを、1・2・3・4から一つえらびなさい。

29 ころぶ
　1 今日は疲れたので、早めにベッドにころんだ。
　2 仕事が入ったので、旅行の計画がころんでしまった。
　3 台風で庭の木がころんだ。
　4 階段でころんでけがをした。

이 책의
구성 및 특징

이 책은 JLPT 일본어능력시험 N3 문자·어휘에 완벽하게 대응하도록 분석·정리하여, 일본어능력시험의 출제 경향을 한눈에 파악할 수 있도록 한 수험서입니다. 1990년부터 지금까지 출제된 모든 기출 단어를 싣고, 연습 문제로 실제 시험에 익숙해지도록 하였습니다.

Part Ⅰ 문자·어휘 기출편

JLPT 일본어능력시험 N3 문자·어휘에 출제된 기출 어휘를 2017~2010년, 2009~1990년으로 나누어 정리하고, 이를 확인하는 콕콕 기출 문제를 실었습니다.

Part Ⅱ 문자·어휘 예상편

출제 가능성이 높은 단어를 품사별로 정리하고, 이를 확인하는 콕콕 예상 문제를 실었습니다.

파이널 테스트

JLPT 일본어능력시험 N3 문자·어휘 시험과 같은 형식의 파이널 테스트를 4회 수록하여 마무리 점검을 할 수 있도록 하였습니다.

★ 교재에서 사용된 약자는 읽기→한자읽기, 표기→표기, 문규→문맥규정, 형성→단어형성, 유의→유의표현, 용법→용법입니다.
★ 교재에서 분류한 품사는 절대적 기준이 아니며, 저자가 임의로 분류한 것입니다.
★ 명사와 な형용사 두가지 쓰임의 단어는 시험에 출제된 형태를 따랐습니다.
★ 콕콕 기출 문제, 콕콕 예상 문제, 파이널테스트의 해석은 다락원 홈페이지 또는 책날개의 QR코드를 이용하여 다운로드 받을 수 있습니다.

차례

- 머리말 … 03
- JLPT 일본어능력시험에 대하여 … 04
- N3 문자·어휘의 문제 유형 분석 … 06
- 이 책의 구성 및 특징 … 08

PART I 문자·어휘 기출편 … 10

問題 1 한자읽기 … 11
- 한자읽기 기출 2017~2010년 … 12
- 한자읽기 기출 2009~1990년 … 26

問題 2 표기 … 37
- 표기 기출 2017~2010년 … 38
- 표기 기출 2009~1990년 … 49

問題 3 문맥규정 … 59
- 문맥규정 기출 2017~2010년 … 60
- 문맥규정 기출 2009~1990년 … 86

問題 4 유의표현 … 105
- 유의표현 기출 2017~2010년 … 106
- 유의표현 기출 2009~2000년 … 118

問題 5 용법 … 123
- 용법 기출 2017~2010년 … 124
- 용법 기출 2009~2000년 … 141

PART II 문자·어휘 예상편 … 150

명사 / 동사 / 복합동사 / い형용사 / な형용사
부사 / 파생어 / 외래어 / 유의어 / 기타

 부록

1. 파이널 테스트 1~4회 … 275
2. 파이널 테스트 정답 … 296

Part I

문자·어휘
기출편

問題 ❶
한자읽기

1. 한자읽기 기출어휘 2017~2010년
2. 한자읽기 기출어휘 2009~1990년

1 한자읽기 기출어휘 2017~2010년

問題1 한자읽기는 문자·어휘 35문제 중 8문제가 출제됩니다. 탁음, 장음, 촉음에 유의하여 학습하는 것이 중요합니다.

2017

- 位置 (いち) 위치
- 過去 (かこ) 과거
- 下線 (かせん) 밑줄
- 汚い (きたない) 더럽다
- 禁煙 (きんえん) 금연
- 計算 (けいさん) 계산
- 転ぶ (ころぶ) 넘어지다
- 手術 (しゅじゅつ) 수술
- 主要 (しゅよう) 주요
- 商品 (しょうひん) 상품
- 早退 (そうたい) 조퇴
- 直接 (ちょくせつ) 직접
- 冷える (ひえる) 차가워지다, 식다
- 回す (まわす) 돌리다, 회전시키다
- 結ぶ (むすぶ) 잇다, 매다, 묶다
- 燃える (もえる) 타다

2016

- 折れる (おれる) 부러지다, 꺾이다
- 観客 (かんきゃく) 관객
- 共通 (きょうつう) 공통
- 加える (くわえる) 더하다, 보태다
- 訓練 (くんれん) 훈련
- 個人 (こじん) 개인
- 税金 (ぜいきん) 세금
- 到着 (とうちゃく) 도착
- 独立 (どくりつ) 독립
- 努力 (どりょく) 노력
- 測る (はかる) 재다, 달다
- 払う (はらう) 내다, 지불하다
- 方向 (ほうこう) 방향
- 豆 (まめ) 콩
- 丸い (まるい) 둥글다
- 申し込み (もうしこみ) 신청

2015

- 表^{あらわ}す 나타내다, 표현하다
- 美^{うつく}しい 아름답다
- 首^{くび} 목
- 経営学^{けいえいがく} 경영학
- 血液型^{けつえきがた} 혈액형
- 支給^{しきゅう} 지급
- 想像^{そうぞう} 상상
- 朝食^{ちょうしょく} 조식, 아침밥
- 伝^{つた}える 전하다
- 荷物^{にもつ} 짐, 화물
- 分類^{ぶんるい} 분류
- 平均^{へいきん} 평균
- 変化^{へんか} 변화
- 干^ほす 말리다
- 湖^{みずうみ} 호수
- 汚^{よご}れる 더러워지다

2014

- 相手^{あいて} 상대
- 厚^{あつ}い 두껍다, 두텁다
- 一般的^{いっぱんてき}だ 일반적이다
- 応用^{おうよう} 응용
- 覚^{おぼ}える 기억하다, 외우다
- 替^かえる 바꾸다, 교환하다
- 検査^{けんさ} 검사
- 広告^{こうこく} 광고
- 呼吸^{こきゅう} 호흡
- 自然^{しぜん} 자연
- 集中^{しゅうちゅう} 집중
- 商業^{しょうぎょう} 상업
- 食器^{しょっき} 식기
- 大会^{たいかい} 대회
- 横^{よこ} 옆, 가로
- 割^われる 갈라지다, 깨지다

2013

- 浅^{あさ}い 얕다
- 改札^{かいさつ} 개찰
- 各地^{かくち} 각지
- 苦^{くる}しい 괴롭다, 난처하다
- 事情^{じじょう} 사정
- 実力^{じつりょく} 실력
- 出張^{しゅっちょう} 출장
- 席^{せき} 자리
- 選手^{せんしゅ} 선수
- 貯金^{ちょきん} 저금
- 通知^{つうち} 통지
- 根^ね (식물의) 뿌리, 근본, 근원
- 生^はえる (풀・이・머리 등이) 나다
- 文章^{ぶんしょう} 문장
- 留守^{るす} 부재중
- 笑^{わら}う 웃다

2012

- 合図 (あいず) (눈짓·몸짓·소리 등의) 신호
- 汗 (あせ) 땀
- 以降 (いこう) 이후
- 笑顔 (えがお) 웃는 얼굴
- 横断 (おうだん) 횡단
- 固い (かたい) 단단하다, 굳다
- 完成 (かんせい) 완성
- 配る (くばる) 분배하다, 배포하다
- 外科 (げか) 외과
- 困る (こまる) 곤란하다
- 島 (しま) 섬
- 示す (しめす) 가리키다, 보이다, 나타내다
- 卒業 (そつぎょう) 졸업
- 他人 (たにん) 타인
- 平日 (へいじつ) 평일
- 短い (みじかい) 짧다

2011

- 応募 (おうぼ) 응모
- 遅れる (おくれる) 늦다
- 折る (おる) 접다, 부러뜨리다, 굽히다
- 返す (かえす) (원래 상태로) 돌리다, (물건을) 돌려주다
- 価格 (かかく) 가격
- 過去 (かこ) 과거
- 疑問 (ぎもん) 의문
- 協力 (きょうりょく) 협력
- 首都 (しゅと) 수도
- 情報 (じょうほう) 정보
- 単語 (たんご) 단어
- 地球 (ちきゅう) 지구
- 到着 (とうちゃく) 도착
- 発表 (はっぴょう) 발표
- 表面 (ひょうめん) 표면
- 深い (ふかい) 깊다

2010

- 表す (あらわす) 나타내다, 표현하다
- 息 (いき) 숨
- 岩 (いわ) 바위
- 移す (うつす) (자리를) 옮기다, (실행에) 옮기다
- 空席 (くうせき) 공석
- 組む (くむ) (팔짱을) 끼다, (다리를) 꼬다, (조직을) 짜다
- 苦労 (くろう) 고생
- 件 (けん) 건, 사항
- 失業 (しつぎょう) 실업
- 順番 (じゅんばん) 순번, 차례
- 通勤 (つうきん) 통근
- 包む (つつむ) 싸다, 포장하다, 에워싸다
- 得意だ (とくいだ) 잘하다
- 努力 (どりょく) 노력
- 発見 (はっけん) 발견
- 夫婦 (ふうふ) 부부

콕콕 기출 문제 01 한자읽기 　　　　/ 10

問題 1 ＿＿＿＿のことばの読み方として最もよいものを、1・2・3・4から一つえらびなさい。

1 彼の作業服は汗と油で汚くなっていた。(17)
　1　せまく　　　2　くさく　　　3　きたなく　　　4　うるさく

2 この劇場は500人の観客を収容できます。(16)
　1　かんきゃく　2　かんがく　　3　けんきゃく　　4　けんがく

3 その会合のことは彼に直接伝えておきました。(15)
　1　あたえて　　2　つたえて　　3　おぼえて　　　4　たとえて

4 わたしは数学の応用問題が苦手です。(14)
　1　えいのう　　2　えいよう　　3　おうのう　　　4　おうよう

5 ポストの横に郵便物の収集時刻が書かれている。(14)
　1　よこ　　　　2　たて　　　　3　そば　　　　　4　となり

6 わたしは貯金が100万円あります。(13)
　1　だいきん　　2　ちょきん　　3　げんきん　　　4　ぜいきん

7 道路を横断するときは気をつけてください。(12)
　1　おうだん　　2　おうたん　　3　よこだん　　　4　よこたん

8 星野さんとは短い会話しか交わしたことがない。(12)
　1　こまかい　　2　くやしい　　3　みじかい　　　4　まぶしい

9 試験前にこの単語を全部覚えなければいけない。(11)
　1　げいご　　　2　けいご　　　3　だんご　　　　4　たんご

10 今度の英語のテストでは苦労した。(10)
　1　ころう　　　2　ころ　　　　3　くろう　　　　4　くろ

답　1③　2①　3②　4④　5①　6②　7①　8③　9④　10③

콕콕 기출 문제 02 한자읽기　　　　　　　　　　　　　　　　　　　　/ 10

問題 1 ＿＿＿のことばの読み方として最もよいものを、1・2・3・4から一つえらびなさい。

1 先頭(せんとう)のランナーが<u>転んで</u>びりになった。(17)
　　1　はこんで　　　2　ふんで　　　3　ころんで　　　4　つつんで

2 中村(なかむら)さんが昼食(ちゅうしょく)の勘定(かんじょう)を<u>払った</u>。(16)
　　1　ひろった　　　2　かざった　　　3　くばった　　　4　はらった

3 <u>荷物</u>がたくさんあるので、タクシーで行きます。(15)
　　1　かもつ　　　2　かぶつ　　　3　にもつ　　　4　にぶつ

4 彼は見ているだけで、そのゲームを<u>覚えた</u>。(14)
　　1　つたえた　　　2　おぼえた　　　3　たとえた　　　4　あたえた

5 <u>割れた</u>ガラスで指(ゆび)を切った。(14)
　　1　ぬれた　　　2　こわれた　　　3　おれた　　　4　われた

6 面接(めんせつ)の結果(けっか)は2、3日中に<u>通知</u>します。(13)
　　1　とうじ　　　2　とうち　　　3　つうじ　　　4　つうち

7 地面(じめん)は<u>固</u>(こお)く凍っていた。(12)
　　1　きつく　　　2　かるく　　　3　かたく　　　4　ゆるく

8 その仕事に<u>応募</u>するには修士(しゅうし)の学位(がくい)と推薦状(すいせんじょう)が必要だ。(11)
　　1　おうぼう　　　2　おうぼ　　　3　おうもう　　　4　おうも

9 彼らは月に行って無事(ぶじ)<u>地球</u>に帰った。(11)
　　1　じきゅう　　　2　ちきゅう　　　3　じきゅ　　　4　ちきゅ

10 その<u>件</u>(かん)に関してはわたしは何も知りません。(10)
　　1　けん　　　2　あん　　　3　ほう　　　4　よう

답　1③　2④　3③　4②　5④　6④　7③　8②　9②　10①

콕콕 기출 문제 03　한자읽기　　　　　　　　　　　　　　　　　　　　/ 10

問題 1　_____のことばの読み方として最もよいものを、1・2・3・4から一つえらびなさい。

1　こちらの商品(しょうひん)は保証(ほしょう)つきです。　(17)
　　1　しょうしな　　2　しょうひん　　3　せいひん　　4　せいしな

2　内田(うちだ)さんが説明(せつめい)を加えました。　(16)
　　1　かえました　　2　おえました　　3　つたえました　　4　くわえました

3　この分類(ぶんるい)方式はあまりにも大(おお)まかすぎます。　(15)
　　1　ふんすい　　2　ふんるい　　3　ぶんすい　　4　ぶんるい

4　かびんの水は毎日替えたほうがいいでしょう。　(14)
　　1　こえた　　2　かえた　　3　くわえた　　4　ささえた

5　このプールはこちら側は深いが、向こう側は浅い。　(13)
　　1　ふかい　　2　あつい　　3　あさい　　4　うすい

6　その植物(しょくぶつ)は地中(ちちゅう)深く根を張(は)っている。　(13)
　　1　ね　　2　は　　3　かわ　　4　め

7　新しい橋(はし)の完成は遅れている。　(12)
　　1　けんせつ　　2　かんせい　　3　かんぜん　　4　けんちく

8　会議(かいぎ)の進行(しんこう)が大幅(おおはば)に遅れている。　(11)
　　1　おくれて　　2　こわれて　　3　よごれて　　4　たおれて

9　悪天候(あくてんこう)で東京(とうきょう)への到着が遅れた。　(16-11)
　　1　とじゃく　　2　とちゃく　　3　とうじゃく　　4　とうちゃく

10　政府(せいふ)は失業問題に真剣(しんけん)に取(と)り組(く)まなければならない。　(10)
　　1　しつごう　　2　しつぎょう　　3　しつこう　　4　しつきょう

답　1② 2④ 3④ 4② 5③ 6① 7② 8① 9④ 10②

콕콕 기출 문제 04 한자읽기 　　　　　／10

問題 1 ＿＿＿＿のことばの読み方として最もよいものを、1・2・3・4から一つえらびなさい。

1 あしたから<u>禁煙</u>するつもりです。(17)
　1　きつけむり　　2　きつえん　　3　きんけむり　　4　きんえん

2 若い人はもっと自己主張ができるように<u>訓練</u>を積むべきだ。(16)
　1　くんねん　　2　くんれん　　3　ぐんねん　　4　ぐんれん

3 ガソリン代は月<u>平均</u>で7千円くらいです。(15)
　1　へいきん　　2　へいぎん　　3　ひょうきん　　4　ひょうぎん

4 彼は体調不良のため、<u>検査</u>入院している。(14)
　1　かんさ　　2　かんしゃ　　3　けんさ　　4　けんしゃ

5 待ち合わせは新大久保駅の<u>改札</u>を出た所です。(13)
　1　かいぜつ　　2　かいせつ　　3　かいざつ　　4　かいさつ

6 うちの子に最初の歯が<u>生えた</u>。(13)
　1　うえた　　2　しょうえた　　3　せいえた　　4　はえた

7 駅の近くで女の子たちがちらしを<u>配って</u>いた。(12)
　1　もらって　　2　だまって　　3　くばって　　4　はらって

8 妹は手紙を<u>折って</u>封筒に入れた。(11)
　1　へって　　2　おって　　3　かざって　　4　はかって

9 試験の結果はあす<u>発表</u>されます。(11)
　1　はっぴょう　　2　はつひょう　　3　はっぴょ　　4　はつひょ

10 1人の男が<u>順番</u>を無視してタクシーを待つ列に割り込んできた。(10)
　1　じゅんぱん　　2　じゅんばん　　3　しゅんぱん　　4　しゅんばん

답 1④　2②　3①　4③　5④　6④　7③　8②　9①　10②

콕콕 기출 문제 05 한자읽기 /10

問題 1 ＿＿＿のことばの読み方として最もよいものを、1・2・3・4から一つえらびなさい。

1. 外気で冷えた体をストーブで温めた。(17)
   1 もえた   2 ひえた   3 にえた   4 うえた

2. 豆を食べるのは体にいいです。(16)
   1 かい   2 まめ   3 こな   4 いも

3. あちらこちらに美しいチューリップが咲いている。(15)
   1 うつくしい   2 おとなしい   3 はずかしい   4 ややこしい

4. ゲームデザイナーの募集広告に多くの応募があった。(14)
   1 きょうこう   2 きょうこく   3 こうこう   4 こうこく

5. 早朝6時を過ぎると、世界各地から飛行機が到着します。(13)
   1 かっち   2 かっじ   3 かくち   4 かくじ

6. 平易でわかりやすい文章を書いてください。(13)
   1 もんしょう   2 もんしょ   3 ぶんしょう   4 ぶんしょ

7. 彼のお母さんが外科の手術を受ける予定です。(12)
   1 かいか   2 がいか   3 けか   4 げか

8. 彼は「ありがとう」と言って彼女にノートを返した。(11)
   1 かえした   2 くずした   3 さがした   4 もどした

9. 歯の表面はエナメル質で覆われている。(11)
   1 だんめん   2 ひょうめん   3 おもてめん   4 うらめん

10. わたしは横浜から東京まで電車で通勤しています。(10)
    1 つうきん   2 つうやく   3 つうか   4 つうしん

답 1② 2② 3① 4④ 5③ 6③ 7④ 8① 9② 10①

콕콕 기출 문제 06 한자읽기 / 10

問題 1 ＿＿＿＿のことばの読み方として最もよいものを、1・2・3・4から一つえらびなさい。

1 <u>燃</u>える（も）ごみは月（げつ）・水（すい）・金（きん）曜日（よう び）です。 (17)
   1 うえる   2 もえる   3 かえる   4 おえる

2 年末調整（ねんまつちょうせい）で<u>税金</u>がいくらか返（かえ）ってきた。 (16)
   1 せいきん   2 せいぎん   3 ぜいぎん   4 ぜいきん

3 彼女は<u>首</u>にスカーフを巻（ま）いている。 (15)
   1 むね   2 くび   3 はら   4 かた

4 天気の良（よ）い日はふとんを<u>干</u>している家が多い。 (15)
   1 ほして   2 かして   3 けして   4 さして

5 救急車（きゅうきゅうしゃ）が到着（とうちゃく）したときにはすでに病人（びょうにん）の<u>呼吸</u>は止（と）まっていた。 (14)
   1 こきょう   2 こきょ   3 こきゅう   4 こきゅ

6 給料（きゅうりょう）だけでは生活が<u>苦</u>しいです。 (13)
   1 くやしい   2 くるしい   3 さびしい   4 けわしい

7 兄は1週間<u>留守</u>にしています。 (13)
   1 りゅうしゅ   2 るしゅ   3 りゅうす   4 るす

8 わたしたちは新しい家のことでとても<u>困</u>っています。 (12)
   1 まよって   2 うたがって   3 こまって   4 おこって

9 この店の商品の<u>価格</u>（た しょう）は多少低めに設定（せってい）されている。 (11)
   1 かかく   2 かがく   3 ねたん   4 ねだん

10 その映画を見て<u>深</u>い感動（かんどう）を覚（おぼ）えた。 (11)
   1 あつい   2 ふかい   3 あさい   4 うすい

답 1② 2④ 3② 4① 5③ 6② 7④ 8③ 9① 10②

콕콕 기출 문제 07 한자읽기   / 10

問題 1 ＿＿＿＿のことばの読み方として最もよいものを、1・2・3・4から一つえらびなさい。

1 本田さんは会社を早退しました。(17)
   1　そうてい　　　2　ぞうたい　　　3　そうたい　　　4　ぞうてい

2 わたしたちはつくえを丸くならべました。(16)
   1　ひくく　　　　2　まるく　　　　3　かるく　　　　4　ほそく

3 わたしの専門は経営学です。(15)
   1　けいえいがく　2　けいざいがく　3　きょうえいがく　4　きょうざいがく

4 カメラの前では自然な感じでお願いします。(14)
   1　しねん　　　　2　しぜん　　　　3　じねん　　　　4　じぜん

5 どんな事情があっても彼にその話をしてはいけない。(13)
   1　じこ　　　　　2　じこう　　　　3　じじょう　　　4　じじょ

6 お母さんの顔を見て赤ちゃんがにこにこ笑った。(13)
   1　おこった　　　2　うたがった　　3　こまった　　　4　わらった

7 あの島には人が住んでいません。(12)
   1　しま　　　　　2　とり　　　　　3　ほし　　　　　4　うま

8 わたしは過去3年間、旅行をしていません。(11)
   1　かく　　　　　2　かくう　　　　3　かこ　　　　　4　かこう

9 彼女はほほえんで賛成の意を表した。(15-10)
   1　しめした　　　2　ふやした　　　3　うごかした　　4　あらわした

10 弟は地理よりも歴史のほうが得意です。(10)
   1　とくい　　　　2　どくい　　　　3　とおしく　　　4　どおくい

답　1③　2②　3①　4②　5③　6④　7①　8③　9④　10①

콕콕 기출 문제 08 한자읽기　　　　/ 10

問題1　　　　のことばの読み方として最もよいものを、1・2・3・4から一つえらびなさい。

1 かばんのひもを結んでください。(17)
　1　のんで　　　　2　つかんで　　　　3　ふんで　　　　4　むすんで

2 中村(なかむら)さんの血液型を知っていますか。(15)
　1　けつえきがた　2　けつやくがた　　3　ちつえきがた　　4　ちつやくがた

3 工場(こうじょう)の周辺(しゅうへん)は空気(くうき)が汚れている。(15)
　1　たおれて　　　2　あふれて　　　　3　おぼれて　　　　4　よごれて

4 兄は試合に備(そな)えて気持ちを集中させている。(14)
　1　しゅうじゅう　2　しゅじゅう　　　3　しゅうちゅう　　4　しゅちゅう

5 山田(やまだ)さんは実力のあるサッカー選手(せんしゅ)です。(13)
　1　じつりき　　　2　じつりょく　　　3　しつりき　　　　4　しつりょく

6 彼は準備(じゅんび)ができたとわたしに合図した。(12)
　1　あいず　　　　2　あいと　　　　　3　ごうず　　　　　4　ごうと

7 このグラフは1年間の気温(きおん)の変化(へんか)を示している。(12)
　1　うつして　　　2　あらわして　　　3　ふやして　　　　4　しめして

8 疑問があったら今のうちに聞いてください。(11)
　1　きもん　　　　2　ぎもん　　　　　3　くもん　　　　　4　ぐもん

9 煙(けむり)が部屋に広(ひろ)がるにつれて息が苦(くる)しくなった。(10)
　1　あせ　　　　　2　なみだ　　　　　3　いき　　　　　　4　あわ

10 英語を上達(じょうたつ)させるにはより一層(いっそう)の努力が必要です。(10)
　1　とうりょく　　2　どうりょく　　　3　とりょく　　　　4　どりょく

답　1④　2①　3④　4③　5②　6①　7④　8②　9③　10④

콕콕 기출 문제 09 한자읽기   / 10

問題1 ＿＿＿のことばの読み方として最もよいものを、1・2・3・4から一つえらびなさい。

① 下線部分を日本語に訳しなさい。 (17)
　1　げぜん　　　2　かぜん　　　3　げせん　　　4　かせん

② 山田さんはどっちの方向へ行きましたか。 (16)
　1　ほうこう　　2　ほうごう　　3　ほうほう　　4　ほうぼう

③ その少年は踊りの相手がいなかった。 (14)
　1　そうで　　　2　そうて　　　3　あいで　　　4　あいて

④ この辺りは商業地域に指定されています。 (14)
　1　しょうぎょ　2　しょうぎょう　3　そうぎょ　　4　そうぎょう

⑤ 来月東京に1週間出張します。 (13)
　1　しゅっちょ　2　しゅつちょ　　3　しゅっちょう　4　しゅつちょう

⑥ 彼はひたいに汗をかいていた。 (12)
　1　ごみ　　　　2　あせ　　　　3　よごれ　　　4　なみだ

⑦ 卒業してから田中さんに何度か会った。 (12)
　1　そつぎょう　2　そつぎょ　　3　さつぎょう　　4　さつぎょ

⑧ その2社が協力してその橋を建設した。 (11)
　1　きょりょく　2　どりょく　　3　きょうりょく　4　どうりょく

⑨ その小さな船は岩にぶつかってばらばらになった。 (10)
　1　かい　　　　2　すな　　　　3　なみ　　　　4　いわ

⑩ 行方不明の少年は無事に発見された。 (10)
　1　はつけん　　2　はけん　　　3　はっけん　　4　ぱつけん

답 1④ 2① 3④ 4② 5③ 6② 7① 8③ 9④ 10③

콕콕 기출 문제 10 한자읽기   / 10

問題 1 ＿＿＿のことばの読み方として最もよいものを、1・2・3・4から一つえらびなさい。

1 その本をもとの<u>位置</u>に戻してください。
　　1　ばしょ　　　　2　ばち　　　　　3　いしょ　　　　4　いち

2 キャンプの<u>申し込み</u>はあすまで受け付けます。(16)
　　1　もうしこみ　　2　もしこみ　　　3　もうしくみ　　4　もしくみ

3 彼女がここにいると<u>想像</u>してみてください。(15)
　　1　そうそう　　　2　そうぞう　　　3　そうしょう　　4　そうじょう

4 きのう、新しい<u>食器</u>を買った。(14)
　　1　しょくぎ　　　2　しょっぎ　　　3　しょくき　　　4　しょっき

5 この<u>席</u>はお年寄りや体の不自由な方のためのものです。(13)
　　1　かぎ　　　　　2　あな　　　　　3　せき　　　　　4　ふた

6 写真は水曜日<u>以降</u>に取りに来てください。(12)
　　1　いじょ　　　　2　いこ　　　　　3　いじょう　　　4　いこう

7 この家を<u>他人</u>に渡すようなことは絶対しない。(12)
　　1　たにん　　　　2　たじん　　　　3　だにん　　　　4　だじん

8 日本の<u>首都</u>は東京です。(11)
　　1　しゅとう　　　2　しゅと　　　　3　しゅうとう　　4　しゅうと

9 その会社は中国に生産ラインを<u>移した</u>。(10)
　　1　ふやした　　　2　うつした　　　3　しめした　　　4　あらわした

10 <u>夫婦</u>生活もすでに３０年です。(10)
　　1　ふうふ　　　　2　ふぶう　　　　3　ふうぶ　　　　4　ふふう

답　1 ④　2 ①　3 ②　4 ④　5 ③　6 ④　7 ①　8 ②　9 ②　10 ①

콕콕 기출 문제 11 한자읽기 / 10

問題 1 ＿＿＿のことばの読み方として最もよいものを、1・2・3・4から一つえらびなさい。

1 わたしたちはその池の深さを測った。 (16)
　1 まもった　　2 しまった　　3 はかった　　4 したがった

2 わたしはいつも7時前に朝食をすませる。 (15)
　1 ちょうしょく　2 ちょしょく　3 ちゅうしょく　4 ちゅしょく

3 日本では仕事で初対面の人とは名刺を交換するのが一般的な慣習です。 (14)
　1 いっほんてき　2 いっぽんてき　3 いっはんてき　4 いっぱんてき

4 来年もこの大会に参加する予定です。 (14)
　1 だいがい　　2 だいかい　　3 たいがい　　4 たいかい

5 彼は柔道のオリンピック代表選手に選ばれた。 (13)
　1 せんしゅう　2 せんしゅ　　3 せんて　　　4 せんで

6 彼の笑顔を見て彼が試験に合格したことがわかった。 (12)
　1 えかお　　　2 えがお　　　3 しょうかお　4 しょうがお

7 平日は午前11時から午後9時まであいています。 (12)
　1 へいにち　　2 へいじつ　　3 ほんにち　　4 ほんじつ

8 この本には最新の情報が載っている。 (11)
　1 じょうほ　　2 じょうほう　3 ぞうほ　　　4 ぞうほう

9 編集長の職はまだ空席になっています。 (10)
　1 くうせき　　2 くせき　　　3 くうど　　　4 くど

10 兄は足を組んで公園のベンチに座っていた。 (10)
　1 たたんで　　2 しずんで　　3 あんで　　　4 くんで

답 1③　2①　3④　4④　5②　6②　7②　8②　9①　10④

② 한자읽기 기출어휘 2009~1990년

1990~2009년까지의 일본어능력시험은 현재의 시험과 달리 1~4급의 4개 급수가 있었습니다. 이 중 N3 수준에 해당한다고 판단되는 것을 품사별로 정리하였습니다.

명사

☐ 移転 (いてん) 이전	☐ 以内 (いない) 이내	☐ 飲酒 (いんしゅ) 음주
☐ 宇宙 (うちゅう) 우주	☐ 雨量 (うりょう) 강우량	☐ 応対 (おうたい) 응대
☐ 係員 (かかりいん) 담당자, 계원	☐ お菓子 (おかし) 과자	☐ 会談 (かいだん) 회담
☐ 各国 (かっこく) 각국	☐ 肩 (かた) 어깨	☐ 仮定 (かてい) 가정
☐ 家庭 (かてい) 가정	☐ 角 (かど) 모퉁이	☐ 可能性 (かのうせい) 가능성
☐ 帰宅 (きたく) 귀가	☐ 客 (きゃく) 손님	☐ 休息 (きゅうそく) 휴식
☐ 空港 (くうこう) 공항	☐ 草 (くさ) 풀	☐ 工夫 (くふう) 궁리
☐ 雲 (くも) 구름	☐ 芸能 (げいのう) 예능	☐ 血液 (けつえき) 혈액
☐ 欠点 (けってん) 결점	☐ 原因 (げんいん) 원인	☐ 限定 (げんてい) 한정
☐ 交差点 (こうさてん) 교차로	☐ 声 (こえ) (목)소리	☐ 氷 (こおり) 얼음
☐ 呼吸 (こきゅう) 호흡	☐ 小包 (こづつみ) 소포	☐ ~際 (さい) ~때
☐ 最大 (さいだい) 최대	☐ 再利用 (さいりよう) 재이용	☐ 左右 (さゆう) 좌우
☐ 参加 (さんか) 참가	☐ 事件 (じけん) 사건	☐ 指示 (しじ) 지시
☐ 実験 (じっけん) 실험	☐ 死亡 (しぼう) 사망	☐ 島 (しま) 섬
☐ 習慣 (しゅうかん) 습관	☐ 住宅 (じゅうたく) 주택	☐ 住民 (じゅうみん) 주민
☐ 首相 (しゅしょう) 수상	☐ 出席 (しゅっせき) 출석	☐ 順番 (じゅんばん) 순번, 차례
☐ 正面 (しょうめん) 정면	☐ 職場 (しょくば) 직장	☐ 信用 (しんよう) 신용
☐ 数年 (すうねん) 수년, 몇 년	☐ 性格 (せいかく) 성격	☐ 生産 (せいさん) 생산
☐ 政治 (せいじ) 정치	☐ 成長 (せいちょう) 성장	☐ 政府 (せいふ) 정부
☐ 洗濯 (せんたく) 세탁	☐ 全般 (ぜんぱん) 전반	☐ 全部 (ぜんぶ) 전부

□ 相談(そうだん) 의논, 상담	□ 代表(だいひょう) 대표	□ 他人(たにん) 타인
□ 駐車(ちゅうしゃ) 주차	□ 通行(つうこう) 통행	□ 机(つくえ) 책상
□ 都合(つごう) 형편, 사정	□ 登山(とざん) 등산	□ 図書館(としょかん) 도서관
□ 努力(どりょく) 노력	□ 内容(ないよう) 내용	□ 日課(にっか) 일과
□ 二倍(にばい) 2배	□ 箱(はこ) 상자	□ 反対(はんたい) 반대
□ 販売(はんばい) 판매	□ 光(ひかり) 빛	□ 分野(ぶんや) 분야
□ 貿易(ぼうえき) 무역	□ 方針(ほうしん) 방침	□ 星(ほし) 별
□ 募集(ぼしゅう) 모집	□ 実り(みのり) 열매, 결실	□ 未来(みらい) 미래
□ 虫(むし) 벌레	□ 目的(もくてき) 목적	□ 物語(ものがたり) 이야기
□ 役目(やくめ) 임무	□ 家賃(やちん) 집세	□ 夜中(よなか) 한밤중
□ 両替(りょうがえ) 환전	□ 流行(りゅうこう) 유행	□ 両国(りょうこく) 양국
□ 例外(れいがい) 예외	□ 歴史(れきし) 역사	□ 列島(れっとう) 열도
□ 恋愛(れんあい) 연애	□ 連続(れんぞく) 연속	□ 老人(ろうじん) 노인
□ 労働(ろうどう) 노동	□ 論文(ろんぶん) 논문	□ 割合(わりあい) 비율
□ 割引(わりびき) 할인		

동사

□ 余る(あまる) 남다	□ 受ける(うける) 받다	□ 映る(うつる) 비치다
□ 得る(える) 얻다	□ 折る(おる) 접다, 꺾다	□ 返す(かえす) (원래 상태로) 돌리다, 돌려주다
□ 囲む(かこむ) 둘러싸다	□ 決まる(きまる) 정해지다, 결정되다	□ 配る(くばる) 나누어 주다
□ 比べる(くらべる) 비교하다	□ 占める(しめる) 차지하다	□ 育つ(そだつ) 자라다
□ 伝える(つたえる) 전하다	□ 続く(つづく) 계속되다	□ 閉じる(とじる) 닫다
□ 流す(ながす) 흘리다, 씻어 내다	□ 並ぶ(ならぶ) 늘어서다	□ 残る(のこる) 남다
□ 働く(はたらく) 일하다	□ 減る(へる) 줄다	□ 守る(まもる) 지키다
□ 迎える(むかえる) 맞이하다	□ 渡す(わたす) 건네다	□ 笑う(わらう) 웃다

い형용사

- ☐ 温かい 따뜻하다
- ☐ 良い 좋다
- ☐ 美しい 아름답다
- ☐ 若い 젊다
- ☐ 細かい 잘다, 작다, 자세하다

な형용사

- ☐ 案外だ 의외이다, 뜻밖이다
- ☐ 主要だ 주요하다
- ☐ 部分的だ 부분적이다
- ☐ 主だ 주되다
- ☐ 正直だ 정직하다
- ☐ 夢中だ 열중하다
- ☐ 幸いだ 행복하다, 다행이다
- ☐ 全国的だ 전국적이다

콕콕 기출 문제 12 한자읽기　　　　/ 10

問題 1 ＿＿＿＿のことばの読み方として最もよいものを、1・2・3・4から一つえらびなさい。

① ここ数年(やまだ)山田さんはソウルで暮(く)らしています。(05)
　1　すうねん　　　2　すねん　　　3　そうねん　　　4　そねん

② 駐車違反(いはんばっきん)で罰金を取(と)られました。(06)
　1　ていしゃ　　　2　ちゅうしゃ　　3　たいしゃ　　　4　しゅうしゃ

③ 彼女はいつもクラスの首席(しゅせき)を占めています。(04)
　1　しめて　　　　2　うめて　　　3　つめて　　　　4　はめて

④ 物価(ぶっか)は10年前の二倍になっています。(06)
　1　にかい　　　　2　にばい　　　3　にき　　　　　4　にぶ

⑤ 上京(じょうきょう)した際に彼のところに行ってみました。(97)
　1　とき　　　　　2　おり　　　　3　せつ　　　　　4　さい

⑥ この会が日中(にっちゅう)両国の相互理解(そうごりかい)を深(ふか)めることになれば幸(さいわ)いです。(00)
　1　ろうこく　　　2　ろうくに　　3　りょうくに　　4　りょうこく

⑦ お客様(きゃくさま)にお茶とお菓子をお出(だ)しください。(91)
　1　おかき　　　　2　おもち　　　3　おかし　　　　4　おやつ

⑧ 彼女は毎日決まった時間に犬の散歩(さんぽ)に出かける。(03)
　1　きまった　　　2　おさまった　3　かたまった　　4　まとまった

⑨ わたしたちは世界平和(せかいへいわ)を守るために何をすべきか。(94)
　1　かぶる　　　　2　はかる　　　3　まもる　　　　4　しばる

⑩ 交差点に入ろうとしたら信号(しんごう)が変(か)わった。(01)
　1　こさてん　　　2　こうさてん　3　こざてん　　　4　こうざてん

답 1① 2② 3① 4② 5④ 6④ 7③ 8① 9③ 10②

콕콕 기출 문제 13 한자읽기

/ 10

問題 1 ＿＿＿のことばの読み方として最もよいものを、1・2・3・4から一つえらびなさい。

1　結局、<u>性格</u>の不一致が離婚の原因だった。　(07)
　1　せいかく　　2　しょうしつ　　3　しょうかく　　4　せいしつ

2　日本にはあいさつとして握手をする<u>習慣</u>はない。　(93)
　1　しゅうかん　2　しゅうがん　　3　しょうがん　　4　しょうかん

3　今夜は<u>客</u>があるので、またにしてくださいませんか。　(01)
　1　かく　　　　2　はく　　　　　3　きゃく　　　　4　ひゃく

4　違法駐車の車は歩行者の<u>通行</u>をさまたげることがある。　(01)
　1　こつう　　　2　つうこう　　　3　こうつう　　　4　つこう

5　こんなわたしを先生は<u>温</u>かく見守ってくださった。　(07)
　1　やわらかく　2　こまかく　　　3　わかく　　　　4　あたたかく

6　高校野球は日本の<u>主</u>なスポーツ行事の一つだ。　(05)
　1　あらたな　　2　まれな　　　　3　おもな　　　　4　ゆたかな

7　わたしは毎朝早く起きるが日曜は<u>例外</u>です。　(03)
　1　れがい　　　2　れいがい　　　3　れつがい　　　4　れんがい

8　その文を<u>声</u>に出して読んでください。　(01)
　1　おと　　　　2　こえ　　　　　3　おん　　　　　4　せい

9　宿題を忘れた人は放課後、教室に<u>残</u>ってください。　(00)
　1　あまって　　2　おわって　　　3　のこって　　　4　かわって

10　ゆうべ行われた会議は<u>実</u>り多いものであった。　(94)
　1　あまり　　　2　はやり　　　　3　いのり　　　　4　みのり

답　1①　2①　3③　4②　5④　6③　7②　8②　9③　10④

콕콕 기출 문제 14 한자읽기　　　　　　　　　/ 10

問題1 ＿＿＿＿のことばの読み方として最もよいものを、1・2・3・4から一つえらびなさい。

1 ここの氷はスケートができるほど厚くはない。(01)
 1 あぶら　　2 こな　　3 こおり　　4 こめ

2 休息をたっぷり取ったらすっかり元気になった。(07)
 1 きゅうけい　　2 きゅうそく　　3 きゅうか　　4 きゅうよう

3 日本とイギリスの首相がゆうべ会談しました。(94)
 1 しゅそう　　2 しゅうそう　　3 しゅうしょう　　4 しゅしょう

4 彼は画家として未来があります。(08)
 1 みいらい　　2 しょらい　　3 みらい　　4 しょうらい

5 そのゲーム機は大人気で生産が間に合わない。(90)
 1 せいさん　　2 しょうさん　　3 せいせん　　4 しょうせん

6 彼は一日中机に向かって書き物をしている。(04)
 1 いす　　2 つくえ　　3 たな　　4 はこ

7 その箱にはがきがいっぱい入っていました。(91)
 1 かご　　2 かん　　3 はん　　4 はこ

8 時間はたっぷり余っている。(91)
 1 あまって　　2 のこって　　3 しまって　　4 くばって

9 まず好きな色の紙を2つに折ってください。(98)
 1 きって　　2 うって　　3 おって　　4 わって

10 高校時代、歴史の授業だけは好きでした。(00)
 1 えきし　　2 ねきし　　3 りきし　　4 れきし

답 1③ 2② 3④ 4③ 5① 6② 7④ 8① 9③ 10④

콕콕 기출 문제 15 한자읽기   / 10

問題 1 ＿＿＿のことばの読み方として最もよいものを、1・2・3・4から一つえらびなさい。

① 今日はクラスの３分の１しか授業に出席しなかった。(96)
　1　しゅせい　　　2　しゅせき　　　3　しゅっせき　　　4　しゅっせい

② わたしたちの飛行機は定刻(ていこく)に空港に着陸(ちゃくりく)しました。(05)
　1　くうこ　　　2　くうこう　　　3　こうくう　　　4　こくう

③ 彼は親友(しんゆう)の妹を妻に迎えた。(07)
　1　ささえた　　　2　そろえた　　　3　むかえた　　　4　おさえた

④ 来週の金曜日なら都合がいいわ。(95)
　1　とごう　　　2　とあい　　　3　つあい　　　4　つごう

⑤ 階段(かいだん)をのぼるだけで呼吸があらくなる。(94)
　1　こしゅう　　　2　こうしゅう　　　3　こうきゅう　　　4　こきゅう

⑥ 今の若者(わかもの)は政治には関心(かんしん)がないように見える。(09)
　1　せいじ　　　2　せっじ　　　3　せいち　　　4　せっち

⑦ 姉は社長秘書(ひしょ)として働いています。(92)
　1　かがやいて　　　2　はたらいて　　　3　かたむいて　　　4　みちびいて

⑧ その試験は案外やさしかった。(02)
　1　あんがい　　　2　あんかい　　　3　いがい　　　4　いかい

⑨ 日本列島は高気圧(こうきあつ)におおわれるでしょう。(91)
　1　れつどう　　　2　れいとう　　　3　れんどう　　　4　れっとう

⑩ 首相(しゅしょう)は野党(やとう)の党首(とうしゅ)たちと会談しました。(00)
　1　かいだん　　　2　かいけん　　　3　かいげん　　　4　かいたん

답 1③ 2② 3③ 4④ 5④ 6① 7② 8① 9④ 10①

콕콕 기출 문제 16 한자읽기　　　　/ 10

問題 1 ＿＿＿＿のことばの読み方として最もよいものを、1・2・3・4から一つえらびなさい。

① この<u>小包</u>は５キロですね。<u>料金</u>は９３０円です。⁽⁰²⁾
　1　しょうほう　　2　こづつみ　　3　しょうぼう　　4　こつづみ

② その小説の<u>主要</u>な登場人物は全員中年の主婦だ。⁽⁰³⁾
　1　しゅよう　　2　しゅよ　　3　しゅうよ　　4　しゅうよう

③ その国の産業の高度<u>成長</u>はめざましかった。⁽⁰³⁾
　1　せいなが　　2　せいちょう　　3　ぜいなが　　4　ぜいちょう

④ 彼は<u>草</u>の上に寝ころがって空を見上げていた。⁽⁹⁴⁾
　1　くき　　2　は　　3　くさ　　4　ね

⑤ 大統領は自分の考えを国民に<u>伝えた</u>。⁽⁰⁰⁾
　1　あたえた　　2　かなえた　　3　そなえた　　4　つたえた

⑥ 二人の間柄は恋愛<u>関係</u>に発展した。⁽⁹⁹⁾
　1　れあい　　2　れない　　3　れんあい　　4　れんない

⑦ この資料を人事部に<u>返して</u>きてください。⁽⁹⁰⁾
　1　もどして　　2　かえして　　3　はなして　　4　わたして

⑧ わたしは憲法改正には<u>反対</u>です。⁽⁰⁷⁾
　1　はんだい　　2　ほんだい　　3　はんたい　　4　ほんたい

⑨ <u>虫</u>に刺されるから夏の野山はきらいです。⁽⁹⁴⁾
　1　かぜ　　2　むし　　3　とり　　4　しも

⑩ ９０年代、多くの大学が都心から郊外へ<u>移転</u>した。⁽⁰⁶⁾
　1　はってん　　2　じてん　　3　かいてん　　4　いてん

답　1② 2① 3② 4③ 5④ 6③ 7② 8③ 9② 10④

콕콕 기출 문제 17 한자읽기   / 10

問題1　＿＿＿のことばの読み方として最もよいものを、1・2・3・4から一つえらびなさい。

① 5分以内に建物から避難してください。⁽⁹⁰⁾
　1　いぜん　　　　2　いがい　　　　3　いご　　　　　4　いない

② この新聞は細かい活字で印刷してあります。⁽⁹³⁾
　1　こまかい　　　2　みじかい　　　3　ちかい　　　　4　ふかい

③ 彼は意識不明の状態がもう3週間も続いている。⁽⁹¹⁾
　1　ひらいて　　　2　かわいて　　　3　つづいて　　　4　うごいて

④ 酒の販売には役所の許可を受ける必要がある。⁽⁰²⁾
　1　ばいばい　　　2　はんばい　　　3　はくばい　　　4　はつばい

⑤ 緊急の際は係員の指示にしたがってください。⁽⁹³⁾
　1　やくいん　　　2　かかりいん　　3　しょくいん　　4　けいいん

⑥ 売り上げは10か月間連続して増加した。⁽⁰⁴⁾
　1　れんぞく　　　2　れいそく　　　3　れいぞく　　　4　れんそく

⑦ 両親が送ってきたりんごを近所に配った。⁽⁹⁰⁾
　1　ひろった　　　2　わたった　　　3　くばった　　　4　もらった

⑧ 政府の外交政策にいくらか変化がみられた。⁽⁹²⁾
　1　せんふ　　　　2　せんぷ　　　　3　せいぷ　　　　4　せいふ

⑨ むすめはその音楽に夢中になっていた。⁽⁹⁹⁾
　1　むちゅう　　　2　むうちゅう　　3　むっちゅう　　4　うちゅう

⑩ 大人と違い、子どもはほんとうに正直だ。⁽⁰⁷⁾
　1　せいちく　　　2　せいじき　　　3　しょうちょく　4　しょうじき

답 1④ 2① 3③ 4② 5② 6① 7③ 8④ 9① 10④

콕콕 기출 문제 18 한자읽기　　　　　　　　/ 10

問題 1　＿＿＿のことばの読み方として最もよいものを、1・2・3・4から一つえらびなさい。

① 今の彼にとっての<u>最大</u>の関心事は車だ。(91)
　1　せいだい　　2　さいだい　　3　せいたい　　4　さいたい

② わたしたちは 8 月 1 日に富士<u>登山</u>をする計画です。(07)
　1　とうやま　　2　とうざん　　3　とやま　　　4　とざん

③ <u>光</u>の速さはどうやってはかりますか。(99)
　1　あかり　　　2　かおり　　　3　ひかり　　　4　けむり

④ 駅の<u>正面</u>にはバスターミナルがあります。(97)
　1　しょうめん　2　せいもん　　3　しょうもん　4　せいめん

⑤ クラス会で恩師を<u>囲</u>んで楽しく食事をした。(96)
　1　つつんで　　2　はさんで　　3　つかんで　　4　かこんで

⑥ 節約の<u>工夫</u>がまだ足りません。(95)
　1　こうふ　　　2　こうふう　　3　くふう　　　4　くうふ

⑦ そのNPOは<u>老人</u>福祉の問題にとりくんでいる。(98)
　1　ろうじん　　2　ろじん　　　3　ろにん　　　4　ろうにん

⑧ <u>洗濯</u>はだいたい一日おきにします。(99)
　1　せったく　　2　せっだく　　3　せんたく　　4　せんたっく

⑨ 少量の<u>飲酒</u>は体によいと言われる。(93)
　1　のみさけ　　2　のみしゅ　　3　いんさけ　　4　いんしゅ

⑩ 彼女は何の<u>目的</u>でたずねてきたのだろう。(06)
　1　もくでき　　2　もくてき　　3　もくひょう　4　もくびょう

답　1② 2④ 3③ 4① 5④ 6③ 7① 8③ 9④ 10②

콕콕 기출 문제 19 한자읽기 / 10

問題 1 ＿＿＿のことばの読み方として最もよいものを、1・2・3・4から一つえらびなさい。

1 富士山にかさのように雲がかかっている。 (01)
 1 くも 2 しも 3 にじ 4 ゆき

2 高校時代、奨学金を受けていた。 (96)
 1 とどけて 2 つづけて 3 うけて 4 さけて

3 彼はわたしの肩に手をかけてなぐさめてくれた。 (06)
 1 むね 2 ひざ 3 ほね 4 かた

4 学校の図書館で本を何冊か借りた。 (90)
 1 とうしょうかん 2 としょかん 3 とうしょかん 4 としょうかん

5 この職場はなごやかな雰囲気で働きやすい。 (09)
 1 しょくば 2 しきば 3 しきじょう 4 しょくじょう

6 フリーターという労働形態はすっかり社会に定着した。 (99)
 1 ろうとう 2 とうろう 3 どうろう 4 ろうどう

7 全国的に地価は上がる傾向にある。 (91)
 1 ぜんこくてき 2 ぜんくにてき 3 せんごくてき 4 せんぐにてき

8 その子は物語に出てくるお姫様みたいなドレスを着ていた。 (01)
 1 ものかたり 2 ものかったり 3 ものがたり 4 ものかだり

9 プログラムはほぼ完成し、後は部分的な修正が残っている。 (04)
 1 ぶふんてき 2 ぶぶんてき 3 ぶんぶてき 4 ぶんぷてき

10 環境保護のために資源の再利用が必須だ。 (08)
 1 ざいかつよう 2 さいりよう 3 ざいりよう 4 さいかつよう

답 1① 2③ 3④ 4② 5① 6④ 7① 8③ 9② 10②

問題 ❷
표기

1. 표기 기출어휘 2017~2010년
2. 표기 기출어휘 2009~1990년

1 표기 기출어휘 2017~2010년

問題2 표기는 문자·어휘 35문제 중 6문제가 출제됩니다. 비슷한 한자에 유의하여 학습하도록 합시다.

2017

- 預ける(あずける) 맡기다
- 関係(かんけい) 관계
- 期待(きたい) 기대
- 教師(きょうし) 교사
- 経由(けいゆ) 경유
- 困る(こまる) 곤란하다
- 坂道(さかみち) 비탈길, 언덕길
- 頭痛(ずつう) 두통
- 違う(ちがう) 다르다
- 飛ぶ(とぶ) 날다
- 葉(は) 잎, 잎사귀
- 秒(びょう) 초

2016

- 記録(きろく) 기록
- 組む(くむ) (팔짱을) 끼다, (다리를) 꼬다, (조직을) 짜다
- 乗車(じょうしゃ) 승차
- 成績(せいせき) 성적
- 波(なみ) 파도, 물결
- 逃げる(にげる) 도망치다, 달아나다
- 眠らせる(ねむらせる) 재우다
- 速く(はやく) 빨리
- 回す(まわす) 돌리다
- 満足(まんぞく) 만족
- 焼く(やく) 굽다, 태우다
- 輸出(ゆしゅつ) 수출

2015

- 楽器(がっき) 악기
- 借りる(かりる) 빌리다
- 関心(かんしん) 관심
- 規則(きそく) 규칙
- 欠点(けってん) 결점
- 原因(げんいん) 원인
- 現在(げんざい) 현재
- 正解(せいかい) 정답
- 勤める(つとめる) 근무하다
- 投げる(なげる) 던지다
- 願う(ねがう) 바라다, 원하다
- 緑(みどり) 녹색

2014

- 移る (うつ-る) 옮기다, (마음이) 변하다
- 温泉 (おんせん) 온천
- 仮定 (かてい) 가정
- 消す (け-す) (불, 전기 등을) 끄다
- 欠席 (けっせき) 결석
- 減少 (げんしょう) 감소
- 恋しい (こい-しい) 그립다
- 細かい (こま-かい) 잘다, 작다, 자세하다
- 雑誌 (ざっし) 잡지
- 注射 (ちゅうしゃ) 주사
- 複数 (ふくすう) 복수
- 若い (わか-い) 젊다

2013

- 遅い (おそ-い) 늦다
- 重ねる (かさ-ねる) 겹치다, 포개다
- 貸す (か-す) 빌려주다
- 残業 (ざんぎょう) 잔업
- 信じる (しん-じる) 믿다
- 疲れる (つか-れる) 피곤하다
- 包む (つつ-む) 싸다, 포장하다, 에워싸다
- 停電 (ていでん) 정전
- 独身 (どくしん) 독신
- 逃げる (に-げる) 도망치다, 달아나다
- 倍 (ばい) 배
- 容器 (ようき) 용기, 그릇

2012

- 温める (あたた-める) 따뜻하게 하다, 데우다
- 帰宅 (きたく) 귀가
- 記録 (きろく) 기록
- 原料 (げんりょう) 원료
- 自信 (じしん) 자신
- 週刊誌 (しゅうかんし) 주간지
- 相談 (そうだん) 상담, 의논
- 育てる (そだ-てる) 키우다, 기르다
- 歯 (は) 이, 이빨
- 復習 (ふくしゅう) 복습
- 守る (まも-る) 지키다, 보호하다
- 結ぶ (むす-ぶ) 잇다, 묶다

2011

- 案内 (あんない) 안내
- 痛い (いた-い) 아프다
- 解決 (かいけつ) 해결
- 観光 (かんこう) 관광
- 気温 (きおん) 기온
- 券 (けん) 권, 표

	けんこう 健康 건강		げんざい 現在 현재		じゆう 自由 자유
□	たいりょう 大量 대량	□	なみだ 涙 눈물	□	ほうりつ 法律 법률

2010

	うちがわ 内側 안쪽		お 追う 쫓다, (뒤)따르다		お 降りる (탈것에서) 내리다
□	がっき 楽器 악기	□	く 暮らす 살다, 생활하다, 지내다	□	けつえき 血液 혈액
□	しんちょう 身長 신장, 키	□	せいじょう 正常 정상	□	せいせき 成績 성적
□	せいふく 制服 제복, 교복	□	せんもんか 専門家 전문가	□	ものがたり 物語 이야기

콕콕 기출 문제 01 표기　　　　　　　　　　　　　　　　　/ 10

問題 2 　＿＿＿＿　のことばを漢字で書くとき、最もよいものを、1・2・3・4から一つえらびなさい。

1 財布(さいふ)を無くしてひどく<u>こまった</u>様子だ。 (17)
　1　因った　　　　2　困った　　　　3　疲った　　　　4　痩った

2 わたしは足が<u>はやく</u>ありません。 (16)
　1　急ぐ　　　　　2　軽く　　　　　3　進く　　　　　4　速く

3 彼は石油会社(せきゆがいしゃ)に<u>つとめて</u>います。 (15)
　1　勉めて　　　　2　勤めて　　　　3　務めて　　　　4　働めて

4 最近就職活動(さいきんしゅうしょくかつどう)に忙(いそが)しくてだいぶ授業(じゅぎょう)を<u>けっせき</u>している。 (14)
　1　決席　　　　　2　決度　　　　　3　欠席　　　　　4　欠度

5 彼女は物事(ものごと)を覚(おぼ)えるのが<u>おそい</u>。 (13)
　1　遅い　　　　　2　速い　　　　　3　送い　　　　　4　早い

6 <u>どくしん</u>だとしたいことができるという人もいる。 (13)
　1　単身　　　　　2　単者　　　　　3　独身　　　　　4　独者

7 運転手(うんてんしゅ)は事故現場(じこげんば)から<u>にげた</u>。 (13)
　1　遠げた　　　　2　逃げた　　　　3　逆げた　　　　4　返げた

8 わたしは成功(せいこう)する<u>じしん</u>があります。 (12)
　1　自心　　　　　2　自信　　　　　3　持心　　　　　4　持信

9 自分の考えを述(の)べる<u>じゆう</u>が欲(ほ)しい。 (11)
　1　自由　　　　　2　事由　　　　　3　使用　　　　　4　利用

10 彼女は２児(じ)の母親として忙しく<u>くらして</u>いる。 (10)
　1　墓らして　　　2　募らして　　　3　暮らして　　　4　幕らして

답　1② 2④ 3② 4③ 5① 6③ 7② 8② 9① 10③

콕콕 기출 문제 02 표기   / 10

問題2 ＿＿＿のことばを漢字で書くとき、最もよいものを、1・2・3・4から一つえらびなさい。

[1] われわれの<u>きたい</u>に反して彼は決勝で負けた。 (17)

　　1　規持　　　　2　規待　　　　3　期持　　　　4　期待

[2] わたしは自分の人生に<u>まんぞく</u>しています。 (16)

　　1　充促　　　　2　充足　　　　3　満促　　　　4　満足

[3] 月３万円で佐藤さんからその部屋を<u>かりた</u>。 (15)

　　1　貨りた　　　2　借りた　　　3　貸りた　　　4　降りた

[4] そのタオルを<u>なげて</u>ください。 (15)

　　1　捨げて　　　2　放げて　　　3　投げて　　　4　役げて

[5] 急激な円高により自動車輸出が<u>げんしょう</u>した。 (14)

　　1　減少　　　　2　減小　　　　3　現像　　　　4　現象

[6] 箱が５つ<u>かさねて</u>置いてあります。 (13)

　　1　吊ねて　　　2　連ねて　　　3　結ねて　　　4　重ねて

[7] 先日、新幹線に乗ったとき、久しぶりに<u>しゅうかんし</u>を買った。 (12)

　　1　週間誌　　　2　週間議　　　3　週刊誌　　　4　週刊議

[8] 畳に座っていたので足が<u>いたい</u>。 (11)

　　1　症い　　　　2　疫い　　　　3　病い　　　　4　痛い

[9] わたしたちは日々<u>たいりょう</u>のごみを出している。 (11)

　　1　大量　　　　2　大料　　　　3　多量　　　　4　多料

[10] 運動すると<u>けつえき</u>の循環がよくなります。 (10)

　　1　血圧　　　　2　血液　　　　3　皿圧　　　　4　皿液

답 1④ 2④ 3② 4③ 5① 6④ 7③ 8④ 9① 10②

콕콕 기출 문제 03 표기 / 10

問題2 ＿＿＿のことばを漢字で書くとき、最もよいものを、1・2・3・4から一つえらびなさい。

① 鳥がかごからにげてしまいました。(16)
  1 走げて　　2 進げて　　3 逃げて　　4 徒げて

② スポーツにはあまりかんしんがありません。(15)
  1 関心　　　2 肝心　　　3 感心　　　4 歓心

③ われわれはみな世界平和をねがっている。(15)
  1 望って　　2 欲って　　3 頼って　　4 願って

④ 故郷で待つ彼女がこいしくてならない。(14)
  1 愛しくて　2 恋しくて　3 親しくて　4 面しくて

⑤ かすのはかまわないけど、こわさないでくれよ。(13)
  1 貸す　　　2 措す　　　3 借す　　　4 貨す

⑥ 4のばいは8である。(13)
  1 培　　　　2 倍　　　　3 増　　　　4 僧

⑦ 卒業後の進路を先生とそうだんした。(12)
  1 相談　　　2 相淡　　　3 想談　　　4 想淡

⑧ この問題の1日も早いかいけつを望んでいます。(11)
  1 解結　　　2 解決　　　3 改結　　　4 改決

⑨ わたしはなみだがかれるまで泣いた。(11)
  1 泡　　　　2 浜　　　　3 涙　　　　4 汗

⑩ 選手の平均しんちょうは190センチを超えている。(10)
  1 背張　　　2 背長　　　3 身張　　　4 身長

답 1③ 2① 3④ 4② 5① 6② 7① 8② 9③ 10④

콕콕 기출 문제 04 표기   / 10

問題2 _____のことばを漢字で書くとき、最もよいものを、1・2・3・4から一つえらびなさい。

1 ずつうが少し楽になりました。(17)
   1 腹疲　　　　2 頭疲　　　　3 腹痛　　　　4 頭痛

2 彼女は100メートルを15びょうで走りました。(17)
   1 羞　　　　2 差　　　　3 秒　　　　4 砂

3 その町にはみどりが点在しています。(15)
   1 縁　　　　2 泡　　　　3 緑　　　　4 涙

4 彼はわたしにその事故をこまかく説明した。(14)
   1 細かく　　　　2 短かく　　　　3 詳かく　　　　4 険かく

5 石田さんはきょう3時間ざんぎょうしました。(13)
   1 産庫　　　　2 産業　　　　3 残庫　　　　4 残業

6 きのう新しいようきを買いました。(13)
   1 容器　　　　2 容機　　　　3 用器　　　　4 用機

7 彼女は1人で子供を立派にそだてた。(12)
   1 健てた　　　　2 息てた　　　　3 建てた　　　　4 育てた

8 わたしたちは寺院やその他の場所をかんこうしてきた。(11)
   1 観告　　　　2 観光　　　　3 勧告　　　　4 勧光

9 姉は大学でほうりつを学んだ。(11)
   1 放律　　　　2 放理　　　　3 法律　　　　4 法理

10 列車の運行は10時にはせいじょうに戻った。(10)
   1 成情　　　　2 成常　　　　3 正情　　　　4 正常

답 1④ 2③ 3③ 4① 5④ 6① 7④ 8② 9③ 10④

콕콕 기출 문제 05 표기   / 10

問題2 _____のことばを漢字で書くとき、最もよいものを、1・2・3・4から一つえらびなさい。

1 彼女の手紙は全部やいてしまいました。(16)
　1　焼いて　　　2　包いて　　　3　輝いて　　　4　抱いて

2 他人のけってんを探すのはやめるべきだ。(15)
　1　決点　　　　2　決店　　　　3　欠点　　　　4　欠店

3 別の店にうつってもう少し飲もう。(14)
　1　映って　　　2　写って　　　3　動って　　　4　移って

4 わたしは毎月5種類のざっしを取っている。(14)
　1　雑紙　　　　2　雑誌　　　　3　冊紙　　　　4　冊誌

5 当時人々は太陽が地球の周りを回っているとしんじていた。(13)
　1　考じて　　　2　思じて　　　3　信じて　　　4　固じて

6 昼ごはんの残り物をあたためて食べた。(12)
　1　湯めて　　　2　温めて　　　3　熱めて　　　4　熟めて

7 この赤ん坊ははははまだ生えていない。(12)
　1　芽　　　　　2　歯　　　　　3　枝　　　　　4　葉

8 きのうの最低きおんはマイナス5度だった。(11)
　1　気混　　　　2　気湯　　　　3　気湿　　　　4　気温

9 その部屋はうちがわからかぎがかかっている。(10)
　1　家側　　　　2　家則　　　　3　内側　　　　4　内則

10 内田さんは優秀なせいせきで高校を卒業した。(16・10)
　1　成績　　　　2　成適　　　　3　成積　　　　4　成箱

답　1① 2③ 3④ 4② 5③ 6② 7② 8④ 9③ 10①

콕콕 기출 문제 06 표기　　　　　　　　　　　　　　　　　　/ 10

問題2 ＿＿＿のことばを漢字で書くとき、最もよいものを、1・2・3・4から一つえらびなさい。

[1] 秋になってモミジの<u>は</u>が赤くなった。 (17)
　　1　皮　　　　　2　穴　　　　　3　葉　　　　　4　枝

[2] その事故が<u>げんいん</u>でわれわれは出発できなかった。 (15)
　　1　原因　　　　2　原困　　　　3　源因　　　　4　源困

[3] たまには<u>おんせん</u>に行って、のんびりとした時間を過ごしたい。 (14)
　　1　温線　　　　2　温泉　　　　3　湿線　　　　4　湿泉

[4] 学校でインフルエンザの予防<u>ちゅうしゃ</u>をしてもらった。 (14)
　　1　注射　　　　2　駐射　　　　3　駐車　　　　4　注車

[5] 娘はすっかりつかれた<u>様子</u>で部屋に入ってきた。 (13)
　　1　突れた　　　2　苦れた　　　3　疲れた　　　4　労れた

[6] わたしはふつう6時に<u>きたく</u>します。 (12)
　　1　帰沢　　　　2　帰屋　　　　3　帰家　　　　4　帰宅

[7] 数学の小テストに備えて公式の<u>ふくしゅう</u>をしなければならない。 (12)
　　1　複翌　　　　2　複習　　　　3　復翌　　　　4　復習

[8] 映画の<u>けん</u>が2枚あるんだけど、いっしょに行かない？ (11)
　　1　巻　　　　　2　札　　　　　3　券　　　　　4　符

[9] 警察が彼女を<u>おって</u>いる。 (10)
　　1　追って　　　2　送って　　　3　押って　　　4　造って

[10] あの高校には<u>せいふく</u>がありません。 (10)
　　1　制衣　　　　2　制服　　　　3　製衣　　　　4　製服

답 1③　2①　3②　4①　5③　6④　7④　8③　9①　10②

콕콕 기출 문제 07 표기

/ 10

問題2 ＿＿＿のことばを漢字で書くとき、最もよいものを、1・2・3・4から一つえらびなさい。

1 田舎(いなか)はいいね、都会とは空気が<u>ちがう</u>。 (17)
　1　達う　　　　2　僅う　　　　3　偉う　　　　4　違う

2 父は中学校で英語の<u>きょうし</u>をしています。 (17)
　1　類師　　　　2　数師　　　　3　教師　　　　4　老師

3 世界中のコンピューターが作動(さどう)しなくなったとか<u>ていしよう</u>。 (14)
　1　過定　　　　2　過程　　　　3　仮定　　　　4　仮程

4 その事故(じこ)には<u>ふくすう</u>の目撃者(もくげきしゃ)がいます。 (14)
　1　複数　　　　2　複類　　　　3　復数　　　　4　復類

5 これを贈(おく)り物用(ものよう)に<u>つつん</u>でください。 (13)
　1　運んで　　　2　結んで　　　3　呼んで　　　4　包んで

6 この寺(てら)がいつ建(た)てられたのかは<u>きろく</u>に残(のこ)っていない。 (16・12)
　1　記録　　　　2　記緑　　　　3　紀録　　　　4　紀緑

7 彼女はいつも約束(やくそく)の時間をきちんと<u>まもる</u>。 (12)
　1　保る　　　　2　守る　　　　3　要る　　　　4　取る

8 喫煙(きつえん)により<u>けんこう</u>が害(がい)されることがある。 (11)
　1　健庫　　　　2　健康　　　　3　建庫　　　　4　建康

9 つぎの停留所(ていりゅうじょ)で<u>おりる</u>方はベルを押(お)してください。 (10)
　1　移りる　　　2　移る　　　　3　降りる　　　4　降る

10 本田(ほんだ)さんはその分野(ぶんや)の<u>せんもんか</u>に助言(じょげん)を求(もと)めた。 (10)
　1　専問屋　　　2　専問家　　　3　専門屋　　　4　専門家

답　1④　2③　3③　4①　5④　6①　7②　8②　9③　10④

콕콕 기출 문제 08 표기   / 10

問題2 ＿＿＿＿のことばを漢字で書くとき、最もよいものを、1・2・3・4から一つえらびなさい。

1 貴重品はフロントにあずけてください。(17)
　1　預けて　　　2　届けて　　　3　頂けて　　　4　伺けて

2 母親が赤ちゃんを抱いてねむらせています。(16)
　1　眠らせて　　2　宿らせて　　3　眠らせて　　4　寝らせて

3 せいかいは裏面をごらんください。(15)
　1　正解　　　　2　正確　　　　3　成解　　　　4　成確

4 弟は部屋の明かりをけした。(14)
　1　停した　　　2　消した　　　3　止した　　　4　切した

5 大型台風のためにていでんになりました。(13)
　1　止電　　　　2　落電　　　　3　停電　　　　4　閉電

6 豆腐は大豆をげんりょうとして作られます。(12)
　1　材料　　　　2　材量　　　　3　原料　　　　4　原量

7 彼はそのチームと選手契約をむすんだ。(12)
　1　締んだ　　　2　巻んだ　　　3　運んだ　　　4　結んだ

8 その走者の順位はげんざい８位です。(15・11)
　1　現存　　　　2　現在　　　　3　今存　　　　4　今在

9 実際、がっきを演奏する際にはさまざまな能力が求められる。(10)
　1　楽器　　　　2　楽期　　　　3　楽機　　　　4　楽起

10 子供のころはよく母がものがたりを聞かせてくれた。(10)
　1　物話　　　　2　物説　　　　3　物記　　　　4　物語

답　1 ①　2 ③　3 ①　4 ②　5 ③　6 ③　7 ④　8 ②　9 ①　10 ④

2 표기 기출어휘 2009~1990년

1990~2009년까지의 일본어능력시험은 현재의 시험과 달리 1~4급의 4개 급수가 있었습니다. 이 중 N3 수준에 해당한다고 판단되는 것을 품사별로 정리하였습니다.

명사

- 相手 (あいて) 상대
- 安定 (あんてい) 안정
- 胃 (い) 위
- 泉 (いずみ) 샘
- 位置 (いち) 위치
- 一杯 (いっぱい) 한 잔
- 一般(に) (いっぱん) 일반(적으로)
- 移動 (いどう) 이동
- 入り口 (いりぐち) 입구
- 岩 (いわ) 바위
- 祝い (いわい) 축하
- 宇宙 (うちゅう) 우주
- 絵の具 (えのぐ) 그림물감
- お菓子 (おかし) 과자
- お湯 (おゆ) 뜨거운 물
- 温泉 (おんせん) 온천
- ~限り (かぎり) ~만, ~까지
- 楽器 (がっき) 악기
- 神 (かみ) 신
- 観客 (かんきゃく) 관객
- 関係 (かんけい) 관계
- 関心 (かんしん) 관심
- 機会 (きかい) 기회
- 機能 (きのう) 기능
- 教育 (きょういく) 교육
- 共同 (きょうどう) 공동
- 許可 (きょか) 허가
- 曲線 (きょくせん) 곡선
- 薬 (くすり) 약
- 具体化 (ぐたいか) 구체화
- 経営 (けいえい) 경영
- 景気 (けいき) 경기
- 計算 (けいさん) 계산
- 形式 (けいしき) 형식
- 今朝 (けさ) 오늘 아침
- 景色 (けしき) 경치
- 欠点 (けってん) 결점
- 原因 (げんいん) 원인
- 減少 (げんしょう) 감소
- 県庁 (けんちょう) 현청
- 幸運 (こううん) 행운
- 公園 (こうえん) 공원
- 高学歴 (こうがくれき) 고학력
- 工場 (こうじょう) 공장
- 交通 (こうつう) 교통
- 国際 (こくさい) 국제
- 個人的 (こじんてき) 개인적
- 骨折 (こっせつ) 골절
- 小麦 (こむぎ) 밀
- ~歳 (さい) ~세, ~살
- ~際 (さい) ~때
- 最高 (さいこう) 최고
- 最低 (さいてい) 최저
- 才能 (さいのう) 재능
- 昨日 (さくじつ) 어제
- 酒 (さけ) 술
- 参加 (さんか) 참가
- 寺院 (じいん) 사원
- 司会 (しかい) 사회
- 式 (しき) 식

☐ 自^じ身^{しん} 자신	☐ 次^し第^{だい}(に) 점차	☐ 実^{じつ}現^{げん} 실현
☐ 失^{しっ}敗^{ぱい} 실패, 실수	☐ 周^{しゅう}囲^い 주위	☐ 重^{じゅう}量^{りょう} 중량
☐ 首^{しゅ}相^{しょう} 수상, 총리	☐ 手^{しゅ}段^{だん} 수단	☐ 条^{じょう}件^{けん} 조건
☐ 乗^{じょう}車^{しゃ}券^{けん} 승차권	☐ 将^{しょう}来^{らい} 장래	☐ 食^{しょく}欲^{よく} 식욕
☐ 生^{せい}活^{かつ} 생활	☐ 政^{せい}治^じ 정치	☐ 生^{せい}徒^と 학생
☐ 性^{せい}能^{のう} 성능	☐ 成^{せい}分^{ぶん} 성분	☐ 性^{せい}別^{べつ} 성별
☐ 節^{せつ}約^{やく} 절약	☐ 背^せ中^{なか} 등	☐ 選^{せん}手^{しゅ} 선수
☐ 増^{ぞう}加^か 증가	☐ 祖^そ父^ふ 할아버지	☐ 存^{そん}在^{ざい} 존재
☐ 大^{たい}陸^{りく} 대륙	☐ 谷^{たに} 계곡	☐ 卵^{たまご} 계란
☐ 団^{だん}体^{たい} 단체	☐ 駐^{ちゅう}車^{しゃ}場^{じょう} 주차장	☐ 直^{ちょく}接^{せつ} 직접
☐ 同^{どう}時^じ 동시	☐ 到^{とう}着^{ちゃく} 도착	☐ 道^{どう}路^ろ 도로
☐ 波^{なみ} 파도	☐ 涙^{なみだ} 눈물	☐ 荷^に物^{もつ} 짐
☐ 発^{はっ}刊^{かん} 발간	☐ 発^{はつ}売^{ばい} 발매, 판매	☐ 販^{はん}売^{ばい} 판매
☐ ~匹^{ひき} ~마리	☐ 必^{ひつ}要^{よう} 필요	☐ 皮^ひ肉^{にく} 빈정거림, 비꼼, 짓궂음
☐ 表^{ひょう}現^{げん} 표현	☐ 付^ふ近^{きん} 부근	☐ 物^{ぶっ}価^か 물가
☐ 部^ぶ品^{ひん} 부품	☐ 変^{へん}化^か 변화	☐ 貿^{ぼう}易^{えき} 무역
☐ 方^{ほう}法^{ほう} 방법	☐ 募^ぼ集^{しゅう} 모집	☐ 保^ほ存^{ぞん} 보존
☐ 骨^{ほね} 뼈	☐ 窓^{まど} 창문	☐ 昔^{むかし} 옛날
☐ 娘^{むすめ} 딸	☐ 申^{もう}し込^こみ 신청	☐ 役^{やく}割^{わり} 역할
☐ 輸^ゆ入^{にゅう}量^{りょう} 수입량	☐ 指^{ゆび} 손가락	☐ 予^よ算^{さん} 예산
☐ 理^り解^{かい} 이해	☐ 割^{わり}引^{びき} 할인	

동사

- 失う 잃다
- 追う 쫓다, (뒤)따르다
- 泳ぐ 수영하다
- 返す (원래 상태로) 돌리다, 돌려주다
- 決める 결정하다
- 困る 곤란하다
- 咲く (꽃이) 피다
- 支える 떠받치다
- 示す 나타내다
- 進む 나아가다
- 座る 앉다
- 達する 달하다
- 続く 계속되다
- 解く 풀다
- 飛ぶ 날다
- 流れる 흐르다
- 慣れる 익숙해지다
- 願う 바라다, 원하다
- 省く 생략하다
- 引き出す 꺼내다
- 広がる 넓어지다, 퍼지다
- 守る 지키다
- 命じる・命ずる 명령하다
- 用いる 사용하다
- 辞める 그만두다
- 別れる 헤어지다
- 割れる 깨지다

い형용사

- 甘い 달다
- 忙しい 바쁘다
- 痛い 아프다
- 細い 가늘다
- 若い 젊다

な형용사

- 永遠だ 영원하다
- 永久だ 영구하다
- 器用だ 솜씨가 좋다
- 巨大だ 거대하다
- 残念だ 유감스럽다
- 心配だ 걱정스럽다
- 容易だ 용이하다

부사

- お互いに 서로
- 必ず 반드시

콕콕 기출 문제 09 표기　　　　　　　　　　　　　　　　　　　　/ 10

問題2 ＿＿＿のことばを漢字で書くとき、最もよいものを、1・2・3・4から一つえらびなさい。

1　彼は金曜日に東京にとうちゃくした。(03)
　　1　至着　　　2　致着　　　3　到着　　　4　倒着

2　むかしはここに映画館がありました。(00)
　　1　旧　　　　2　青　　　　3　古　　　　4　昔

3　けさはいつもより早く起きました。(90)
　　1　今夜　　　2　昨夜　　　3　今朝　　　4　昨朝

4　今日の芝居は彼のさいこうの演技だった。(01)
　　1　最古　　　2　最好　　　3　最後　　　4　最高

5　彼の命を助けるしゅだんは何もなかった。(92)
　　1　手段　　　2　取担　　　3　取段　　　4　手担

6　ひつようであればいつでもこの番号に電話をください。(05)
　　1　秘容　　　2　秘要　　　3　必容　　　4　必要

7　彼は多くの合格いわいの言葉をもらった。(00)
　　1　祈い　　　2　祝い　　　3　祥い　　　4　福い

8　はでな看板が人々のかんしんを引いた。(04)
　　1　換心　　　2　感心　　　3　関心　　　4　歓心

9　この薬には眠くなるせいぶんが含まれている。(09)
　　1　性分　　　2　成分　　　3　正分　　　4　清分

10　奨学金のもうしこみは今日かぎりです。(93)
　　1　限り　　　2　区切り　　3　可切り　　4　期り

답　1③　2④　3③　4④　5①　6④　7②　8③　9②　10①

콕콕 기출 문제 10 표기 　 / 10

問題2 　＿＿＿のことばを漢字で書くとき、最もよいものを、1・2・3・4から一つえらびなさい。

1 彼は会えばいつもひにくばかり言う。(91)
　1 否肉　　2 皮肉　　3 非肉　　4 比肉

2 早くたがいの誤解をといた方がいい。(94)
　1 説いた　2 溶いた　3 解いた　4 得いた

3 今日の売り上げは今年さいていです。(97)
　1 最低　　2 再低　　3 再底　　4 最底

4 近いしょうらいわたしは会社を起こすつもりです。(09)
　1 奨来　　2 将来　　3 召来　　4 招来

5 わたしにはむすめが2人います。(07)
　1 娘　　　2 嫁　　　3 嬢　　　4 婦

6 そこはけしきの良いことで有名です。(00)
　1 風景　　2 景色　　3 景気　　4 風気

7 スタッフの募集はむろんせいべつや年齢に関係なしに行うつもりだ。(91)
　1 性列　　2 性例　　3 性分　　4 性別

8 うちのむすめももう15さいになりました。(96)
　1 歳　　　2 蔵　　　3 栽　　　4 裁

9 これ以上うしなうものは何もない。(95)
　1 亡う　　2 絶う　　3 損う　　4 失う

10 あなたは何かがっきが演奏できますか。(98)
　1 楽机　　2 楽幾　　3 楽器　　4 楽機

답 1② 2③ 3① 4② 5① 6② 7④ 8① 9④ 10③

콕콕 기출 문제 11 표기   / 10

問題2 _____のことばを漢字で書くとき、最もよいものを、1・2・3・4から一つえらびなさい。

1 出発のさい、彼は元気そうだった。 (09)
　　1 末　　　　　2 内　　　　　3 折　　　　　4 際

2 太陽や星はうちゅうの一部である。 (98)
　　1 宇中　　　　2 宇仲　　　　3 宇宙　　　　4 宇抽

3 警察はスピード違反の車に停車をめいじた。 (91)
　　1 名じた　　　2 令じた　　　3 命じた　　　4 告じた

4 高速道路を使えば時間のせつやくになる。 (03)
　　1 倹約　　　　2 節約　　　　3 倹略　　　　4 節略

5 正月休みは家族全員が一緒に過ごすよいきかいだ。 (95)
　　1 機回　　　　2 期会　　　　3 機会　　　　4 期回

6 カラスのむれが西の方へとんでいった。 (06)
　　1 羽んで　　　2 飛んで　　　3 昇んで　　　4 離んで

7 お酢の料理はしょくよく増進に効果があります。 (09)
　　1 食求　　　　2 食好　　　　3 食欲　　　　4 食探

8 わたしは常に自分のけってんを直そうと努めている。 (06)
　　1 欠店　　　　2 決店　　　　3 決点　　　　4 欠点

9 彼女には音楽のさいのうがあります。 (02)
　　1 才脳　　　　2 才能　　　　3 歳能　　　　4 歳脳

10 彼は自分をひょうげんするのがうまい。 (08)
　　1 表現　　　　2 標現　　　　3 標言　　　　4 表言

답 1 ④ 2 ③ 3 ③ 4 ② 5 ③ 6 ② 7 ③ 8 ④ 9 ② 10 ①

콕콕 기출 문제 12 표기   / 10

問題2 _____ のことばを漢字で書くとき、最もよいものを、1・2・3・4から一つえらびなさい。

1 宇宙はえいえんに存在し続けるのだろうか。(98)
   1 永延　　　2 氷遠　　　3 氷延　　　4 永遠

2 お金のことはしんぱいする必要はない。(99)
   1 心杯　　　2 心配　　　3 必配　　　4 必杯

3 この携帯電話は複雑なきのうが多すぎる。(93)
   1 帰脳　　　2 機脳　　　3 機能　　　4 帰能

4 うわさはたちまちクラスじゅうにひろがった。(04)
   1 広った　　2 開った　　3 開がった　4 広がった

5 その新築マンションはもうしこみ順に部屋が選べる。(03)
   1 申し込み　2 甲し込み　3 甲し混み　4 申し混み

6 このドレスはせなかでホックでとめるようになっている。(01)
   1 肯中　　　2 脊中　　　3 背中　　　4 排中

7 神奈川県のけんちょう所在地はどこですか。(00)
   1 県庁　　　2 見庁　　　3 原庁　　　4 厚庁

8 さくらの花がさくと新学年だ。(00)
   1 吹く　　　2 吠く　　　3 咲く　　　4 咲く

9 彼女は大学卒業とどうじに若い医者と婚約した。(97)
   1 同時　　　2 等自　　　3 等時　　　4 同自

10 水槽の中に２０ぴきほどの熱帯魚が泳いでいた。(01)
   1 皿　　　　2 匹　　　　3 羽　　　　4 尾

답　1④　2②　3③　4④　5①　6③　7①　8④　9①　10②

콕콕 기출 문제 13 표기 / 10

問題2 ＿＿＿のことばを漢字で書くとき、最もよいものを、1・2・3・4から一つえらびなさい。

1 今朝は どうろ がすいていた。(09)
　1 道渡　　　2 道路　　　3 導渡　　　4 導路

2 このふきんに 公衆（こうしゅう）電話はありませんか。(98)
　1 府近　　　2 辺近　　　3 付近　　　4 布近

3 彼女はテニスのいい練習 あいて です。(94)
　1 相手　　　2 対手　　　3 合手　　　4 代手

4 彼は えいきゅう に日本を去（さ）った。(03)
　1 永遠　　　2 永久　　　3 恒久　　　4 恒遠

5 大学は新学科を設立（せつりつ）することを きめた。(98)
　1 決めた　　2 規めた　　3 効めた　　4 期めた

6 最近 い の調子（ちょうし）がわるい。(97)
　1 育　　　　2 骨　　　　3 胃　　　　4 背

7 夢（ゆめ）はサッカー せんしゅ になることです。(97)
　1 専手　　　2 選手　　　3 戦手　　　4 宣手

8 東京（とうきょう）で観測（かんそく）された さくじつ の最低気温（さいていきおん）は15度だった。(97)
　1 先日　　　2 去日　　　3 前日　　　4 昨日

9 この本を読んで、この じいん の構造（こうぞう）がよくわかった。(01)
　1 寺院　　　2 寺員　　　3 持院　　　4 持員

10 これはデジカメを もちいて 撮（と）った写真です。(94)
　1 導いて　　2 率いて　　3 持いて　　4 用いて

답 1② 2③ 3① 4② 5① 6③ 7② 8④ 9① 10④

콕콕 기출 문제 14 표기   / 10

問題2 ＿＿＿のことばを漢字で書くとき、最もよいものを、1・2・3・4から一つえらびなさい。

1　彼女は今回のプロジェクトで重要なやくわりを演じた。(93)
　　1　役張　　　　2　役柄　　　　3　役配　　　　4　役割

2　ふるい機種のぶひんはありません。(96)
　　1　分品　　　　2　部品　　　　3　付品　　　　4　物品

3　わたしは試験に受かるじしんがあります。(03)
　　1　自信　　　　2　自身　　　　3　自真　　　　4　自伸

4　日本人はきょういくの程度が高い。(01)
　　1　教生　　　　2　教行　　　　3　教育　　　　4　教養

5　そふは、毎朝近くの公園を散歩する。(96)
　　1　粗父　　　　2　祖父　　　　3　租父　　　　4　組父

6　橋の上から静かにながれる川を見ていた。(00)
　　1　滴れる　　　2　波れる　　　3　流れる　　　4　落れる

7　最近ぶっかの変動がはげしい。(09)
　　1　物科　　　　2　物値　　　　3　物貨　　　　4　物価

8　今度さけでも飲みに行きましょうよ。(00)
　　1　酒　　　　　2　酪　　　　　3　酔　　　　　4　酊

9　この花はあまいかおりがします。(05)
　　1　塩い　　　　2　苦い　　　　3　辛い　　　　4　甘い

10　鉛筆で描いたスケッチに水彩えのぐで色をつけた。(07)
　　1　画の貝　　　2　画の具　　　3　絵の具　　　4　絵の貝

답　1④　2②　3①　4③　5②　6③　7④　8①　9④　10③

콕콕 기출 문제 15 표기 / 10

問題2 ＿＿＿のことばを漢字で書くとき、最もよいものを、1・2・3・4から一つえらびなさい。

1 うちの裏の森にはいずみが勢いよくわき出ている。 (09)
　1 沓　　　2 湖　　　3 潮　　　4 泉

2 これぐらいの計算なら、ゆびで数えなくてもできるでしょう。 (96)
　1 鼻　　　2 指　　　3 肩　　　4 腕

3 ご一緒できなくてざんねんです。 (02)
　1 残念　　2 残年　　3 浅念　　4 浅年

4 部屋の中にいた人たちはおたがいに顔見知りだった。 (05)
　1 お協いに　2 お共いに　3 お互いに　4 お双いに

5 先生は黒板に大きなきょくせんをえがいた。 (94)
　1 局線　　2 曲線　　3 極線　　4 境線

6 女性のこうがくれき化自体が少子化の直接的な原因ではない。 (91)
　1 高学歴　2 高学暦　3 広学暦　4 広学歴

7 君なら車を貸してもいいけどじょうけんがある。 (09)
　1 状件　　2 状権　　3 条権　　4 条件

8 オートバイでたいりくを横断する計画です。 (95)
　1 大陛　　2 大陸　　3 大隆　　4 大陵

9 彼女は人前で話すのになれていなかった。 (04)
　1 情れて　2 慎れて　3 慣れて　4 憤れて

10 売り上げを伸ばすほうほうを考えなければならない。 (06)
　1 方法　　2 方々　　3 法々　　4 法方

답 1④ 2② 3① 4③ 5② 6① 7④ 8② 9③ 10①

問題 ❸
문맥규정

1. 문맥규정 기출어휘 2017~2010년
2. 문맥규정 기출어휘 2009~1990년

문맥규정 기출어휘 2017~2010년

問題3 문맥규정은 문자·어휘 35문제 중 11문제가 출제됩니다. 괄호 안에 들어갈 단어를 고르는 문제로 명사, 동사, い형용사, な형용사, 부사, 관용 표현 등 폭 넓은 어휘력을 요구합니다.

2017

□ 応募	응모	絵画コンクールに 25名の応募があった。	회화 콩쿠르에 25명의 응모가 있었다.
□ 落ち着く	가라앉다, 침착하다	泣くだけ泣いて、彼女は落ち着いたようでした。	울 만큼 울어서 그녀는 마음이 가라앉은 듯했습니다.
□ 解決	해결	警察は指紋を見つけてその事件を解決した。	경찰은 지문을 발견해서 그 사건을 해결했다.
□ 確実だ	확실하다	英語が上手になる確実な方法なんてないよ。	영어를 잘하는 확실한 방법 따위 없어.
□ 完成	완성	市庁舎は来年の春完成する予定です。	시청사는 내년 봄 완성할 예정입니다.
□ 苦しい	고통스럽다, 난처하다	多くの支援者を失って彼は苦しい立場に追い込まれた。	많은 지원자를 놓친 그는 난처한 입장에 몰렸다.
□ しみ	얼룩	ソースをこぼして、スカートにしみがつきました。	소스를 흘려서 스커트에 얼룩이 졌습니다.
□ 申請	신청	今日中国大使館にビザを申請しました。	오늘 중국 대사관에 비자를 신청했습니다.
□ ずいぶん	꽤, 몹시	前に会ったときよりずいぶん背が伸びたね。	전에 만났을 때 보다 꽤 키가 컸네.
□ 正常だ	정상이다	このコンピューターは正常に作動しない。	이 컴퓨터는 정상적으로 작동하지 않는다.
□ 底	바닥, 속	プールの底に足が届かない。	수영장 바닥에 발이 닿지 않는다.
□ そっくり	꼭 닮음	妹は母に顔も声もそっくりだ。	여동생은 얼굴도 목소리도 엄마를 꼭 닮았다.
□ そっと	살짝	寝ている弟を起こさないように、ドアをそっと閉めた。	자고 있는 남동생을 깨우지 않도록 문을 살짝 닫았다.

☐ 登場(とうじょう)	등장	ピアノの発表会で、子供たちが次から次へと舞台に登場した。 피아노 발표회에서 아이들이 차례차례로 무대에 등장했다.	
☐ 比較(ひかく)	비교	ニューヨークと比較すると東京は安全だ。 뉴욕과 비교하면 도쿄는 안전하다.	
☐ ふく	닦다	私はタオルで手をしっかりふいた。 나는 수건으로 손을 제대로 닦았다.	
☐ 平均(へいきん)	평균	今年も日本人女性の平均寿命が延びた。 올해도 일본인 여성의 평균 수명이 연장되었다.	
☐ マナー	매너	あの人はマナーがとても悪い。 저 사람은 매너가 아주 나쁘다.	
☐ 目的(もくてき)	목적	旅行の目的は何ですか。 여행의 목적은 무엇입니까?	
☐ 床(ゆか)	마루	まず床に掃除機をかけてから、ワックスで磨いてください。 우선 마루에 청소기를 돌리고 나서 왁스로 닦아주세요.	
☐ 呼び掛ける(よびかける)	호소하다	大統領は国民に対して団結を呼び掛けた。 대통령은 국민에게 단결을 호소했다.	
☐ 列(れつ)	열, 행렬	そのコンサートのチケットを買う人の長い列ができていた。 그 콘서트 티켓을 사는 사람의 긴 행렬이 생겼다.	

2016

☐ アドバイス	충고	弁護士に相談するよう彼女にアドバイスした。 변호사에게 상담하도록 그녀에게 충고했다.	
☐ イメージ	이미지	最近彼女、イメージが変わったと思わないか。 최근 그녀, 이미지가 변했다고 생각하지 않아?	
☐ うっかり	무심코, 깜박	うっかり部屋の窓を閉めるのを忘れてしまった。 방의 창을 닫는 것을 깜빡 잊어버렸다.	
☐ うまい	맛있다, 솜씨가 좋다	彼女は小さな子どもの扱いがうまい。 그녀는 어린 아이를 잘 다룬다.	
☐ うわさ	소문	山田さんは転職したとうわさで聞いている。 야마다 씨는 이직했다고 소문으로 듣고 있다.	
☐ おしい	아깝다	そのかばんは捨てるにはおしい。 그 가방은 버리기엔 아깝다.	
☐ 囲む(かこむ)	둘러싸다	クラス会で恩師を囲んで楽しく食事をした。 학급회에서 은사를 둘러싸고 즐겁게 식사를 했다.	

	単語	意味	例文
☐	がらがら	텅텅 비어 있는 모양	始発列車はいつもがらがらだ。 시발 열차는 언제나 텅 비어 있다.
☐	傷（きず）	상처, 흠	交通事故での傷がときどき痛む。 교통사고로 생긴 상처가 가끔 아프다.
☐	検査（けんさ）	검사	病院で目の検査をしてもらった。 병원에서 눈 검사를 받았다.
☐	断る（ことわる）	거절하다	財団は依頼された協力をきっぱり断った。 재단은 의뢰받은 협력을 단호히 거절했다.
☐	自信（じしん）	자신	今度のカラオケ大会では優勝する自信がある。 이번 가라오케 대회에서는 우승할 자신이 있다.
☐	沈む（しずむ）	가라앉다, 지다	プールの底にごみが沈んでいる。 수영장 바닥에 쓰레기가 가라앉아 있다.
☐	姿勢（しせい）	자세	田中さんは楽な姿勢で横になっていた。 다나카 씨는 편한 자세로 누워 있었다.
☐	確かめる（たしかめる）	확인하다	電話をして彼があす来ることを確かめておこう。 전화를 해서 그가 내일 오는 것을 확인해 두자.
☐	頼る（たよる）	의지하다	人の言葉に頼って行動したら失敗した。 남의 말에 의지해서 행동했다가 실패했다.
☐	チャレンジ	도전	この難しい目標の達成にチャレンジしてほしい。 이 어려운 목표 달성에 도전했으면 한다.
☐	特徴（とくちょう）	특징	この本の特徴は文字が大きいことだ。 이 책의 특징은 글자가 큰 점이다.
☐	内緒（ないしょ）	비밀, 은밀	コンサートに行くこと、お父さんには内緒にしててね。 콘서트에 가는 것, 아빠에게는 비밀로 해 줘.
☐	農業（のうぎょう）	농업	その地方は農業が盛んです。 그 지방은 농업이 번성합니다.
☐	許す（ゆるす）	용서하다, 허락하다	父は私がバイクに乗ることを許してくれない。 아버지는 내가 오토바이 타는 것을 허락해 주지 않는다.
☐	流行する（りゅうこうする）	유행하다	今風邪が生徒の間で流行している。 지금 학생 사이에서 감기가 유행하고 있다.

2015

	単語	意味	例文
☐	編む（あむ）	엮다, 뜨다	毎日少しずつ毛糸でチョッキを編んだ。 매일 조금씩 털실로 조끼를 떴다.

	単語	意味	例文
□	栄養（えいよう）	영양	その子どもたちは栄養が足りていないようです。 그 아이들은 영양이 부족한 것 같습니다.
□	演奏（えんそう）	연주	彼らはベートーベンの第九を演奏した。 그들은 베토벤의 제9교향곡을 연주했다.
□	香り（かおり）	향기	このコーヒーは、いい香りがします。 이 커피는 좋은 향기가 납니다.
□	隠す（かくす）	감추다, 숨기다	背の高い草が山田さんの姿を隠していました。 키가 큰 풀이 야마다 씨의 모습을 숨기고 있었습니다.
□	観察（かんさつ）	관찰	その花をよく観察してください。 그 꽃을 잘 관찰해 주세요.
□	キャンセル	취소	風邪で、ホテルの予約をキャンセルした。 감기로 호텔 예약을 취소했다.
□	興味（きょうみ）	흥미	彼はスポーツに大変興味があります。 그는 스포츠에 매우 흥미가 있습니다.
□	盛んだ（さかんだ）	번성하다, 기세가 좋다	この市では家具の生産が盛んです。 이 시에서는 가구의 생산이 활발합니다.
□	順番（じゅんばん）	순번, 차례	押さないで、順番を待ちなさい。 밀지 말고 차례를 기다리세요.
□	そっくり	꼭 빼닮음	花子さんは、母親そっくりです。 하나코 씨는 어머니를 꼭 닮았습니다.
□	代表的だ（だいひょうてきだ）	대표적이다	すしや天ぷらは日本の代表的な料理です。 초밥이나 튀김은 일본의 대표적인 요리입니다.
□	戦う（たたかう）	싸우다, 겨루다	両チーム互角で決勝戦を戦った。 양 팀 호각으로 결승전을 겨루었다.
□	発表（はっぴょう）	발표	去年は論文を学会誌に発表しました。 작년은 논문을 학회지에 발표했습니다.
□	ぴったり	딱 들어 맞음	このワンピースは私にぴったりです。 이 원피스는 나에게 딱 맞습니다.
□	防ぐ（ふせぐ）	방어하다, 막다	経営悪化を防ぐには経費節減が必要だ。 경영 악화를 막기에는 경비 절감이 필요하다.
□	守る（まもる）	지키다	交通ルールを正しく守りましょう。 교통 규칙을 바르게 지킵시다.
□	文句（もんく）	불평, 불만	給料が安いといって雇い主に文句を言っている。 급료가 싸다며 고용주에게 불평을 하고 있다.

☐ 破れる	찢어지다	紙の袋が破れて中身が出ている。 종이 가방이 찢어져서 내용물이 나와 있다.	
☐ リサイクル	리사이클, 재활용	缶や瓶などをリサイクルすれば、ごみを減らせる。 캔이나 병 등을 재활용하면 쓰레기를 줄일 수 있다.	
☐ 料金	요금	市内であれば配達の料金は無料です。 시내라면 배달 요금은 무료입니다.	
☐ 割合	비율	その工場の事故の割合はかなり高い。 그 공장의 사고 비율은 상당히 높다.	

2014

☐ あきる	질리다, 싫증나다	好きなものでも、毎日食べるとあきてしまう。 좋아하는 것이라도, 매일 먹으면 질려 버린다.
☐ 穴	구멍	袋の底に穴があいていました。 주머니 바닥에 구멍이 뚫려 있습니다.
☐ 印象	인상	彼女はとても上品だという印象を受けた。 그녀는 아주 고상하다는 인상을 받았다.
☐ お祝い	축하, 축하 선물	私は誕生日のお祝いに時計をもらいました。 나는 생일 축하 선물로 시계를 받았습니다.
☐ 我慢	참음	その痛さは我慢できないほどでした。 그 아픔은 참을 수 없는 정도였습니다.
☐ 間隔	간격	８メートル間隔に木が植えてあります。 8미터 간격으로 나무가 심어져 있습니다.
☐ 記念	기념	オリンピックを記念して新しい硬貨が発行された。 올림픽을 기념해서 새로운 동전이 발행되었다.
☐ くせ	버릇, 습관	彼女は子どもの指をしゃぶるくせを直した。 그녀는 아이가 손가락을 빠는 버릇을 고쳤다.
☐ 悔しい	분하다	私は試験に落ちてとても悔しかったです。 나는 시험에 떨어져서 아주 분했습니다.
☐ 合計	합계	被害者の合計は１００人になりました。 피해자의 합계는 100명이 되었습니다.
☐ 覚める	깨다, 눈이 뜨이다	目は覚めたが、ベッドからはまだ起きない。 잠은 깼지만, 침대에서는 아직 일어나지 않는다.
☐ 資源	자원	地球の資源は限られています。 지구의 자원은 한정되어 있습니다.

□	積極的だ せっきょくてき	적극적이다	彼は地域社会の仕事に積極的でした。 그는 지역 사회의 일에 적극적이었습니다.
□	テーマ	테마	今日の話のテーマは環境問題です。 오늘 이야기의 테마는 환경 문제입니다.
□	当日 とうじつ	당일	弟は、試験の当日病気になりました。 남동생은 시험 당일 병이 났습니다.
□	パンフレット	팸플릿, 소책자	海外旅行のパンフレットがたくさん置いてあった。 해외 여행 팸플릿이 많이 놓여져 있었다.
□	ぶつける	부딪치다, 맞부딪치다	ゆうべだれかが街灯柱に車をぶつけた。 어제 저녁 누군가가 가로등에 차를 부딪쳤다.
□	ふらふら	빙빙, 비틀비틀	頭がふらふらして倒れそうでした。 머리가 빙빙 돌아서 쓰러질 것 같았습니다.
□	方法 ほうほう	방법	この箱を開ける方法を知っていますか。 이 상자를 여는 방법을 알고 있습니까?
□	目標 もくひょう	목표	1か月1万円貯金することを目標にしました。 한 달에 만엔 저축하는 것을 목표로 삼았습니다.
□	～料 りょう	～료	今月から水の使用料が高くなりました。 이번 달부터 물 사용료가 비싸졌습니다.
□	分ける わ	나누다, 분배하다	前期と後期に分けて試験を行います。 전기와 후기로 나눠서 시험을 실시합니다.

2013

□	うわさ	소문	その2つの銀行が合併するといううわさは本当ですか。 그 2개 은행이 합병한다는 소문은 진짜입니까?
□	追いつく お	따라잡다	勉強で兄に追いつくのは無理です。 공부로 형을 따라잡는 것은 무리입니다.
□	おかしい	이상하다	このコンピューターは調子がおかしいです。 이 컴퓨터는 상태가 이상합니다.
□	おぼれる	빠지다	男の子が川でおぼれそうになりました。 남자아이가 강에 빠질 것 같습니다.
□	主に おも	주로	受講者は主に30代の女性です。 수강자는 주로 30대 여성입니다.
□	渇く かわ	(목이) 마르다, 건조하다	緊張して口の中がカラカラに渇いた。 긴장해서 입 안이 바싹 말랐다.

	単語	意味	例文
☐	交換(こうかん)	교환	時計の電池が切れたので交換しました。 시계의 전지가 다 돼서 교환했습니다.
☐	材料(ざいりょう)	재료	この店は新鮮な材料しか使わないので有名だ。 이 가게는 신선한 재료밖에 쓰지 않기 때문에 유명하다.
☐	自慢(じまん)する	자랑하다	彼は娘が美人であることを自慢している。 그는 딸이 미인인 것을 자랑하고 있다.
☐	渋滞(じゅうたい)	정체, 밀림	工事のせいで道が渋滞している。 공사 탓으로 길이 막히고 있다.
☐	畳(たた)む	(종이, 우산 등을) 접다, (이불을) 개다	布団を畳んで押し入れに入れました。 이불을 개서 벽장에 넣었습니다.
☐	経(た)つ	(시간, 세월이) 지나다	父は1週間も経たないうちにまたタバコを吸い始めた。 아버지는 1주일도 지나기 전에 또 담배를 피우기 시작했다.
☐	調子(ちょうし)	상태, 컨디션	練習中の選手の動きを見ればその日の調子がわかる。 연습 중 선수의 움직임을 본다면 그 날의 상태를 알 수 있다.
☐	閉(と)じる	닫다, (눈을) 감다	彼は目を閉じていたので、寝ているのかと思った。 그는 눈을 감고 있었기 때문에 자는 줄 알았다.
☐	突然(とつぜん)	갑자기	私は突然自分の過ちに気がついた。 나는 갑자기 자신의 실수를 깨달았다.
☐	なるべく	가능한 한, 되도록	なるべく明日までに仕上げるようにします。 가능한 한 내일까지 끝내도록 하겠습니다.
☐	引(ひ)き受(う)ける	(일, 역할을) 떠맡다	おやじの介護はぼくが引き受けるよ。 아버지 간병은 내가 맡을게.
☐	不安(ふあん)だ	불안하다	就職できなかったらと思うと不安で夜も眠れない。 취직 못 하면 하고 생각하면 불안해서 밤에도 잘 수 없다.
☐	物価(ぶっか)	물가	この地域は物価が低いです。 이 지역은 물가가 낮습니다.
☐	別々(べつべつ)に	따로따로, 각각	私の家では家族は別々に朝食をとります。 우리 집에서는 가족은 따로따로 아침을 먹습니다.
☐	緩(ゆる)い	헐렁하다, 느슨하다	いすがガタガタすると思ったら、ねじが緩くなっていた。 의자가 덜컹거린다 했더니 나사가 헐거워져 있었다.
☐	リサイクル	리사이클, 재활용	この製品はペットボトルをリサイクルして作られた。 이 제품은 페트병을 재활용해서 만들어졌다.

2012

☐	意志(いし)	의지	強い意志があれば成功するよ。 강한 의지가 있다면 성공할거야.
☐	応援(おうえん)	응원	韓国と日本、どっちを応援してるの。 한국과 일본, 어느 쪽을 응원하고 있어?
☐	起(お)きる	일어나다, (사건 등이) 발생하다	この急カーブではよく事故が起きます。 이 급커브에서는 자주 사고가 발생합니다.
☐	外食(がいしょく)	외식	外食は栄養が偏りがちです。 외식은 영양이 치우치기 쉽습니다.
☐	片方(かたほう)	한 쪽, 한 짝	片方のスリッパはどこにあるの。 한 쪽 슬리퍼는 어디에 있어?
☐	がっかり	실망, 낙담하는 모양	決勝戦で負けて全員がっかりしています。 결승전에서 져서 전원 실망하고 있습니다.
☐	カバー	덮개, (손실, 부족을) 보충함, 어느 범위에 걸침	家の外に止めてあるバイクにカバーをかけた。 집 밖에 세워져 있는 오토바이에 덮개를 씌웠다.
☐	かれる	(식물이) 마르다, 시들다	庭の花が霜でかれました。 정원의 꽃이 서리 때문에 시들었습니다.
☐	期待(きたい)	기대	彼の成績は親の期待に添うものではなかった。 그의 성적은 부모님의 기대에 부합되는 것이 아니었다.
☐	～差(さ)	~차	私たちのチームは1点差でその試合に勝った。 우리 팀은 1점차로 그 시합에서 이겼다.
☐	しつこい	끈질기다	田中さんにしつこく質問されました。 다나카 씨에게 끈질기게 질문 당했습니다.
☐	自動的(じどうてき)だ	자동적이다	ドアは自動的に開きました。 문은 자동적으로 열렸습니다.
☐	セット	조절, 세팅 (도구 등의) 한 벌	昨日は目覚まし時計を2つセットして寝ました。 어제는 자명종을 2개 세팅하고 잤습니다.
☐	想像(そうぞう)	상상	試験は想像していたよりずっとやさしかった。 시험은 상상했던 것보다 훨씬 쉬웠다.
☐	代金(だいきん)	대금	カメラの代金として5万円を払いました。 카메라 대금으로 5만 엔을 지불했습니다.
☐	流(なが)れ	흐름	彼は流れに逆らって泳ごうとしました。 그는 흐름을 거슬러서 헤엄치려고 했습니다.
☐	なつかしい	그립다	なつかしい友達から思いがけず電話があった。 그리운 친구에게 뜻하지 않게 전화가 왔다.

☐ 延ばす	(시간을) 연기하다, 연장하다	滞在を月末まで延ばしました。	체류를 월말까지 연장했습니다.
☐ ヒント	힌트	この映画は実話にヒントを得ています。	이 영화는 실화에서 힌트를 얻었습니다.
☐ 振る	흔들다	私は手を振ってさよならをしました。	나는 손을 흔들어서 작별 인사를 했습니다.
☐ むく	(껍질을) 벗기다, 까다	皮をむかないでそのままりんごを食べました。	껍질을 벗기지 않고 그대로 사과를 먹었습니다.
☐ 別れる	헤어지다, 작별하다	手を振りつつ再会を期して別れました。	손을 흔들면서 재회를 기약하며 헤어졌습니다.

2011

☐ 合わせる	합치다, 모으다	みんなで力を合わせれば何とかなるよ。	모두 힘을 합친다면 어떻게든 될거야.
☐ インタビュー	인터뷰	空港で優勝した選手にインタビューをした。	공항에서 우승한 선수에게 인터뷰를 했다.
☐ 影響	영향	彼は先生から大きな影響を受けた。	그는 선생님에게 큰 영향을 받았다.
☐ カーブ	커브, 곡선, 굽음	この道はカーブが多いです。	이 길은 커브가 많습니다.
☐ かかる	(병에) 걸리다	この病気にかかると、最初に高い熱が出る。	이 병에 걸리면 처음에 고열이 난다.
☐ からから	바싹 마른 모양	私はのどがからからです。	나는 목이 칼칼합니다.
☐ 早速	즉시	彼は帰宅すると早速宿題を始めます。	그는 귀가하면 즉시 숙제를 시작합니다.
☐ 〜産	〜산	このブドウはアメリカ産です。	이 포도는 미국산입니다.
☐ しっかり	단단히, 똑똑히, 견실하게	母親は赤ん坊をしっかり抱きました。	어머니는 아기를 단단히 안았습니다.
☐ 主張	주장	権利を主張して何が悪いのですか。	권리를 주장해서 뭐가 나쁜가요?
☐ 出張	출장	あしたから1週間、日本へ出張します。	내일부터 1주일간 일본에 출장 갑니다.

	冗談 じょうだん	농담	彼は、よく冗談を言う面白い人です。 그는 자주 농담을 하는 재미있는 사람입니다.
☐	清潔だ せいけつ	청결하다	トイレはいつも清潔にしておきます。 화장실은 언제나 청결하게 해 둡니다.
☐	整理 せいり	정리	その会社は人員を整理する予定です。 그 회사는 인원을 정리할 예정입니다.
☐	前後 ぜんご	전후	このアイスクリームは毎日1000個前後売れるらしい。 이 아이스크림은 매일 1000개 전후로 팔리는 것 같다.
☐	ためる	(돈을) 모으다	新車を買うために、お金をためています。 새차를 사기 위해 돈을 모으고 있습니다.
☐	流れる なが	흐르다	ナイル川はエジプトを流れています。 나일강은 이집트를 흐르고 있습니다.
☐	複雑だ ふくざつ	복잡하다	それは事態をいっそう複雑にするだけだ。 그것은 사태를 한층 복잡하게 만들 뿐이다.
☐	不満 ふまん	불만	彼はいつも何か不満を言っています。 그는 항상 무언가 불만을 말하고 있습니다.
☐	ぶらぶら	어슬렁어슬렁, 빈둥빈둥	彼女は公園をぶらぶら歩きました。 그녀는 공원을 어슬렁어슬렁 걸었습니다.
☐	申込書 もうしこみしょ	신청서	明日までに申込書を提出してください。 내일까지 신청서를 제출해 주세요.
☐	両替 りょうがえ	환전	銀行でウォンを円に両替しました。 은행에서 원을 엔으로 환전했습니다.

2010

	扱う あつか	취급하다, 다루다	新聞はその事件を大きく扱いました。 신문은 그 사건을 크게 다루었습니다.
☐	泡 あわ	거품	泡のよく立ったビールがほしい。 거품이 잘 나는 맥주가 마시고 싶다.
☐	うっかり	깜빡, 멍청히	うっかり違うバスに乗ってしまいました。 깜빡 다른 버스를 타고 말았습니다.
☐	カタログ	카탈로그	カタログを見て下着を電話注文しました。 카탈로그를 보고 속옷을 전화 주문했습니다.
☐	感じ かん	느낌	彼の服装は、とても上品な感じがする。 그의 복장은 아주 고상한 느낌이 납니다.

단어	뜻	예문
□ 感動(かんどう)	감동	鈴木さんはその話に感動して涙を流しました。 스즈키 씨는 그 이야기에 감동해서 눈물을 흘렸습니다.
□ 希望(きぼう)	희망	将来の希望を教えてください。 장래 희망을 가르쳐 주세요.
□ キャンセル	취소, 캔슬	その便は悪天候のため、キャンセルされました。 그 편은 악천후 때문에 취소되었습니다.
□ 最新(さいしん)	최신	これが今年の春の最新流行のファッションだ。 이것이 올봄의 최신 유행 패션이다.
□ しばらく	잠시	田中さんはしばらく眠りました。 다나카 씨는 잠시 잤습니다.
□ しばる	묶다	森さんはロープで荷物をしばりました。 모리 씨는 로프로 짐을 묶었습니다.
□ しまう	안에 넣다, 챙겨 넣다	辞書はかばんの中にしまってください。 사전은 가방 안에 넣어 주세요.
□ 全(ぜん)〜	전(모두)〜	その国の全人口はわずか300万人です。 그 나라의 전체 인구는 불과 300만 명입니다.
□ 体力(たいりょく)	체력	次の試合のために体力を蓄えておきなさい。 다음 시합을 위해서 체력을 비축해 두세요.
□ どきどき	두근두근	私は胸がどきどきするのを感じました。 저는 가슴이 두근두근거리는 것을 느꼈습니다.
□ ノック	노크	ドアをそっとノックする音がしました。 문을 살짝 노크하는 소리가 났습니다.
□ 早(はや)め	빨리, 일찌감치	山田さんはいつもより少し早めに来ました。 야마다 씨는 평소보다 조금 빨리 왔습니다.
□ 半日(はんにち)	반일, 한나절	その本は半日で読むことができました。 그 책은 한나절에 읽을 수 있었습니다.
□ 迷(まよ)う	망설이다, (길을) 헤매다	私は森の奥深く入っていって道に迷った。 나는 숲 속 깊이 들어가서 길을 헤맸다.
□ 〜向(む)き	〜향	私の部屋は東向きです。 나의 방은 동향입니다.
□ 家賃(やちん)	집세	このアパートの家賃はいくらですか。 이 아파트의 집세는 얼마입니까?
□ 立派(りっぱ)だ	훌륭하다	木村さんは立派な体格をしています。 기무라 씨는 훌륭한 체격을 하고 있습니다.

콕콕 기출 문제01 문맥규정   / 10

問題３　（　　　）に入れるのに最もよいものを、１・２・３・４から一つえらびなさい。

1　木村さんの描いた絵と私の描いた絵では（　　　）になりません。 (17)
　　1　応援　　　　2　比較　　　　3　間隔　　　　4　期待

2　彼はサッカーの試合中、相手チームの選手に（　　　）を負わせてしまった。 (16)
　　1　傷　　　　　2　汚れ　　　　3　欠点　　　　4　故障

3　佐藤さんが相手なら（　　　）前から勝負は決まっている。 (15)
　　1　うなずく　　2　たたかう　　3　もとめる　　4　ぶつける

4　つくえとつくえの（　　　）をもう少しあけてください。 (14)
　　1　様子　　　　2　姿勢　　　　3　間隔　　　　4　印象

5　会員になると１日の使用（　　　）は３００円です。 (14)
　　1　料　　　　　2　量　　　　　3　案　　　　　4　面

6　佐藤さんは目を（　　　）その音に神経を集中した。 (13)
　　1　やめて　　　2　さげて　　　3　とめて　　　4　とじて

7　当社の販売網は日本全国を（　　　）しています。 (12)
　　1　ラップ　　　2　マスク　　　3　カバー　　　4　ケース

8　涙ながらに空港で家族と（　　　）、外国に旅立った。 (12)
　　1　わかれて　　2　つきあって　3　かかわって　4　まちあわせて

9　山下さんはオーストラリア旅行のためにお金を（　　　）います。 (11)
　　1　くわえて　　2　かさねて　　3　のせて　　　4　ためて

10　空きが出るということは、ホテルの予約を（　　　）した人がいるわけです。 (10)
　　1　チェックアウト　2　カット　　3　オーバー　　4　キャンセル

답　1② 2① 3② 4③ 5① 6④ 7③ 8① 9④ 10④

콕콕 기출 문제 02 문맥규정 / 10

問題3 （　　　）に入れるのに最もよいものを、1・2・3・4から一つえらびなさい。

1 そのポストに（　　　）しましたが、競争がはげしすぎました。 (17)
1　応募　　　　2　注文　　　　3　交流　　　　4　予約

2 内田さんはたった一人の友人を（　　　）上京した。 (16)
1　頼って　　　2　預けて　　　3　尋ねて　　　4　願って

3 警察は事件が起こったその日のうちに容疑者の名前を（　　　）した。 (15)
1　発生　　　　2　発表　　　　3　発見　　　　4　発展

4 彼らは開店2周年を（　　　）してパーティーを開いた。 (14)
1　開館　　　　2　内容　　　　3　記念　　　　4　再会

5 この薬は1日2回に（　　　）服用してください。 (14)
1　ためて　　　2　わけて　　　3　のせて　　　4　かれて

6 （　　　）母親から来週京都に引っ越すと知らされた。 (13)
1　なるべく　　2　早速　　　　3　ずいぶん　　4　突然

7 旅行から戻ってみると、植物のいくつかが（　　　）しまっていた。 (12)
1　こげて　　　2　とけて　　　3　かれて　　　4　こわれて

8 その選手はほかの選手全員の得点を（　　　）点数より多く得点した。 (11)
1　ためた　　　2　ながめた　　3　あつかった　4　あわせた

9 高橋さんの体の中には小説家の血が（　　　）います。 (11)
1　おぼれて　　2　ながれて　　3　ためて　　　4　こめて

10 この雑誌にはここ東京の（　　　）情報が満載されています。 (10)
1　最新　　　　2　最大　　　　3　最中　　　　4　最多

답　1① 2① 3② 4③ 5② 6④ 7③ 8④ 9② 10①

콕콕 기출 문제 03 문맥규정 　　　　　　　　　　　　　　　　　　　　　　　　/ 10

問題3 （　　　）に入れるのに最もよいものを、1・2・3・4から一つえらびなさい。

① 内田さんはいつも笑っているが、心の（　　　）では何を考えているかわからない。 (17)
　　1　きず　　　　2　あな　　　　3　そこ　　　　4　あせ

② パーティーはテーブルを（　　　）皆で騒げる場所がいい。 (16)
　　1　つつんで　　2　こえて　　　3　かこんで　　4　とおして

③ あいつ、ぼくの言うことを何でも本気にするから（　　　）冗談も言えないよ。 (16)
　　1　そっと　　　2　ぐっすり　　3　やっと　　　4　うっかり

④ この手帳は上着のポケットに（　　　）収まります。 (15)
　　1　さっぱり　　2　ぴったり　　3　がっかり　　4　しっかり

⑤ 彼女は本を読んでいるときに髪をいじくる（　　　）があった。 (14)
　　1　むけ　　　　2　せい　　　　3　わけ　　　　4　くせ

⑥ わたしは日ごろ（　　　）タクシーに乗らないようにしています。 (13)
　　1　ずいぶん　　2　きっと　　　3　なるべく　　4　さっそく

⑦ 信じてくれ、今度はきみの（　　　）を裏切るようなことはしないよ。 (12)
　　1　約束　　　　2　予定　　　　3　期待　　　　4　希望

⑧ テレビの（　　　）でその女優は新興宗教団体とのかかわりを否定した。 (11)
　　1　スピーチ　　　　　　　　　 2　コミュニケーション
　　3　メッセージ　　　　　　　　 4　インタビュー

⑨ この都市には（　　　）地下鉄網が敷かれています。 (11)
　　1　正常な　　　2　複雑な　　　3　重大な　　　4　意外な

⑩ （　　　）山道を歩くと突然視界が開けました。 (10)
　　1　しばらく　　2　たちまち　　3　まもなく　　4　おそらく

답 1③ 2③ 3④ 4② 5④ 6③ 7③ 8④ 9② 10①

콕콕 기출 문제 04 문맥규정   / 10

問題3 （　　　）に入れるのに最もよいものを、1・2・3・4から一つえらびなさい。

1 妹がまだ眠っていたので、彼女は（　　　）トイレに行った。 (17)
　1　そっと　　　　2　とんとん　　　　3　がらがら　　　　4　ぐっすり

2 母はわたしにセーターを（　　　）くれました。 (15)
　1　みがいて　　　2　まげて　　　　　3　かかえて　　　　4　あんで

3 わたしは日焼けを（　　　）ために長そでのシャツを着ています。 (15)
　1　うえる　　　　2　ころす　　　　　3　ふせぐ　　　　　4　くずす

4 彼がうそをついていたことを知ってわたしはすごく（　　　）。 (14)
　1　こいしかった　　　　　　　　　　2　くやしかった
　3　うれしかった　　　　　　　　　　4　まぶしかった

5 彼があんまり速く走ったので、わたしたちは（　　　）。 (13)
　1　見送れなかった　　　　　　　　　2　向き合えなかった
　3　おいつけなかった　　　　　　　　4　おもいつけなかった

6 おばが子どもたちの世話を（　　　）くれることになった。 (13)
　1　見返して　　　2　落ち着いて　　　3　締め切って　　　4　引き受けて

7 きのうの試合は一点（　　　）で勝つことができました。 (12)
　1　差　　　　　　2　別　　　　　　　3　比　　　　　　　4　引

8 円高の日本経済に対する（　　　）が深刻になってきている。 (11)
　1　影響　　　　　2　内緒　　　　　　3　条件　　　　　　4　面倒

9 彼女は十分な賃金を支払われていないと（　　　）を述べた。 (11)
　1　我慢　　　　　2　目標　　　　　　3　不満　　　　　　4　関心

10 長い髪の毛を後ろで（　　　）食事を作りました。 (10)
　1　かこんで　　　2　しばって　　　　3　あんで　　　　　4　しめて

답　1① 2④ 3③ 4② 5③ 6④ 7① 8① 9③ 10②

콕콕 기출 문제 05 문맥규정   / 10

問題3 （　　　）に入れるのに最もよいものを、1・2・3・4から一つえらびなさい。

1　この地域の失業率は全国（　　　）より高いです。
　1　平均　　　　2　割合　　　　3　数字　　　　4　計算

2　ずっと同じ（　　　）でいたから腰が痛くなりました。
　1　姿勢　　　　2　様子　　　　3　間隔　　　　4　印象

3　われわれが自然環境を汚染や破壊から（　　　）のは当然のことだ。
　1　あきる　　　2　かれる　　　3　けずる　　　4　まもる

4　山田さんは数字を（　　　）して平均を出しました。
　1　合計　　　　2　資源　　　　3　調節　　　　4　家賃

5　その服にそのくつはちょっと（　　　）よ。
　1　きびしい　　2　しつこい　　3　まずしい　　4　おかしい

6　それを聞いたら突然（　　　）になってきました。
　1　苦手　　　　2　無事　　　　3　不安　　　　4　無理

7　彼は彼女に（　　　）答えを迫ったが、彼女はその要求をそらした。
　1　だるく　　　2　しつこく　　3　まずしく　　4　まぶしく

8　道路はその建物のところで左に（　　　）しています。
　1　オーバー　　2　カーブ　　　3　チェック　　4　マーク

9　わたしたちはウィンドーショッピングをしながら銀座を（　　　）歩いた。
　1　ぐらぐら　　2　がらがら　　3　ばらばら　　4　ぶらぶら

10　貴重品は金庫に（　　　）おいてください。
　1　しまって　　2　とじて　　　3　ためて　　　4　たたんで

답　1① 2① 3④ 4① 5④ 6③ 7② 8② 9④ 10①

콕콕 기출 문제 06 문맥규정   / 10

問題3 （　　）に入れるのに最もよいものを、1・2・3・4から一つえらびなさい。

1　湖には大量の木の枝や木の葉が（　　）います。 (16)
　1　おぼれて　　2　たおれて　　3　しずんで　　4　ころんで

2　有名なピアニストが今夜テレビで（　　）します。 (15)
　1　演奏　　2　営業　　3　発売　　4　実現

3　彼は店員にコーヒーがぬるいと（　　）を言った。 (15)
　1　宣伝　　2　文句　　3　冗談　　4　我慢

4　濃いコーヒーを飲めば目が（　　）と思うよ。 (14)
　1　しめる　　2　たたむ　　3　さめる　　4　むすぶ

5　その犬は子どもが（　　）いるところを助けた。 (13)
　1　かさねて　　2　うたがって　　3　おさめて　　4　おぼれて

6　このへんの（　　）は東京よりずっと高いです。 (13)
　1　現金　　2　物価　　3　代金　　4　経費

7　このソフトは10分ごとに（　　）にデータのバックアップをとります。 (12)
　1　積極的　　2　間接的　　3　機械的　　4　自動的

8　山田さんは病気に（　　）1週間学校を休みました。 (11)
　1　こまって　　2　つつんで　　3　かかって　　4　おこって

9　受講したい人は、（　　）に必要事項を記入してください。 (11)
　1　参考書　　2　申込書　　3　領収書　　4　証明書

10　黒田さんは駅まで（　　）速力で走りました。 (10)
　1　名　　2　半　　3　再　　4　全

답　1③　2①　3②　4③　5④　6②　7④　8③　9②　10④

콕콕 기출 문제 07 문맥규정

/ 10

問題3 （　　　）に入れるのに最もよいものを、1・2・3・4から一つえらびなさい。

① その紛争の（　　　）にはそうとう時間がかかるでしょう。 (17)
　1　指導　　　　2　消費　　　　3　競争　　　　4　解決

② この部屋はコーヒーの（　　　）に満ちあふれています。 (15)
　1　かおり　　　2　ひかり　　　3　うそ　　　　4　うわさ

③ ワイシャツのそでがくぎに引っかかって（　　　）。 (15)
　1　しずんだ　　2　やぶれた　　3　ころんだ　　4　おぼれた

④ 日本はあまり（　　　）がないので、輸入に頼っている。 (14)
　1　資源　　　　2　自然　　　　3　農業　　　　4　作物

⑤ わたしはヨーロッパを、（　　　）フランスを旅行しました。 (13)
　1　かならず　　2　じゅうぶん　3　おもに　　　4　すべて

⑥ その双子は（　　　）の学校に通っています。 (13)
　1　次々　　　　2　別々　　　　3　続々　　　　4　順々

⑦ このつくえはそのいすと（　　　）になります。 (12)
　1　セット　　　2　ストップ　　3　スタート　　4　キャンセル

⑧ 緊張のあまり、口が（　　　）になりました。 (11)
　1　ぺらぺら　　2　ふらふら　　3　ぺこぺこ　　4　からから

⑨ 弟はそんなところへ行きたくないと（　　　）を言った。 (11)
　1　関心　　　　2　目標　　　　3　不満　　　　4　宣伝

⑩ 中田さんはその山に登るだけの十分な（　　　）があります。 (10)
　1　体力　　　　2　苦労　　　　3　配達　　　　4　性格

답　1④　2①　3②　4①　5③　6②　7①　8④　9③　10①

콕콕 기출 문제 08 문맥규정   / 10

問題3 （　　）に入れるのに最もよいものを、1・2・3・4から一つえらびなさい。

1 医者は規則的に運動するようにと（　　）してくれました。 (16)
　1 アドバイス　　2 インタビュー　　3 スピーチ　　4 アンケート

2 警察がその資料を（　　）いた事実が世間に明らかになった。 (15)
　1 くらして　　2 すごして　　3 かくして　　4 のばして

3 この工場では新聞紙を（　　）して住宅の断熱材を作っています。 (15)
　1 チェンジ　　2 リサイクル　　3 カット　　4 キャンセル

4 花子さんはダイエットに成功して以来とても（　　）になった。 (14)
　1 間接的　　2 積極的　　3 自動的　　4 機械的

5 スポーツのあとはのどが（　　）飲み物がほしくなる。 (13)
　1 ふらふらで　　2 ぺこぺこで　　3 かわいて　　4 すいて

6 ダイエットしたらズボンが（　　）なりました。 (13)
　1 わかく　　2 ほそく　　3 だるく　　4 ゆるく

7 100万円が当たったらと（　　）するだけでわくわくします。 (12)
　1 確認　　2 観察　　3 工夫　　4 想像

8 注文をお受けしだい（　　）発送させていただきます。 (11)
　1 さっそく　　2 なるべく　　3 ずいぶん　　4 きっと

9 ホテルで（　　）するとレートが悪いです。 (11)
　1 代金　　2 家賃　　3 両替　　4 価格

10 結果を待っているあいだ、わたしは心臓が（　　）していました。 (10)
　1 うろうろ　　2 ぶらぶら　　3 からから　　4 どきどき

답 1① 2③ 3② 4② 5③ 6④ 7④ 8① 9③ 10④

콕콕 기출 문제 09 문맥규정 / 10

問題3 （　　）に入れるのに最もよいものを、1・2・3・4から一つえらびなさい。

1 あのレストランには料理の（　　）コックがいます。 (16)
　1　えらい　　　2　うまい　　　3　なつかしい　　　4　おとなしい

2 わたしは彼が話しているあいだ、彼の顔をじっくり（　　）した。 (15)
　1　観察　　　2　確認　　　3　工夫　　　4　想像

3 わたしたちはそのサービスに対する法外な（　　）に驚いた。 (15)
　1　合計　　　2　規則　　　3　料金　　　4　印象

4 「環境」が今年の会議の（　　）でした。 (14)
　1　ドラマ　　　2　メリット　　　3　セミナー　　　4　テーマ

5 欠陥品は無料で修理または（　　）いたします。 (13)
　1　移動　　　2　変化　　　3　交換　　　4　入力

6 （　　）すれば、ごみは確実に減るという認識が統一されたと思います。 (13)
　1　キャンセル　　　2　リサイクル　　　3　カット　　　4　チェンジ

7 彼女に車の修理（　　）として10万円を請求しました。 (12)
　1　現金　　　2　値段　　　3　価値　　　4　代金

8 このパンは日本（　　）の小麦を使っています。 (11)
　1　産　　　2　製　　　3　作　　　4　品

9 すべての新聞が彼についての記事を大きく（　　）。 (10)
　1　あたえた　　　2　あつかった　　　3　うしなった　　　4　ことなった

10 加藤さんはドアを（　　）したが、だれも応答しなかった。 (10)
　1　ノック　　　2　マーク　　　3　インク　　　4　チェック

답　1② 2① 3③ 4④ 5③ 6② 7④ 8① 9② 10①

콕콕 기출 문제 10 문맥규정 / 10

問題3 （　　　）に入れるのに最もよいものを、1・2・3・4から一つえらびなさい。

1 社会人になったからには最低限の（　　　）は身につけなくてはなりません。 (17)
 1 マナー　　　2 メニュー　　　3 スピード　　　4 アイディア

2 試験の結果を知って、わたしは（　　　）を得ました。 (16)
 1 興味　　　2 印象　　　3 関心　　　4 自信

3 ミルク対コーヒーの（　　　）は１対２です。 (15)
 1 間隔　　　2 比較　　　3 分解　　　4 割合

4 この入場券は発行（　　　）限り有効です。 (14)
 1 平日　　　2 当日　　　3 先日　　　4 本日

5 このパスタの（　　　）は小麦粉と水と塩だけです。 (13)
 1 資料　　　2 材料　　　3 確認　　　4 工夫

6 うちの社長は（　　　）の強い人です。 (12)
 1 期待　　　2 努力　　　3 意志　　　4 希望

7 ビタミンEに血液の（　　　）をよくする働きがあります。 (12)
 1 かんじ　　　2 いそぎ　　　3 ながれ　　　4 うごき

8 鈴木さんはまだ若いのに（　　　）しています。 (11)
 1 そっくり　　　2 がっかり　　　3 ぴったり　　　4 しっかり

9 ビールをグラスに注ぐと（　　　）が立った。 (10)
 1 うわさ　　　2 あわ　　　3 うそ　　　4 あな

10 （　　　）に予約しないと切符が手に入りません。 (10)
 1 組わけ　　　2 辺り　　　3 使いすて　　　4 早め

답 1① 2④ 3④ 4② 5② 6③ 7③ 8④ 9② 10④

콕콕 기출 문제 11 문맥규정　　　　　　　　　　　/ 10

問題3 （　　　）に入れるのに最もよいものを、1・2・3・4から一つえらびなさい。

1　新しいエンジンは必要な（　　　）をすべて受けた。
　1　観察　　　　2　証明　　　　3　検査　　　　4　研究

2　（　　　）本位で習い始めたダンスが結局彼女の本業になった。
　1　興味　　　　2　自信　　　　3　印象　　　　4　関心

3　オーストラリアでは（　　　）ほどステーキを食べました。
　1　かぞえる　　2　あつかう　　3　あきる　　　4　うしなう

4　詳細は同封の（　　　）をご覧ください。
　1　パンフレット　2　リサイクル　3　タイトル　　4　パレード

5　山田さんはオリンピックの日本代表選手になったことが（　　　）だ。
　1　我慢　　　　2　自慢　　　　3　評判　　　　4　評価

6　観客のほとんどは地元のチームを（　　　）しました。
　1　参加　　　　2　指導　　　　3　応援　　　　4　競争

7　昔の写真を見て、「子どものころ、この公園でよく遊んだなあ」と（　　　）なった。
　1　なつかしく　2　うらやましく　3　くやしく　　4　はずかしく

8　中村さんはわたしたちの計画を変更すべきだと（　　　）しています。
　1　命令　　　　2　返信　　　　3　注文　　　　4　主張

9　わたしは（　　　）違う電車に乗ってしまいました。
　1　うっかり　　2　がっかり　　3　ぐっすり　　4　ぴったり

10　コンピューターを修理しているうちに（　　　）つぶれた。
　1　半日　　　　2　当日　　　　3　平日　　　　4　週日

답　1③　2①　3③　4①　5②　6③　7①　8④　9①　10①

콕콕 기출 문제 12 문맥규정   / 10

問題3 （　　　）に入れるのに最もよいものを、1・2・3・4から一つえらびなさい。

① この本は難（むずか）しそうだけど、（　　　）してみるよ。 (16)
　1　アクセス　　　2　オープン　　　3　セット　　　4　チャレンジ

② 彼は観客（かんきゃく）の（　　　）拍手（はくしゅ）を浴（あ）びながらステージの中央（ちゅうおう）に進んだ。 (15)
　1　盛（さか）んな　　2　なだらかな　　3　器用（きよう）な　　4　ゆるやかな

③ 母はよく庭に（　　　）を掘（ほ）って生ごみを埋（う）めていた。 (14)
　1　なみ　　　2　なみだ　　　3　あな　　　4　あわ

④ 車庫（しゃこ）に車を入れようとして、壁（かべ）に車を（　　　）。 (14)
　1　はなした　　2　ぶつけた　　3　にぎった　　4　うばった

⑤ 数台のオートバイが（　　　）している車の間を縫（ぬ）うように走って行った。 (13)
　1　集中（しゅうちゅう）　2　運休（うんきゅう）　3　渋滞（じゅうたい）　4　故障（こしょう）

⑥ その事故（じこ）は人為的（じんいてき）なミスによって（　　　）。 (12)
　1　聞いた　　2　始まった　　3　立った　　4　起きた

⑦ 彼は痛くて我慢（がまん）できなくなるまで歯医者へ行くのを（　　　）。 (12)
　1　やり直した　　2　とりかえた　　3　移した　　4　のばした

⑧ 今度の週末は（　　　）が入ってしまいました。 (11)
　1　実力（じつりょく）　2　専門（せんもん）　3　出張（しゅっちょう）　4　特徴（とくちょう）

⑨ 貴社（きしゃ）の商品を購入（こうにゅう）したいので、最新の（　　　）を送ってください。 (10)
　1　オーダー　　2　カタログ　　3　レシート　　4　セール

⑩ 妹はテストのために何をしたらいいか（　　　）いる。 (10)
　1　まよって　　2　うたがって　　3　あまって　　4　あつかって

답 1④　2①　3③　4②　5③　6④　7④　8③　9②　10①

콕콕 기출 문제 13 문맥규정   / 10

問題3　（　　）に入れるのに最もよいものを、1・2・3・4から一つえらびなさい。

[1] 鈴木さんがキャプテンに選ばれるのは（　　）だろう。
　1　最上　　　2　身近　　　3　確実　　　4　単純

[2] 毎年（　　）インフルエンザってどんな傾向があるのでしょうか。
　1　流行している　　2　盛んな　　3　活動している　　4　派手な

[3] 参加者は列の端から（　　）に自己紹介をしました。
　1　順調　　　2　順番　　　3　調節　　　4　調子

[4] シャンペンを一杯飲んだら頭がちょっと（　　）した。
　1　からから　　2　ふらふら　　3　ぺらぺら　　4　ぺこぺこ

[5] 毎朝ふとんを（　　）のは日本人の習慣です。
　1　しめる　　　2　まげる　　　3　むすぶ　　　4　たたむ

[6] （　　）はお金がかかるので、いつも家でご飯を食べています。
　1　外食　　　2　食欲　　　3　試食　　　4　食器

[7] この故事に（　　）を得て、彼は1編のすぐれた短編小説を書いた。
　1　サイン　　　2　ルール　　　3　ヒント　　　4　サンプル

[8] 外出するときはどこで倒れても見苦しくないように、（　　）ものを身につけていたい。
　1　新鮮な　　　2　清潔な　　　3　精密な　　　4　複雑な

[9] きょうはいつもより暖かい（　　）がします。
　1　関心　　　2　気分　　　3　感じ　　　4　考え

[10] 今の家は南（　　）で、冬は暖かく、その分夏は暑いです。
　1　沿い　　　2　込み　　　3　建て　　　4　向き

답　1③　2①　3②　4②　5④　6①　7③　8②　9③　10④

콕콕 기출 문제 14 문맥규정 / 10

問題3 （　　　）に入れるのに最もよいものを、1・2・3・4から一つえらびなさい。

1 警察は人々に情報の提供を（　　　）。 (17)
  1 呼びかけた　　2 待ち合わせた　　3 組み立てた　　4 引っ張った

2 2人はいとこ同士だが、双子のように（　　　）です。 (15)
  1 しっかり　　2 がっかり　　3 そっくり　　4 はっきり

3 彼の誕生日の（　　　）にネクタイをあげた。 (14)
  1 おいわい　　2 おみまい　　3 おまつり　　4 おねがい

4 それが全員を納得させるいちばんいい（　　　）です。 (14)
  1 目的　　2 入力　　3 感心　　4 方法

5 その事件は発生から20年（　　　）今でも多くの人が記憶している。 (13)
  1 おった　　2 たった　　3 かわった　　4 のびた

6 遅刻しないと約束したでしょう。わたしを（　　　）させないでください。 (12)
  1 はらはら　　2 どきどき　　3 がっかり　　4 うっかり

7 この薬はびんをよく（　　　）から飲んでください。 (12)
  1 たたいて　　2 ふって　　3 さわって　　4 にぎって

8 妹の部屋はいつもきれいに（　　　）されています。 (11)
  1 印象　　2 自慢　　3 整理　　4 観察

9 わたしたちは彼女の温かい心に深く（　　　）しました。 (10)
  1 期待　　2 感動　　3 応援　　4 歓迎

10 このアパートの（　　　）は月8万円です。 (10)
  1 家賃　　2 会費　　3 代金　　4 価格

답 1① 2③ 3① 4④ 5② 6③ 7② 8③ 9② 10①

콕콕 기출 문제 15 문맥규정 　　　　　　　　　　　/ 10

問題3 （　　　）に入れるのに最もよいものを、1・2・3・4から一つえらびなさい。

1 残念ながら負けはしましたが、本当に（　　　）です。 (16)
　1　おしかった　　2　まずしかった　　3　くさかった　　4　こわかった

2 寿司は日本の（　　　）料理の一つです。 (15)
　1　積極的な　　2　代表的な　　3　絶対的な　　4　規則的な

3 遊びたいのをどうにか（　　　）して宿題を終わらせた。 (14)
　1　不満　　2　関心　　3　我慢　　4　目標

4 次の合唱コンクールは6位内入賞を（　　　）にしています。 (14)
　1　実績　　2　我慢　　3　目標　　4　自慢

5 彼はしばらく体調を崩していたが、だんだん（　　　）が戻ってきたようだ。 (13)
　1　調子　　2　気分　　3　事情　　4　都合

6 靴下が（　　　）なくなってしまいました。 (12)
　1　半々　　2　反対　　3　部分　　4　片方

7 彼女はバナナの皮を（　　　）くれた。 (12)
　1　折って　　2　離して　　3　やぶって　　4　むいて

8 そのコンサートの入場者は300人（　　　）でしょう。 (11)
　1　前年　　2　前半　　3　前面　　4　前後

9 本田さんは試験に失敗してすっかり（　　　）を失いました。 (10)
　1　予定　　2　希望　　3　努力　　4　期待

10 その政治家は言うことはいつも（　　　）だが、それを実行したためしがない。 (10)
　1　りっぱ　　2　さかん　　3　まんぞく　　4　しんせん

답　1① 2② 3③ 4③ 5① 6④ 7④ 8④ 9② 10①

② 문맥규정 기출어휘 2009~1990년

1990~2009년까지의 일본어능력시험은 현재의 시험과 달리 1~4급의 4개 급수가 있었습니다. 이 중 N3 수준에 해당한다고 판단되는 것을 품사별로 정리하였습니다.

명사

□ 受付 (うけつけ) 접수, 접수처
受付時間は朝9時から午後4時までです。
접수 시간은 아침 9시부터 오후 4시까지입니다.

□ うわさ 소문
そのうわさは町中に広がった。
그 소문은 온 동네에 퍼졌다.

□ 営業 (えいぎょう) 영업
この不況の中で営業を続けるのは困難だ。
이 불황 속에서 영업을 계속하는 것은 어렵다.

□ 確認 (かくにん) 확인
合意内容確認の書類を送らせていただきます。
합의 내용 확인 서류를 보내 드리겠습니다.

□ から 속이 빔
ケーキの箱はからだった。
케이크 상자는 속이 비었다.

□ 感動 (かんどう) 감동
その映画を見て深く感動した。
그 영화를 보고 깊이 감동했다.

□ 管理 (かんり) 관리
この公園は国が管理している。
이 공원은 국가가 관리하고 있다.

□ きっかけ 계기
それをきっかけに二人は友だちになった。
그것을 계기로 두 사람은 친구가 되었다.

□ 記入 (きにゅう) 기입
住所と氏名を用紙に記入してください。
주소와 성명을 용지에 기입해 주세요.

□ 希望 (きぼう) 희망
貴社に入社することがわたしの希望です。
귀사에 입사하는 것이 제 희망입니다.

□ 共通 (きょうつう) 공통
平和は人類共通の願いである。
평화는 인류 공통의 바람이다.

□ 苦労 (くろう) 고생
わたしたちは苦労してそのピアノを2階へ運んだ。
우리들은 고생해서 그 피아노를 2층으로 날랐다.

□ 結論 (けつろん) 결론
結論を出すにはまだ時間が要る。
결론을 내기에는 아직 시간이 필요하다.

	単語	意味	例文
☐	限界(げんかい)	한계	彼女は自分の能力の限界を自覚している。 그녀는 자신의 능력의 한계를 자각하고 있다.
☐	作業(さぎょう)	작업	毎日8時に作業を始め、4時に終わる。 매일 8시에 작업을 시작해서 4시에 끝난다.
☐	参加(さんか)	참가	わたしたちは町のリサイクル運動に参加した。 우리들은 동네 재활용 운동에 참가했다.
☐	指定(してい)	지정	会議の日時を指定してください。 회의 일시를 지정해 주세요.
☐	しめきり	마감	旅行の予約のしめきりはあしただ。 여행 예약 마감은 내일이다.
☐	時期(じき)	시기	ハイキングにはいまが一番いい時期です。 하이킹에는 지금이 가장 좋은 시기입니다.
☐	実験(じっけん)	실험	ネズミを使ってその薬品の実験をした。 쥐를 이용해서 그 약품의 실험을 했다.
☐	実現(じつげん)	실현	長年の夢を実現させるために退職しました。 오랫동안의 꿈을 실현시키기 위해서 퇴직했습니다.
☐	順番(じゅんばん)	순번, 차례	彼は順番を無視して電車に乗り込んだ。 그는 차례를 무시하고 전철에 올라탔다.
☐	性格(せいかく)	성격	字はその人の性格を表すという。 글씨는 그 사람의 성격을 나타낸다고 한다.
☐	全体(ぜんたい)	전체	クラス全体の4分の3が大学に進学する。 반 전체의 4분의 3이 대학교에 진학한다.
☐	対立(たいりつ)	대립	二国間の対立はさらに深まった。 두 나라간의 대립은 더욱 더 깊어졌다.
☐	中心(ちゅうしん)	중심	領土問題がその会議の中心となった。 영토 문제가 그 회의의 중심이 되었다.
☐	通信(つうしん)	통신	健康食品はいつも通信販売で買っている。 건강 식품은 항상 통신 판매로 구입하고 있다.
☐	手間(てま)	수고	このスープを作るには手間も時間もかかる。 이 수프를 만들려면 수고도 시간도 걸린다.
☐	手前(てまえ)	목표가 되는 곳의 앞	終点の2つ手前の駅で降りてください。 종점 두 번째 앞 역에서 내려 주세요.
☐	土地(とち)	토지, 땅, 고장	彼は土地に投資してかなりもうけた。 그는 땅에 투자해서 상당히 벌었다.
☐	ながめ	전망	富士山はここからのながめが一番いい。 후지산은 이곳에서 보는 전망이 가장 좋다.

☐ 配達 (はいたつ)	배달	品物はいつ配達してくれますか。	물건은 언제 배달해 줍니까?
☐ 発見 (はっけん)	발견	コロンブスはアメリカ大陸の発見で有名だ。	콜럼버스는 미국 대륙의 발견으로 유명하다.
☐ 発売 (はつばい)	발매	その雑誌は今日発売される。	그 잡지는 오늘 발매된다.
☐ 費用 (ひよう)	비용	この企画は費用がかかりすぎる。	이 기획은 비용이 너무 든다.
☐ 見かけ (み)	외관	見かけがよくないと商品は売れない。	외관이 좋지 않으면 상품은 팔리지 않는다.
☐ 向かい (む)	맞은편	文房具屋がちょうど学校の向かいにある。	문방구가 마침 학교 맞은편에 있다.
☐ 面接 (めんせつ)	면접	では、一度面接を受けに来てください。	그럼 한번 면접을 보러 와 주세요.
☐ 様子 (ようす)	모습, 상황	彼女はびっくりした様子でわたしを見た。	그녀는 깜짝 놀란 모습으로 나를 보았다.
☐ 流行 (りゅうこう)	유행	ミニスカートがまた流行している。	미니스커트가 다시 유행하고 있다.

동사

☐ いじめる	괴롭히다	彼はいつもわたしをいじめる。	그는 항상 나를 괴롭힌다.
☐ 失う (うしな)	잃다	最近つりへの興味を失ってしまった。	최근 낚시에 대한 흥미를 잃어버렸다.
☐ おさめる	납부하다	彼はまだ今月の会費をおさめていない。	그는 아직 이번 달 회비를 납부하지 않았다.
☐ 感じる (かん)	느끼다	住まいが駅から遠いので不便を感じている。	집이 역에서 멀기 때문에 불편을 느끼고 있다.
☐ きく	효과가 있다, 듣다	この薬がいちばん頭痛にききます。	이 약이 두통에 가장 효과가 있습니다.
☐ きれる	다 되다, 떨어지다	時計の電池がきれている。	시계의 전지가 다 됐다.
☐ しゃべる	수다 떨다	友だちと携帯で2時間もしゃべった。	친구와 휴대 전화로 2시간이나 수다 떨었다.
☐ 接する (せっ)	접하다	もっと子どもと接する時間を持ちたい。	좀더 아이와 접하는 시간을 가지고 싶다.

☐ 伝える	전하다	この新聞記事は事件を正しく伝えていない。 이 신문 기사는 사건을 똑바로 전하고 있지 않다.	
☐ 迷う	망설이다, 갈피를 못 잡다	どの職業につくべきか迷っている。 어떤 직업을 가져야할 지 갈피를 못 잡고 있다.	

い형용사

☐ おそろしい	무섭다	昨夜おそろしい夢を見た。 어젯밤 무서운 꿈을 꿨다.
☐ おとなしい	얌전하다	お宅の息子さんはとてもおとなしいですね。 댁의 아드님은 아주 얌전하군요.
☐ きつい	꽉 끼다	くつがきついので、足が痛いです。 구두가 꽉 끼어서 발이 아픕니다.
☐ くわしい	자세하다	くわしいことはあしたお会いしたときに説明します。 자세한 것은 내일 만나 뵈었을 때 설명하겠습니다.
☐ こい	짙다, 진하다	わたしはコーヒーはこいのが好きです。 나는 커피는 진한 것을 좋아합니다.
☐ しかたがない	어쩔 수 없다	もうすんでしまったことはしかたがない。 이미 끝나 버린 일은 어쩔 수 없다.
☐ するどい	날카롭다	彼は憲法改正の問題点をするどく指摘した。 그는 헌법 개정의 문제점을 날카롭게 지적했다.
☐ とんでもない	당치도 않다	彼がうそをついてるなんてとんでもない。 그가 거짓말을 하고 있다니 당치도 않다.
☐ ひくい	낮다	彼女はひくい声が魅力だ。 그녀는 낮은 목소리가 매력이다.
☐ まずしい	가난하다	その子の家はとてもまずしかった。 그 아이의 집은 아주 가난했다.

な형용사

☐ あたりまえだ	당연하다	借りたものを返すのはあたりまえだ。 빌린 물건을 돌려주는 것은 당연하다.
☐ 主だ	주요하다	主な新聞は毎日読んでいます。 주요 신문은 매일 읽고 있습니다.
☐ 積極的だ	적극적이다	彼は地域のボランティア活動に積極的に参加している。 그는 지역 자원봉사 활동에 적극적으로 참가하고 있다.

☐	たしかだ	확실하다, 명확하다	**たしかな**ことはまだわかっていない。 확실한 것은 아직 모른다.
☐	苦手だ	서툴다, 잘 못하다	**苦手な**科目を克服するには努力しかない。 잘 못하는 과목을 극복하려면 노력밖에 없다.
☐	はでだ	화려하다	あかときいろの**はでな**シャツを着ている。 빨강과 노랑의 화려한 셔츠를 입고 있다.
☐	無事だ	무사하다	あなたの**無事な**顔を見て安心した。 당신의 평온한 얼굴을 보고 안심했다.
☐	平和だ	평화롭다	**平和な**時代に生まれてつくづくよかった。 평화로운 시대에 태어나서 정말 좋았다.
☐	ほがらかだ	명랑하다	今日は**ほがらかな**気分です。 오늘은 명랑한 기분입니다.
☐	有効だ	유효하다	その約束はまだ**有効**です。 그 약속은 아직 유효합니다.

부사

☐	案外	뜻밖에, 의외로	運転免許の学科試験は**案外**やさしかった。 운전면허의 학과 시험은 의외로 쉬웠다.
☐	いきなり	갑자기	横道から**いきなり**子どもが飛びだした。 골목길에서 갑자기 아이가 튀어나왔다.
☐	一度	한번	**一度**この目でアルプスの山を見たいものだ。 한번 이 눈으로 알프스 산을 보고 싶다.
☐	いよいよ	마침내, 드디어	**いよいよ**日本へ出発するときが来た。 마침내 일본으로 출발할 때가 왔다.
☐	うっかり	깜빡, 무심코	大切な秘密を**うっかり**しゃべってしまった。 중요한 비밀을 무심코 말해 버렸다.
☐	かならずしも	반드시 (~라고는 할 수 없다)	金持ちが**かならずしも**幸福とは限らない。 부자가 반드시 행복하다고는 할 수 없다.
☐	がっかり	낙담하는 모양	映画化された作品を見て**がっかり**した。 영화화된 작품을 보고 실망했다.
☐	結局	결국	そのうわさは**結局**本当だった。 그 소문은 결국 사실이었다.
☐	しだいに	점차	山は登るにしたがって**しだいに**空気がうすくなる。 산은 오름에 따라 점차 공기가 옅어진다.

単語	意味	例文
続々(と) ぞくぞく	속속, 잇달아	若者は続々と海外へ出かける。 젊은 사람은 속속 해외로 나간다.
ただちに	즉시, 당장	一行は食事がすむとただちに出発した。 일행은 식사가 끝나자 즉시 출발했다.
ちゃんと	제대로, 빈틈없이	ちゃんと計画を立てて勉強しましょう。 제대로 계획을 세워서 공부합시다.
どうしても	꼭, 무슨 일이 있어도	来週はどうしても銀行へ行かなければならない。 다음 주는 꼭 은행에 가지 않으면 안 된다.
なんでも	무엇이든	なんでも好きなものを頼んでいいよ。 무엇이든 좋아하는 것을 부탁해도 돼.
ぴったり(と)	틈이 없이 잘 맞는 모양, 꼭, 딱	彼らはぴったりくっついて座っている。 그들은 딱 붙어 앉아 있다.
ほとんど	거의	昨日はほとんど一日中家で本を読んでいた。 어제는 거의 하루 종일 집에서 책을 읽고 있었다.
もちろん	물론	ぼくはもちろんきみの意見に賛成だ。 나는 물론 너의 의견에 찬성이다.
喜んで よろこ	기꺼이	きみのためなら喜んで手伝うよ。 너를 위해서라면 기꺼이 도울게.

외래어

단어	의미	예문
インタビュー	인터뷰	話題の作家との独占インタビューに成功した。 화제의 작가와 독점 인터뷰에 성공했다.
エンジン	엔진	その車はエンジンがかかったままだった。 그 차는 엔진이 켜진 채였다.
コピー	카피, 복사	この書類のコピーを3部とってください。 이 서류를 3부 복사해 주세요.
サービス	서비스	あの店はサービスがいい。 저 가게는 서비스가 좋다.
スケジュール	스케줄	わたしのスケジュールはぎっしりつまっている。 나의 스케줄은 꽉 차 있다.
スタート	스타트, 시작	スタートからゴールまで先頭を切って走った。 시작부터 결승점까지 선두에 서서 달렸다.
チーム	팀	われわれのチームは赤いシャツを着ていた。 우리 팀은 빨간 셔츠를 입고 있었다.

☐ トップ	톱, 최상부	彼女が会社の実質的なトップだ。 그녀가 회사의 실질적인 톱이다.	
☐ ドラマ	드라마	彼の小説はテレビ用にドラマ化された。 그의 소설은 텔레비전용으로 드라마화되었다.	
☐ レベル	레벨	この点ではわれわれは彼らとほぼ同じレベルだ。 이 점에서는 우리들은 그들과 거의 같은 레벨이다.	

접속사

☐ しかも	게다가, 그 위에	姉は美人で、しかも頭がいい。 언니는 미인이고 게다가 머리가 좋다.
☐ したがって	따라서	これは大変いい品物だ。したがって値段も高い。 이것은 매우 좋은 물건이다. 따라서 가격도 비싸다.
☐ すなわち	즉	わたしは彼に１０年前すなわち２０００年に会った。 나는 그와 10년 전, 즉 2000년에 만났다.
☐ そこで	그래서	今月は父からまだお金が来ない。そこで、君にお願いするのだが。 이번 달에는 아버지로부터 아직 돈이 오지 않았어. 그래서 너한테 부탁하는 건데.
☐ それでも	그런데도	足が重かったが、それでも山道を登り続けた。 다리가 무거웠지만, 그런데도 산길을 계속 올랐다.
☐ ただし	다만	配送無料。ただし沖縄、離島をのぞく。 배송 무료. 단 오키나와, 낙도를 제외한다.
☐ なお	또한	明朝は８時集合。なお、雨具の用意を忘れないこと。 내일 아침은 8시에 집합. 또한 우비 준비를 잊지 말 것.

숙어

☐ お世話になる	신세를 지다	長いあいだお世話になりました。 오랫동안 신세를 졌습니다.
☐ 顔が広い	발이 넓다	あの人は財界に顔が広い。 그 사람은 재계에 발이 넓다.
☐ 気が長い	성미가 느긋하다	わたしは気が長い方だ。 나는 성미가 느긋한 편이다.
☐ 口がかたい	입이 무겁다	彼は口がかたいから信用していいよ。 그는 입이 무겁기 때문에 신용해도 좋아.
☐ 目を閉じる	눈을 감다	目を閉じて音楽に聞き入った。 눈을 감고 음악에 도취하여 들었다.

콕콕 기출 문제 16 문맥규정   / 10

問題3 （　　）に入れるのに最もよいものを、1・2・3・4から一つえらびなさい。

① その地域の民族的（　　）を解決するのはむずかしい。 (09)
　1 対照　　　2 対立　　　3 対策　　　4 対面

② レポートは8月1日の（　　）までに必ず出してください。 (02)
　1 しめきり　　2 ふみきり　　3 つめきり　　4 おもいきり

③ コンピューターを使って、国内だけでなく海外とも（　　）が可能になった。 (97)
　1 通行　　　2 通知　　　3 通信　　　4 通用

④ 山本さんは、人の話を聞かないで、一人で（　　）いる。 (98)
　1 いって　　2 しゃべって　　3 のべて　　4 かけて

⑤ 彼女がどうしても一人で行くというのなら（　　）。 (04)
　1 とんでもない　2 おもいがけない　3 くだらない　4 しかたがない

⑥ 全国から送られた寄付金の（　　）使い方を検討する。 (95)
　1 有効な　　2 退屈な　　3 無事な　　4 粗末な

⑦ 新入社員は、研修のあと、（　　）各支店に配属される。 (94)
　1 げんに　　2 ただちに　　3 ついに　　4 めったに

⑧ わたしたちはその船がしずんだに違いないと（　　）をくだした。 (09)
　1 完了　　　2 結局　　　3 完成　　　4 結論

⑨ 今回のマラソンは、ここから（　　）することになっている。 (06)
　1 セット　　2 スタート　　3 ノック　　4 サービス

⑩ このたび国へ帰ることになりました。長いあいだ（　　）。 (04)
　1 おじゃましました　　　2 おかげさまで
　3 おせわになりました　　4 おまちどおさま

답 1② 2① 3③ 4② 5④ 6① 7② 8④ 9② 10③

콕콕 기출 문제 17 문맥규정   / 10

問題3 （　　）に入れるのに最もよいものを、1・2・3・4から一つえらびなさい。

1 この仕事は（　　）ばかりがかかってぜんぜん金にならない。 (05)
　1 手入れ　　　2 手段　　　3 手間　　　4 手続き

2 赤十字が（　　）となって、お金がなくて生活に困っている人を助ける運動が行われた。 (92)
　1 中心　　　2 指導　　　3 焦点　　　4 注目

3 われわれは目的地の（　　）500メートルのところにいた。 (94)
　1 手当て　　　2 手頃　　　3 手入れ　　　4 手前

4 税金を（　　）のは、国民の義務です。 (04)
　1 おさめる　　　2 あずける　　　3 かぞえる　　　4 すませる

5 あなたが目撃したことをひとつひとつ（　　）話してください。 (03)
　1 くわしく　　　2 するどく　　　3 すまなく　　　4 けわしく

6 あのスーパーは夜おそくまで（　　）しているので、便利です。 (01)
　1 商業　　　2 作業　　　3 授業　　　4 営業

7 （　　）していて運転免許証の期限がきれているのを忘れていた。 (99)
　1 ずっと　　　2 うっかり　　　3 しっかり　　　4 こっそり

8 夏になると、この山には（　　）と登山客がやってくる。 (09)
　1 点々　　　2 別々　　　3 続々　　　4 着々

9 今月から新しく始まった（　　）には、有名な俳優が出ている。 (95)
　1 ドラマ　　　2 レベル　　　3 モデル　　　4 テンポ

10 日本に行ったことがない。（　　）あまりよく知らない。 (93)
　1 ところで　　　2 あるいは　　　3 ただし　　　4 したがって

답 1③ 2① 3④ 4① 5① 6④ 7② 8③ 9① 10④

콕콕 기출 문제 18 문맥규정 　　　　　　　　　　　　　　　/ 10

問題3 （　　　）に入れるのに最もよいものを、1・2・3・4から一つえらびなさい。

[1] その話に（　　　）して、わたしはなみだを流してしまった。 (92)
　1 感動　　　　2 強調　　　　3 理解　　　　4 暗記

[2] 風邪がとても（　　　）しているので、気をつけてください。 (01)
　1 流行　　　　2 拡大　　　　3 伝染　　　　4 普及

[3] あまり広いので、公園の（　　　）がゆきとどきません。 (99)
　1 監督　　　　2 管理　　　　3 生産　　　　4 調節

[4] あの人の音楽の才能を最初に（　　　）したのはこの先生です。 (94)
　1 発見　　　　2 発明　　　　3 発行　　　　4 発想

[5] インターネットの普及は（　　　）速さで進んだ。 (99)
　1 にくらしい　　2 おそろしい　　3 おとなしい　　4 やかましい

[6] 飛行機はさっぽろに緊急着陸したが、乗客乗員は全員（　　　）だった。 (93)
　1 安定　　　　2 無事　　　　3 用心　　　　4 不足

[7] 砂漠には人影はまったく見えなかった。（　　　）人が通った形跡すらない。 (90)
　1 もちろん　　2 だが　　　　3 しかしながら　　4 それなのに

[8] 高いものが（　　　）よい品とは言えない。 (90)
　1 まさか　　　2 かならずしも　　3 さすがに　　4 それでも

[9] （　　　）がこしょうして、車が動かなくなった。 (01)
　1 アクセント　　2 エンジン　　3 アンテナ　　4 オイル

[10] 彼はこの業界で顔が（　　　）から怒らせないようにしてください。 (91)
　1 おおい　　　2 おおきい　　3 ふとい　　　4 ひろい

답　1① 2① 3② 4① 5② 6② 7① 8② 9② 10④

콕콕 기출 문제 19 문맥규정   / 10

問題3 （   ）に入れるのに最もよいものを、1・2・3・4から一つえらびなさい。

1　自分の（   ）ではないのに発言するのはマナー違反です。 (94)
　　1　番号　　　　2　順番　　　　3　順調　　　　4　調子

2　8月までに県（   ）で、300人の交通事故死亡者が出た。 (94)
　　1　全体　　　　2　全身　　　　3　全力　　　　4　全集

3　ご宿泊ですね。ここにお名前とご住所をご（   ）ください。 (07)
　　1　記念　　　　2　記憶　　　　3　記入　　　　4　記録

4　わたしは毎日多くの学生に（   ）います。 (09)
　　1　達して　　　2　接して　　　3　関して　　　4　適して

5　わたしはうすいコーヒーより（   ）コーヒーのほうが好きです。 (91)
　　1　おもい　　　2　つよい　　　3　こい　　　　4　ふかい

6　戦争のない（   ）社会の実現をめざして、国際会議が開かれた。 (05)
　　1　簡易な　　　2　安易な　　　3　平和な　　　4　平気な

7　可能性はほとんどなかったが、（   ）彼はあきらめなかった。 (94)
　　1　それで　　　2　それとも　　3　それでも　　4　それなら

8　彼女はあちこちの店を見てまわったが、（   ）何も買わなかった。 (90)
　　1　結構　　　　2　結論　　　　3　結果　　　　4　結局

9　たしかに彼女は有能だが、一人でできることには（   ）がある。 (98)
　　1　無限　　　　2　欠陥　　　　3　欠点　　　　4　限界

10　今日はこれで終わります。（   ）、来週は都合により1時間早く始めさせていただきます。 (03)
　　1　むしろ　　　2　さらに　　　3　なお　　　　4　それでも

답　1②　2①　3③　4②　5③　6③　7③　8④　9④　10③

콕콕 기출 문제 20 문맥규정 / 10

問題3 （　　）に入れるのに最もよいものを、1・2・3・4から一つえらびなさい。

1 わたしには日本の大学院に行きたいという（　　）があります。 (90)
　1 有望（ゆうぼう）　　2 希望（きぼう）　　3 人望（じんぼう）　　4 展望（てんぼう）

2 学校の（　　）に幼稚園（ようちえん）があって、子どもが遊んでいるのが教室からよく見える。 (93)
　1 向け　　2 向き　　3 向かう　　4 向かい

3 しばらくこれで（　　）を見てください。だめなら薬を変えましょう。 (93)
　1 様子（ようす）　　2 見舞い（みまい）　　3 表面（ひょうめん）　　4 見（み）かけ

4 またとない機会（きかい）を（　　）残念（ざんねん）です。 (98)
　1 うしなって　　2 うたがって　　3 おぎなって　　4 はらって

5 山田（やまだ）さんは（　　）ことばでわたしのやったことを非難（ひなん）した。 (92)
　1 にぶい　　2 まずしい　　3 したしい　　4 するどい

6 このパックツアーではヨーロッパの（　　）都市（とし）7ケ所をめぐります。 (01)
　1 おもな　　2 まれな　　3 むだな　　4 ひにくな

7 ご注文前に、お選びになった商品のご（　　）をお願いします。 (95)
　1 確認（かくにん）　　2 確率（かくりつ）　　3 確実（かくじつ）　　4 確信（かくしん）

8 試験に落ちたからといって（　　）しないでください。 (91)
　1 しっかり　　2 がっかり　　3 すっかり　　4 うっかり

9 会議（かいぎ）が始まるまでに、この書類（しょるい）の（　　）を15人分お願いします。 (97)
　1 テーマ　　2 コピー　　3 シーツ　　4 カラー

10 しめきりは8月末日（まつじつ）、（　　）当日の消印（けしいん）は有効（ゆうこう）です。 (05)
　1 ただし　　2 それに　　3 だって　　4 そのうえ

답 1② 2④ 3① 4① 5④ 6① 7① 8② 9② 10①

問題❸ 문맥규정 **097**

콕콕 기출 문제21 문맥규정　　　　　　　　　　　　　　　/ 10

問題 3　（　　　）に入れるのに最もよいものを、1・2・3・4から一つえらびなさい。

[1] （　　　）の値段が上がったので、家賃も高くなってきました。(93)
　　1　番地　　　　2　地帯　　　　3　地理　　　　4　土地

[2] この部屋から見える海の（　　　）は格別です。(97)
　　1　ながめ　　　2　ひびき　　　3　かおり　　　4　のぞみ

[3] 100人の女性に新製品を試食してもらい、（　　　）して味の感想をたずねた。(07)
　　1　面接　　　　2　営業　　　　3　歓迎　　　　4　表面

[4] 子どものとき、妹を（　　　）しかられました。(00)
　　1　いばって　　2　あいして　　3　いじめて　　4　かわいがって

[5] このごろ少しふとったせいか、洋服が（　　　）なった。(06)
　　1　きつく　　　2　ずるく　　　3　ゆるく　　　4　にぶく

[6] 漢字を書くのは（　　　）だが、読むほうは問題ない。(03)
　　1　敬意　　　　2　得意　　　　3　苦手　　　　4　上手

[7] 病気は時間が経つにつれて（　　　）回復してきた。(06)
　　1　しだいに　　2　せっせと　　3　ばったり　　4　ちかぢか

[8] 子どもが（　　　）飛びだしてきたので、急ブレーキをかけた。(95)
　　1　ぜひとも　　2　おそらく　　3　いきなり　　4　めっきり

[9] 有名な女優に、新聞記者が（　　　）して記事を書きました。(98)
　　1　インタビュー　2　ステージ　　3　コンクール　　4　レクリエーション

[10] 山田さんは口が（　　　）から、ひみつを話しても大丈夫です。(93)
　　1　かたい　　　2　きつい　　　3　おそい　　　4　すくない

답　1④　2①　3①　4③　5①　6③　7①　8③　9①　10①

콕콕 기출 문제 22 문맥규정 /10

問題3 （　　）に入れるのに最もよいものを、1・2・3・4から一つえらびなさい。

1 語学教育に力を入れている点が両校に（　　）する特徴です。 (02)
　1 共同　　　　2 共通　　　　3 通用　　　　4 同格

2 彼女はおさないときに親をなくし（　　）して育ちました。 (01)
　1 苦情　　　　2 苦労　　　　3 苦学　　　　4 苦痛

3 宇宙飛行士になりたいという彼の夢は近い将来（　　）するかもしれない。 (98)
　1 表現　　　　2 現象　　　　3 現実　　　　4 実現

4 この仕事に困難を（　　）いるのはわたしだけではありません。 (96)
　1 報じて　　　2 生じて　　　3 感じて　　　4 信じて

5 （　　）声で言われたので、よく聞こえなかった。 (90)
　1 うすい　　　2 はやい　　　3 ひくい　　　4 すくない

6 子どもたちの（　　）歌声が教室から聞こえてきた。 (01)
　1 わがままな　2 でたらめな　3 なだらかな　4 ほがらかな

7 この辞書は説明がわかりやすく、（　　）くわしい。 (98)
　1 または　　　2 さて　　　　3 ただ　　　　4 しかも

8 彼は毎回予習を（　　）やってくるまじめな学生だ。 (03)
　1 ふたたび　　2 ちゃんと　　3 そんなに　　4 かわりに

9 今月の（　　）はもういっぱいで、ほかの予定は入れられない。 (04)
　1 スケジュール　2 オフィス　　3 シーズン　　4 ダイヤ

10 日本語学習10年計画だなんて、ずいぶん気が（　　）ですね。 (95)
　1 ながい　　　2 おおい　　　3 ほそい　　　4 おそい

답　1② 2② 3④ 4③ 5③ 6④ 7④ 8② 9① 10①

콕콕 기출 문제 23 문맥규정 /10

問題3 （　　）に入れるのに最もよいものを、1・2・3・4から一つえらびなさい。

1　先月（　　）されたコンピューターは、売れ行きが非常にいい。 (99)
　1　発電　　　　2　発行　　　　3　発売　　　　4　発達

2　どんなに（　　）がかかってもそれを入手したいと思います。 (00)
　1　利用　　　　2　価値　　　　3　価格　　　　4　費用

3　うちのはたけでできるトマトは、（　　）はよくないけれど、味がいい。 (92)
　1　見かけ　　　2　見出し　　　3　見直し　　　4　見方

4　くすりが（　　）、痛みがとまりました。 (01)
　1　きれて　　　2　きいて　　　3　なおって　　4　はずれて

5　手術したばかりなのに、はたらくなんて（　　）。 (00)
　1　とんでもない　2　くだらない　3　だらしない　4　やむをえない

6　親が自分の子どもをかわいいと思うのは（　　）。 (98)
　1　かわいそうだ　2　なまいきだ　3　おおざっぱだ　4　あたりまえだ

7　そのお金、今月じゅうに（　　）必要なんです。 (08)
　1　どうしても　　2　くれぐれも　3　必ずしも　　4　少なくとも

8　旅に出たのは、（　　）自分を見つめ直してみたかったからです。 (95)
　1　一部　　　　2　一方　　　　3　一度　　　　4　一時

9　この店は（　　）がいいので、お客は満足しているようだ。 (91)
　1　チップ　　　2　サービス　　3　リズム　　　4　スピード

10　耳は3つの部分、（　　）外耳・中耳・内耳からなる。 (00)
　1　ところが　　2　そのうえ　　3　すなわち　　4　なぜなら

답　1③　2④　3①　4②　5①　6④　7①　8③　9②　10③

콕콕 기출 문제 24 문맥규정 　　　　　　　　　　　　　　　　/ 10

問題3 （　　）に入れるのに最もよいものを、1・2・3・4から一つえらびなさい。

1　はじめておいでの方は、（　　）でお名前をおっしゃってください。　(90)
　　1　受身　　　　　2　受入　　　　　3　受付　　　　　4　受取

2　花のさく（　　）になると、おおぜいの人があそびに来ます。　(93)
　　1　時間　　　　　2　時期　　　　　3　時刻　　　　　4　時代

3　あの会社について変な（　　）が立っています。　(04)
　　1　うわさ　　　　2　うらみ　　　　3　うまさ　　　　4　うがい

4　部長からの伝言を（　　）のを忘れていました。　(94)
　　1　くばる　　　　2　とどける　　　3　わたす　　　　4　つたえる

5　席は（　　）されていませんので、お好きなところへどうぞ。　(97)
　　1　推定　　　　　2　指定　　　　　3　断定　　　　　4　仮定

6　彼はめだつことが好きで、いつも（　　）服を着ている。　(01)
　　1　はでな　　　　2　じみな　　　　3　あらたな　　　4　のんきな

7　こわい人かと思っていたら、（　　）やさしい人だった。　(04)
　　1　案外　　　　　2　事実　　　　　3　少々　　　　　4　当然

8　紙のはしを（　　）合わせて折ったほうがいい。　(92)
　　1　はっきりと　　2　さっぱりと　　3　たっぷりと　　4　ぴったりと

9　会社の（　　）が決めたことだから、したがわなければならない。　(94)
　　1　セット　　　　2　プラン　　　　3　タイプ　　　　4　トップ

10　新製品があっという間に売り切れた。（　　）増産することにした。　(95)
　　1　すると　　　　2　つまり　　　　3　ただし　　　　4　そこで

답　1③　2②　3①　4④　5②　6①　7①　8④　9④　10④

콕콕 기출 문제 25 문맥규정   / 10

問題3　（　　　）に入れるのに最もよいものを、1・2・3・4から一つえらびなさい。

1 あのスーパーは買った物を自宅まで（　　　）してくれます。(08)
　　1　配達（はいたつ）　　2　通達（つうたつ）　　3　伝達（でんたつ）　　4　発達（はったつ）

2 今回のマラソン大会は招待（しょうたい）選手が20人、一般（　　　）が200人です。(90)
　　1　出席（しゅっせき）　　2　加入（かにゅう）　　3　参加（さんか）　　4　参列（さんれつ）

3 スーツケースを（　　　）にしてよく調べたが、きっぷは見つからなかった。(06)
　　1　あき　　2　から　　3　なし　　4　すき

4 さとうが（　　　）いるから、買って来てください。(91)
　　1　きれて　　2　たまって　　3　とまって　　4　おくれて

5 家が（　　　）、高校時代はアルバイトをしていました。(09)
　　1　あやしくて　　2　けわしくて　　3　まずしくて　　4　こいしくて

6 説明（せつめい）はいろいろ聞いたが、（　　　）ことは何もわからない。(90)
　　1　たしかな　　2　なめらかな　　3　ささやかな　　4　あざやかな

7 祖父は体が弱くなってからは、（　　　）家の中ですごしている。(98)
　　1　たまたま　　2　ぜったい　　3　ほとんど　　4　どうしても

8 ここにあるものは、（　　　）自由に使ってかまいませんよ。(94)
　　1　なんでも　　2　なんだか　　3　なんで　　4　なんとも

9 ぼくの日本語は、まだ日常（にちじょう）生活で十分（じゅうぶん）役に立つという（　　　）ではない。(07)
　　1　ゴール　　2　パターン　　3　スタイル　　4　レベル

10 目（め）が痛かったので、しばらく目を（　　　）いた。(91)
　　1　とめて　　2　さげて　　3　しめて　　4　とじて

답　1① 2③ 3② 4① 5③ 6① 7③ 8① 9④ 10④

콕콕 기출 문제 26 문맥규정   / 10

問題3 （　　　）に入れるのに最もよいものを、1・2・3・4から一つえらびなさい。

① 病気で入院したのを（　　　）に、たばこをやめることにした。 (96)
　1　おかげ　　　2　はじめ　　　3　きっかけ　　　4　こころあたり

② わたしは君の（　　　）をよく知っているから忠告（ちゅうこく）するんだ。 (98)
　1　心理（しんり）　　2　精神（せいしん）　　3　性格（せいかく）　　4　感情（かんじょう）

③ そこでは生物化学兵器（へいき）のおそろしい（　　　）が行われていた。 (99)
　1　実用（じつよう）　　2　実行（じっこう）　　3　実験（じっけん）　　4　実感（じっかん）

④ 辞書（じしょ）がこんなにたくさんあると、どれを選んだらよいか（　　　）。 (09)
　1　まよう　　　2　たずねる　　　3　くらべる　　　4　ならう

⑤ 彼はいつもは（　　　）ですが、酒を飲むと乱暴（らんぼう）になります。 (92)
　1　さわがしい　　2　なつかしい　　3　くわしい　　4　おとなしい

⑥ お宅の息子さんは勉強に対するもっと（　　　）な姿勢（しせい）がほしい。 (90)
　1　否定的（ひていてき）　　2　必然的（ひつぜんてき）　　3　消極的（しょうきょくてき）　　4　積極的（せっきょくてき）

⑦ あの子も（　　　）来年から一年生だね。 (95)
　1　いよいよ　　2　いきいき　　3　いろいろ　　4　いちいち

⑧ あなたのためになら（　　　）なんでもいたしましょう。 (99)
　1　幸せで　　　2　好んで　　　3　望んで　　　4　喜んで

⑨ あすの試合では、この２つの（　　　）がはじめて戦（たたか）うことになっている。 (08)
　1　メンバー　　2　シリーズ　　3　ゲーム　　4　チーム

⑩ 機械（きかい）を使った（　　　）はあぶないから、気をつけてください。 (93)
　1　動作（どうさ）　　2　作業（さぎょう）　　3　作用（さよう）　　4　作品（さくひん）

답　1③　2③　3③　4①　5④　6④　7①　8④　9④　10②

問題 ❹
유의표현

1. 유의표현 기출어휘 2017~2010년
2. 유의표현 기출어휘 2009~2000년

① 유의표현 기출어휘 2017~2010년

問題4 유의표현은 문자·어휘 35문제 중 5문제가 출제됩니다. 2000년부터 실시되었으며 밑줄 친 어휘와 가장 가까운 뜻을 지닌 어휘를 고르는 문제입니다.

2017

□ あらゆる 모든, 온갖	≒	すべての 모든, 전부
□ おしまい 끝	≒	終わり 끝
□ 逆 역	≒	反対 반대
□ 協力する 협력하다	≒	手伝う 돕다
□ 信じている 믿고 있다	≒	本当だと思う 진짜라고 생각하다
□ スケジュール 스케줄	≒	予定 예정
□ 絶対 절대	≒	必ず 반드시
□ どなられた 혼났다, 야단 맞았다	≒	大声で怒られた 큰 소리로 혼났다
□ まぶしい 눈부시다	≒	明るすぎる 너무 밝다
□ 約 약	≒	だいたい 대개, 대략

2016

□ あまりました 남았습니다	≒	多すぎて残りました 너무 많아서 남았습니다
□ 延期になった 연기되었다	≒	後の別の日にすることになった 나중의 다른 날로 하게 되었다
□ 横断禁止 횡단 금지	≒	渡ってはいけません 건너서는 안 됩니다
□ かがやく 빛나다	≒	光る 빛나다
□ がっかりした 실망했다	≒	残念だと思った 유감이라고 생각했다

□ 決^きまり 규칙	≒	規則^{きそく} 규칙
□ 当然^{とうぜん} 당연	≒	もちろん 물론
□ 不安^{ふあん}だ 불안하다	≒	心配^{しんぱい}だ 걱정스럽다
□ まったく 전혀	≒	ぜんぜん 전연, 전혀
□ 学^{まな}んでいる 배우고 있다	≒	勉強^{べんきょう}している 공부하고 있다

2015

□ 相変^{あいか}わらず 변함없이	≒	前^{まえ}と同^{おな}じで 전과 같이
□ 疑^{うたが}っている 의심하고 있다	≒	本当^{ほんとう}ではないかと思^{おも}っている 진짜가 아닐까 하고 생각하고 있다
□ 機会^{きかい} 기회	≒	チャンス 찬스, 기회
□ 次第^{しだい}に 점점, 차츰	≒	少^{すこ}しずつ 조금씩
□ 手段^{しゅだん} 수단	≒	やり方^{かた} 하는 법, 방법
□ すべて 모두	≒	全部^{ぜんぶ} 전부
□ だまって 말을 하지 않고	≒	何^{なに}も言^いわずに 아무 말도 하지 않고
□ 短気^{たんき}だ 성격이 급하다	≒	すぐ怒^{おこ}る 금세 화내다
□ 得意^{とくい} 특히 잘함	≒	上手^{じょうず}にできる 능숙하게 할 수 있다
□ 配達^{はいたつ}してもらった 배달 받았다	≒	届^{とど}けてもらった 보내 받았다

2014

□ あわてる 황급히 굴다, 허둥대다	≒	急^{いそ}ぐ 서두르다
□ 案^{あん} 안	≒	アイデア・アイディア 아이디어
□ おかしな 이상한, 우스운	≒	変^{へん}な 이상한

☐ カーブする 굽다, 구부러지다	≒	曲がる 굽다, 구부러지다
☐ きつい 심하다	≒	大変だ 힘들다
☐ くたびれる 지치다	≒	つかれる 피로하다
☐ さっき 아까, 조금 전	≒	少し前 조금 전
☐ 指導する 지도하다	≒	教える 가르치다
☐ 経つ (시간이) 지나다	≒	過ぎる 지나다
☐ 約 약	≒	だいたい 대략, 대개

2013

☐ 位置 위치	≒	場所 장소
☐ 売り切れだ 품절이다	≒	すべて売れた 전부 팔렸다
☐ 回収する 회수하다	≒	集める 모으다
☐ キッチン 부엌	≒	台所 부엌
☐ このごろ 요즘	≒	さいきん 최근
☐ サイズ 사이즈	≒	おおきさ 크기
☐ しゃべる 지껄이다, 재잘거리다	≒	話す 이야기하다
☐ 確かめる 확인하다	≒	チェックする 확인하다
☐ 注文する 주문하다	≒	たのむ 의뢰하다
☐ わけ 이유	≒	理由 이유

2012

☐ あきらめる 포기하다	≒	やめる 그만두다
☐ うばう 빼앗다	≒	取る 빼앗다

- 気(き)に入(い)っている 마음에 드는 ≒ 好(す)きな 좋아하는
- 共通点(きょうつうてん) 공통점 ≒ 同(おな)じところ 같은 점
- 整理(せいり)する 정리하다 ≒ 片(かた)づける 정리하다
- 絶対(ぜったい)に 반드시, 꼭 ≒ かならず 반드시
- そっと 살짝, 가만히 ≒ 静(しず)かに 조용히
- ないしょにして 비밀로 하고 ≒ だれにも話(はな)さないで 아무에게도 말하지 않고
- 年中(ねんじゅう) 항상, 늘, 일년 내내 ≒ いつも 항상, 늘
- まぶしい 눈부시다 ≒ 明(あか)るすぎる 너무 밝다

2011

- おそろしい 두렵다 ≒ こわい 무섭다
- 欠点(けってん) 결점 ≒ わるいところ 나쁜 점
- さっき 아까, 조금 전 ≒ 少(すこ)し前(まえ)に 조금 전에
- スケジュール 스케줄 ≒ 予定(よてい) 예정
- 通勤(つうきん)する 통근하다 ≒ 仕事(しごと)に行(い)く 일하러 가다
- 減(へ)る 줄다 ≒ 少(すく)なくなる 적어지다
- やり直(なお)す 다시 하다 ≒ もう一度(いちど)やる 다시 한번 하다
- 翌年(よくねん) 익년, 이듬해 ≒ 次(つぎ)の年(とし) 다음 해, 이듬해
- 楽(らく)だ 편하다, 쉽다 ≒ 簡単(かんたん)だ 간단하다
- わけ 이유, 까닭 ≒ 理由(りゆう) 이유

2010

- □ 明ける 기간이 끝나다 ≒ おわる 끝나다
- □ 覚える 외우다 ≒ 暗記する 암기하다
- □ きつい 고되다, 심하다 ≒ 大変だ 힘들다
- □ きまり 정해진 바, 규칙 ≒ 規則 규칙
- □ くたびれる 지치다 ≒ つかれる 피로하다
- □ 混雑している 혼잡하다 ≒ 客がたくさんいる 손님이 많이 있다
- □ たまる (일이) 쌓이다 ≒ 残る 남다
- □ 短気だ 성미가 급하다 ≒ すぐ怒る 금세 화내다
- □ 単純だ 단순하다 ≒ わかりやすい 알기 쉽다
- □ まご 손자 ≒ 娘の息子 딸의 아들

콕콕 기출 문제 01　유의표현　　/ 10

問題4　＿＿＿＿に意味が最も近いものを、1・2・3・4から一つえらびなさい。

1　山田さんもこれでおしまいだね。(17)
　　1　終わり　　　2　初めて　　　3　簡単　　　4　成功

2　冬の夜空に星がかがやいていた。(16)
　　1　ゆれて　　　2　ひかって　　3　とまって　　4　よごれて

3　中村さんの話にはまったく興味がもてなかった。(16)
　　1　あまり　　　2　ぜんぜん　　3　まだ　　　　4　もう

4　彼女は不正な手段で情報を入手した。(15)
　　1　作り方　　　2　見方　　　　3　使い方　　　4　やり方

5　何かよい案はありませんか。(14)
　　1　システム　　2　アイディア　3　イメージ　　4　アドバイス

6　きょうは時間がたつのが遅かった。(14)
　　1　すぎる　　　2　つづく　　　3　かかる　　　4　はじまる

7　サイズを測りました。(13)
　　1　たかさ　　　2　おもさ　　　3　ながさ　　　4　おおきさ

8　この中で一番気に入っている靴はこれです。(12)
　　1　人気がある　2　よく覚えている　3　好きな　　4　楽しい

9　自動車のライトがまぶしい。(12)
　　1　少し明るい　2　明るすぎる　3　少し暗い　　4　暗すぎる

10　スタートの位置がずれたので、やりなおした。(11)
　　1　もう一度やった　　　　　　2　やり方を調べた
　　3　やり方を教わった　　　　　4　やるのを途中でやめた

답　1① 2② 3② 4④ 5② 6① 7④ 8③ 9② 10①

콕콕 기출 문제 02 유의표현

/ 10

問題 4 ＿＿＿に意味が最も近いものを、1・2・3・4から一つえらびなさい。

1 もっと協力してくれてもいいじゃないか。(17)
　1　急いで　　　　2　決めて　　　　3　手伝って　　　　4　頑張って

2 遊園地が休園日だったのでがっかりした。(16)
　1　安心した　　　2　驚いた　　　　3　うれしかった　　4　残念だと思った

3 チョコレートはすべてなくなってしまいました。(15)
　1　半分　　　　　2　少し　　　　　3　全部　　　　　　4　ほとんど

4 ゆうべすごくおかしな夢を見た。(14)
　1　変な　　　　　2　幸せな　　　　3　おそろしい　　　4　おもしろい

5 妹は約7時に到着した。(14)
　1　やっと　　　　2　まもなく　　　3　たぶん　　　　　4　だいたい

6 彼はよくしゃべる人だ。(13)
　1　だまる　　　　2　はなす　　　　3　おこる　　　　　4　どなる

7 彼とわたしには共通点があります。(12)
　1　違うところ　　2　同じところ　　3　悪いところ　　　4　いいところ

8 とてもおそろしい光景を見た。(11)
　1　たのしい　　　2　はずかしい　　3　こわい　　　　　4　うれしい

9 父にわけを話した。(11)
　1　アイディア　　2　ルール　　　　3　理由　　　　　　4　秘密

10 きょうはとてもくたびれた。(10)
　1　こまった　　　2　いそがしかった　3　つかれた　　　　4　はずしかった

답　1③　2④　3③　4①　5④　6②　7②　8③　9③　10③

콕콕 기출 문제 03 유의표현　　　　　　/ 10

問題 4 ＿＿＿＿に意味が最も近いものを、1・2・3・4から一つえらびなさい。

1　今回の試験には<u>絶対</u>合格します。 (17)
　1　いつでも　　　2　すぐに　　　3　また　　　　4　かならず

2　<u>当然</u>彼はここに来るものと思っていた。 (16)
　1　もちろん　　　2　いろいろ　　3　少し　　　　4　いつも

3　兄は<u>短気だ</u>。 (15)
　1　すぐ怒る　　　2　すぐ思う　　3　すぐ隠す　　4　すぐ謝る

4　道は<u>カーブして</u>います。 (14)
　1　ずれて　　　　2　まがって　　3　よごれて　　4　おぼえて

5　その本を元の<u>位置</u>に戻してください。 (13)
　1　場所　　　　　2　近所　　　　3　地位　　　　4　地方

6　その数字を<u>たしかめて</u>ください。 (13)
　1　ヒントして　　2　カバーして　3　チェックして　4　パスして

7　書類をみんなで<u>整理した</u>。 (12)
　1　探した　　　　2　運んだ　　　3　片付けた　　4　数えた

8　彼女には<u>欠点</u>がありません。 (11)
　1　ちがうところ　2　おなじところ　3　いいところ　4　わるいところ

9　この問題は<u>楽に</u>解けます。 (11)
　1　簡単に　　　　2　短気に　　　3　たのしく　　4　うれしく

10　あの店はいつも<u>混雑して</u>いる。 (10)
　1　客があまりいない　　　　　2　客がたくさんいる
　3　しなものがあまりない　　　4　しなものがたくさんある

답　1④　2①　3①　4②　5①　6③　7③　8④　9①　10②

콕콕 기출 문제 04 유의표현　　　　　　　　　　／10

問題4 ＿＿＿＿に意味が最も近いものを、1・2・3・4から一つえらびなさい。

1 私の家は最寄りの駅から約700メートルのところです。(17)
　1　だいたい　　　2　ちょうど　　　3　以上　　　　　4　以下

2 弟は相変わらず遅刻だ。(15)
　1　ずっと前から　2　前と同じで　　3　いつもと違って　4　いつものところで

3 弟はテニスが得意だ。(15)
　1　気楽にできる　2　上手にできる　3　自然にできる　4　平気にできる

4 このアルバイトはとてもきつい。(14)
　1　つまらない　　2　おもしろい　　3　楽だ　　　　　4　大変だ

5 ピンクのワイシャツは売れ切れだ。(13)
　1　とても高かった　　　　　　　　2　とても安かった
　3　すべて売れた　　　　　　　　　4　ほとんど売れなかった

6 店にビールを1ケース、注文しました。(13)
　1　はこびました　2　ひやしました　3　たのみました　4　とどけました

7 この映画はぜったいに見たほうがいいよ。(12)
　1　すぐに　　　　2　かならず　　　3　たぶん　　　　4　あとから

8 彼女はさっき昼食を食べに出かけました。(11)
　1　だいぶ前に　　2　少し前に　　　3　そっと　　　　4　内緒にして

9 彼女は帰国した翌年結婚した。(11)
　1　前々の年　　　2　前の年　　　　3　次々の年　　　4　次の年

10 たまった仕事を終えるには時間がかかります。(10)
　1　のこった　　　2　はぶいた　　　3　たのまれた　　4　せまられた

답　1① 2② 3② 4④ 5③ 6③ 7② 8② 9④ 10①

콕콕 기출 문제 05 유의표현 / 10

問題 4 ＿＿＿＿に意味が最も近いものを、1・2・3・4から一つえらびなさい。

1 車のライトがまぶしくて目がくらんだ。(17)
　　1 小さすぎて　　2 暗すぎて　　3 薄すぎて　　4 明るすぎて

2 彼女は夫の言葉をうたがっている。(15)
　　1 かわいらしいと思っている　　2 本当だと思っている
　　3 とんでもないと思っている　　4 本当ではないかと思っている

3 だまって部屋を出て行くとは無礼だ。(15)
　　1 何も言わずに　　2 何も食べずに　　3 何も聞かずに　　4 何も飲まずに

4 長い間歩いたのでくたびれた。(14)
　　1 つかれた　　2 しびれた　　3 やぶれた　　4 はなれた

5 回答用紙を回収した。(13)
　　1 くばった　　2 かえした　　3 はこんだ　　4 あつめた

6 なぜこんなことになったのかわけが知りたい。(13)
　　1 秘密　　2 理由　　3 ルール　　4 ヒント

7 ドアはそっと閉めてください。(12)
　　1 しずかに　　2 きれいに　　3 安全に　　4 十分に

8 彼のスケジュールはきついです。(17・11)
　　1 決定　　2 様子　　3 予定　　4 調子

9 休みが明けたら、また連絡します。(10)
　　1 とれたら　　2 はじまったら　　3 きまったら　　4 おわったら

10 あの人は短気だ。(10)
　　1 すぐ驚く　　2 すぐ笑う　　3 すぐ泣く　　4 すぐ怒る

답 1④ 2④ 3① 4① 5④ 6② 7① 8③ 9④ 10④

콕콕 기출 문제 06 유의표현   / 10

問題 4 ＿＿＿＿に意味が最も近いものを、1・2・3・4から一つえらびなさい。

1 ここでくつを脱ぐ<u>きまり</u>になっています。 (16)
   1 料金　　　2 技術　　　3 規則　　　4 結果

2 海外旅行は視野を広げるよい<u>機会</u>だ。 (15)
   1 ピクニック　　2 チャンス　　3 スタート　　4 ビジネス

3 夕食にピザを<u>配達して</u>もらった。 (15)
   1 とどけて　　2 くわえて　　3 すすめて　　4 つつんで

4 <u>さっき</u>はごめんなさい。 (14)
   1 この前　　　2 少し前　　　3 このごろ　　4 昔

5 <u>キッチン</u>からよいにおいが漂ってきた。 (13)
   1 台所　　　2 近所　　　3 部屋　　　4 居間

6 わたしは新車を買うのを<u>あきらめた</u>。 (12)
   1 うしなった　　2 ことわった　　3 のばした　　4 やめた

7 このことは、<u>ないしょに</u>してください。 (12)
   1 早く忘れて　　　　　　2 いろいろな人に話して
   3 忘れないで　　　　　　4 だれにも話さないで

8 わたしは自転車で<u>通勤して</u>います。 (11)
   1 勉強に行って　2 買い物に行って　3 仕事に行って　4 散歩に行って

9 この歌の歌詞は全部<u>おぼえて</u>います。 (10)
   1 確認して　　2 暗記して　　3 記録して　　4 感動して

10 このゲームのルールは<u>単純</u>だ。 (10)
   1 よく知られている　　　　2 あまり知られていない
   3 わかりやすい　　　　　　4 わかりにくい

답 1③ 2② 3① 4② 5① 6④ 7④ 8③ 9② 10③

콕콕 기출 문제 07 유의표현　　　　　　　　　　/ 10

問題 4　_____に意味が最も近いものを、1・2・3・4から一つえらびなさい。

① きみの言うことを信じているよ。(17)
　1　面白いと思っている　　　　2　面白くないと思っている
　3　本当だと思っている　　　　4　本当じゃないと思っている

② 1人で海外へ行くのは不安だ。(16)
　1　つまらない　2　危険だ　3　寂しい　4　心配だ

③ 妹は次第に健康を回復した。(15)
　1　少しずつ　2　少しでも　3　かならず　4　かならずしも

④ あわてて帰宅しました。(14)
　1　いそいで　2　すすんで　3　だまって　4　よろこんで

⑤ 彼はそのチームを5年間指導している。(14)
　1　たすけて　2　はげんで　3　ながめて　4　おしえて

⑥ このごろ物価が高いです。(13)
　1　先日　2　最近　3　わりと　4　もっとも

⑦ 彼は会員資格をうばわれた。(12)
　1　とられた　2　えられた　3　あたえられた　4　おくられた

⑧ ここは年中天気がいい。(12)
　1　ときどき　2　たまに　3　いつも　4　まったく

⑨ 川の水がへった。(11)
　1　多くなった　2　少なくなった　3　きれいになった　4　きたなくなった

⑩ きのう公園でまごと遊びました。(10)
　1　姉の息子　2　姉のいとこ　3　娘の息子　4　娘のいとこ

답 1③　2④　3①　4①　5④　6②　7①　8③　9②　10③

② 유의표현 기출어휘 2009~2000년

2000~2009년까지의 일본어능력시험은 현재의 시험과 달리 1~4급의 4개 급수가 있었습니다. 이 중 N3 수준에 해당한다고 판단되는 것을 품사별로 정리하였습니다. 참고로 N3 유의표현에서는 한자 표기를 자제하는 경향이 있으므로 어휘 학습에 중점을 두기 바랍니다. 외래어와 연관된 유의어 고르기는 단골로 출제되고 있습니다. 출제된 어휘를 품사별로 정리하였으나 의미상으로 저자가 분류한 품사이므로 참고로만 알아두는 것이 좋습니다.

명사

□ 契機(けいき) 계기	≒	きっかけ 계기
□ 差(さ)し支(つか)え 지장, 장애	≒	問題(もんだい) 문제
□ 相互(そうご) 상호	≒	たがい 서로, 상호
□ ほうぼう 여기저기	≒	あちこち 이곳저곳

동사

□ 気(き)に入(い)る 마음에 들다	≒	すきになる 좋아하게 되다
□ 気(き)をつける 조심하다	≒	注意(ちゅうい)する 주의하다
□ 疲(つか)れた 피곤했다	≒	くたびれた 지쳤다

い형용사

□ あぶない 위험하다	≒	あやうい 위태롭다, 위험하다
□ さしつかえない 지장이 없다	≒	かまわない 상관없다, 괜찮다
□ すまない 미안하다	≒	もうしわけない 미안하다

な형용사

□ おしゃべりな 수다스러운	≒	よく話(はな)す 말을 잘하는
□ そっくりだ 꼭 닮다	≒	似(に)ている 닮다

| □ 見事だ 훌륭하다 | ≒ | すばらしい 훌륭하다 |

부사

□ いきなり 갑자기	≒	突然 돌연, 갑자기
□ おそらく 아마, 어쩌면	≒	たぶん 아마
□ すべて 모두	≒	全部 전부
□ たびたび 번번이	≒	しばしば 자주
□ 年中 항상, 늘, 일년 내내	≒	いつも 항상, 늘
□ まもなく 머지않아	≒	もうすぐ 이제 곧
□ もっとも 가장	≒	一番 가장

외래어

□ アイデア・アイディア 아이디어	≒	案 안
□ オイル 오일	≒	あぶら 기름
□ サンプル 샘플	≒	見本 견본
□ チャンス 찬스	≒	機会 기회

기타

| □ あらゆる 모든 | ≒ | すべての 모든 |

콕콕 기출 문제 08 유의표현   / 10

問題 4 ＿＿＿＿に意味が最も近いものを、1・2・3・4から一つえらびなさい。

1 父の会社があぶない。(01)
　1 けわしい　　　2 あやうい　　　3 はげしい　　　4 みにくい

2 一日じゅう歩いたので、疲れた。(00)
　1 くずれた　　　2 しびれた　　　3 くたびれた　　4 やぶれた

3 雑談をしているときにいいアイデアがうかんだ。(09)
　1 型　　　　　　2 図　　　　　　3 説　　　　　　4 案

4 この2人は何から何までそっくりだ。(06)
　1 変わっている　2 似ている　　　3 違っている　　4 合っている

5 当施設の外部者の利用を認めてもさしつかえないと思います。(00)
　1 たまら　　　　2 いけない　　　3 かまわない　　4 しかたがない

6 まもなく3番線に名古屋行きの急行がまいります。(07・00)
　1 もうすぐ　　　2 いずれ　　　　3 ほとんど　　　4 やっと

7 オートバイのオイルを買ってきた。(08)
　1 ぶひん　　　　2 くうき　　　　3 ざせき　　　　4 あぶら

8 彼の演奏は見事だった。(05)
　1 すばらしかった　2 きびしかった　3 ただしかった　4 めずらしかった

9 その目的達成のためにあらゆる努力をするつもりです。(02)
　1 大体の　　　　2 すべての　　　3 新しい　　　　4 難しい

10 山田さんはおしゃべりな人です。(03)
　1 よく話す　　　2 よく飲む　　　3 よく食べる　　4 よく怒る

답　1 ②　2 ③　3 ④　4 ②　5 ③　6 ①　7 ④　8 ①　9 ②　10 ①

콕콕 기출 문제 09 유의표현 / 10

問題4 ＿＿＿＿に意味が最も近いものを、1・2・3・4から一つえらびなさい。

① おそらく彼は二度と日本に帰らないでしょう。(03)
 1 たぶん　　2 たしかに　　3 もちろん　　4 たとえ

② ここはわたしの気に入っているレストランです。(06)
 1 いやになって　2 すきになって　3 やさしくなって　4 おかしくなって

③ 彼はいきなり彼女の手をとった。(02)
 1 初(はじ)めに　2 うっかり　3 突然(とつぜん)　4 いつのまにか

④ わたしは彼をほうぼう探(さが)しまわった。(03)
 1 まごまご　2 うろうろ　3 あれこれ　4 あちこち

⑤ 暗くなっているので、運転に気をつけてください。(05)
 1 注意(ちゅうい)して　2 変更(へんこう)して　3 下車(げしゃ)して　4 中止(ちゅうし)して

⑥ 差し支えなければ、電話番号を教えてください。(00)
 1 不平(ふへい)　2 変更(へんこう)　3 仕方(しかた)　4 問題(もんだい)

⑦ 失敗を契機(けいき)として、これからの方針(ほうしん)を改(あらた)めた。(09)
 1 つながり　2 ささえ　3 きっかけ　4 すくい

⑧ 両国(りょうこく)は相互(そうご)の助力(じょりょく)を約束した。(09)
 1 われわれ　2 みなさん　3 あいて　4 たがい

⑨ ひっこすときに、家具(かぐ)はすべて新品(しんぴん)にした。(05)
 1 まるで　2 ほとんど　3 全部(ぜんぶ)　4 大部分(だいぶぶん)

⑩ オーディションに遅刻(ちこく)してせっかくのチャンスをのがしてしまった。(05)
 1 伝言(でんごん)　2 機会(きかい)　3 物語(ものがたり)　4 提案(ていあん)

답 1① 2② 3③ 4④ 5① 6④ 7③ 8④ 9③ 10②

問題 ❺
용법

1. 용법 기출어휘 2017~2010년
2. 용법 기출어휘 2009~2000년

① 용법 기출어휘 2017~2010년

問題5 용법은 문자·어휘 35문제 중 5문제가 출제됩니다. 어휘의 올바른 쓰임을 묻는 문제로 어휘의 품사와 어떤 어휘와 사용되는지 학습하는 것이 중요합니다.

2017

- □ 受け付ける 떠맡다
- □ かれる 마르다, 시들다
- □ 減少 감소
- □ 断る 거절하다
- □ 滞在 체재, 체류
- □ 中古 중고
- □ どきどき 두근두근, 울렁울렁
- □ 引き受ける 떠맡다
- □ 分類 분류
- □ 身につける 몸에 지니다, 배워 익히다

2016

- □ 空 빔, 공, 허공
- □ 急 급함, 갑작스러움
- □ 出張 출장
- □ 消費 소비
- □ 性格 성격
- □ 慰める 위로하다, 달래다
- □ 似合う 어울리다, 잘 맞다
- □ 沸騰 끓어오름, 비등
- □ 募集 모집
- □ 曲げる 굽히다, 구부리다

2015

- □ 預ける 맡기다
- □ 移動する 이동하다
- □ 親しい 친하다
- □ 締め切り 마감
- □ 修理 수리
- □ 渋滞 정체
- □ 新鮮だ 신선하다
- □ 清潔だ 청결하다
- □ 混ぜる 섞다
- □ ゆでる 데치다, 삶다

2014

- 期限(きげん) 기한
- 縮小(しゅくしょう) 축소
- 制限(せいげん) 제한
- たまる 모이다, (재산이) 늘다
- 伝(つた)わる 전해지다, 알려지다
- どなる 고함치다, 호통치다
- 内容(ないよう) 내용
- 発展(はってん) 발전
- 話(はな)しかける 말을 걸다
- 離(はな)す (거리를) 벌리다, (시선을) 옮기다

2013

- 余(あま)る 남다
- 建設(けんせつ) 건설
- 効果(こうか) 효과
- こぼす 흘리다, 엎지르다
- 進歩(しんぽ) 진보
- 早退(そうたい) 조퇴
- だるい 나른하다, 지루하다
- 握(にぎ)る 쥐다, 장악하다
- 発生(はっせい) 발생
- 身(み)につける 몸에 지니다, 배워 익히다

2012

- 暗記(あんき) 암기
- 活動(かつどう) 활동
- 空(から) 빔, 공, 허공
- 緊張(きんちょう) 긴장
- 経由(けいゆ) 경유
- 通(とお)り過(す)ぎる 지나가다, 통과하다
- 訪問(ほうもん) 방문
- 募集(ぼしゅう) 모집
- 翻訳(ほんやく) 번역
- 行(ゆ)き先(さき) 행선지, 목적지

2011

- 植(う)える 심다
- 受(う)け入(い)れる 받아들이다
- 断(ことわ)る 거절하다
- ころぶ 넘어지다, 구르다
- 指示(しじ) 지시
- 正直(しょうじき)だ 정직하다

- 性格(せいかく) 성격
- そろそろ 이제 슬슬
- 見送る(みおくる) 배웅하다
- 緩い(ゆるい) 느슨하다, 엄하지 않다

2010

- 落ち着く(おちつく) 침착하다, 안정되다
- 回収(かいしゅう) 회수
- 区切る(くぎる) 단락 짓다, 구획 짓다
- 修理(しゅうり) 수리
- そっくりだ 꼭 닮다
- なだらかだ 완만하다, 원활하다, 온화하다
- はかる (무게·길이·넓이 등을) 재다
- まずしい 가난하다
- 未来(みらい) 미래
- ユーモア 유머

콕콕 기출 문제 01 용법   / 10

問題 5 つぎのことばの使い方として最もよいものを、一つえらびなさい。

① 滞在 (17)
1 彼らはよりよい滞在を求めてこの国にやってきた。
2 道路が滞在していて、会議に遅刻しました。
3 その島での滞在は短かったが、とても楽しかった。
4 あの新人はいずれ先輩選手たちの滞在をおどかしそうだ。

② 急 (16)
1 実家からの急の電話で夜中に起こされました。
2 稼げると思ったのに急に借金をいっそう増やしてしまいました。
3 時間があまりないので、私たちは急に昼ごはんを食べました。
4 体力が落ちていたので、山田さんの病気の回復は急でした。

③ 修理 (15)
1 彼女のめざましい修理に医者も驚いているようだった。
2 私はいま、A高校でバレーチームの修理にあたっている。
3 車を修理するのにこんなにお金がかかるとは思わなかった。
4 昨日、メモリーがウイルスに感染していないか修理した。

④ 話しかける (14)
1 今日、新宿駅で知らない人に話しかけられた。
2 私たちはその計画について夜ふけまで話しかけた。
3 英語は世界中の多くの人々によって話しかけられている。
4 ほかのスタッフたちとその問題について話しかけた。

⑤ 性格 (11)
1 日本の生活に慣れてくるにつれて私の性格が変わり始めた。
2 部屋の中がこんな性格では友だちを呼ぶこともできない。
3 核心をずばりとついてくるのがあの人の話し方の性格だ。
4 この小説は日本語の性格が実によく生かされている。

답 1③ 2① 3③ 4① 5①

콕콕 기출 문제 02 용법 / 10

問題5 つぎのことばの使い方として最もよいものを、一つえらびなさい。

1 どきどき (17)
1 わたしの両親はどきどきいっしょに映画を見に行きます。
2 わたしはどきどきしながら順番を待ちました。
3 おとうともどきどき彼女ができてもいい年ごろです。
4 むすめは就職もしないで家でどきどきしています。

2 沸騰 (16)
1 かかとの高いブーツが沸騰しています。
2 残ったスープは沸騰させておけばいいです。
3 試合の前の晩は沸騰してよく眠れませんでした。
4 水が沸騰すると水蒸気になります。

3 渋滞 (15)
1 年末のデパートは買い物客で渋滞している。
2 この道路は、いつも朝の通勤時間帯は渋滞している。
3 今週は出張や会議が多くてスケジュールが渋滞している。
4 関係のないことを持ち出して頭を渋滞させないでくれ。

4 離す (14)
1 ごみは、燃えるごみと燃えないごみに離してください。
2 牛乳にレモンを加えると、チーズと液体に離す。
3 これらの植物は葉の形によって離すことができる。
4 つくえを窓からもう少し離して置いてください。

5 緊張 (12)
1 私は、胸を緊張させてショーが始まるのを待った。
2 私は、その場の緊張をほぐすために冗談を言ってみた。
3 森さんは事業を緊張して忙しいです。
4 彼女は彼が絵のコンテストで3位になったと知って緊張した。

답 1② 2④ 3② 4④ 5②

콕콕 기출 문제 03 용법   / 10

問題5　つぎのことばの使い方として最もよいものを、一つえらびなさい。

1 曲げる (16)
　1　山田さんは、スキーをしていて脚の骨を曲げました。
　2　そのテニス選手は昨年のチャンピオンを曲げました。
　3　キャベツを洗ったら水気を曲げてください。
　4　内田さんは、その針金をペンチで曲げました。

2 新鮮 (15)
　1　あの店では、新鮮な果物を売っている。
　2　雪の上にはまだ新鮮なウサギの足跡がついていた。
　3　古いタイヤを新鮮なタイヤと交換した。
　4　彼女は先週入ったばかりの新鮮な社員だ。

3 余る (13)
　1　彼女の思い出がいまだに私の心に余っている。
　2　最近その日の仕事の疲れが翌日まで余ることが多い。
　3　数年ぶりに仲間が集まり、余る話に花が咲いた。
　4　テストは簡単だったので30分も余ってしまった。

4 経由 (12)
　1　ケーキ屋の前を経由したら長い行列ができていた。
　2　このバスは区役所を経由して駅へ向かいます。
　3　木村さんは大学進学を経由して働くことにした。
　4　締め切りはとっくに経由しているが、まだ原稿が上がっていない。

5 見送る (11)
　1　今朝メールを見送ったけど、見てくれましたか。
　2　孫娘はお気に入りの絵本のページをゆっくりと見送っている。
　3　留学する友人を空港まで見送った。
　4　うちの妹は毎日金魚鉢の中を飽きもせずに見送っている。

답　1④　2①　3④　4②　5③

콕콕 기출 문제 04 용법   / 10

問題 5 つぎのことばの使い方として最もよいものを、一つえらびなさい。

① 出張 (16)
1 アメリカへ1週間課長と一緒に出張します。
2 3台の消防車が出張して消化に当たりました。
3 妻は無駄な出張を抑えようと懸命の努力をしている。
4 新婚夫婦はヨーロッパへの新婚旅行へ出張した。

② 清潔 (15)
1 優れた選手の動きは清潔で動きに無駄がありません。
2 だれにでも清潔に電話番号を教えないほうがいいですよ。
3 面談時の服装は、できるだけ清潔な服装で臨みましょう。
4 あなたにすべてを打ち明けたらとても清潔な気持ちになりました。

③ 建設 (13)
1 この工場では機械部品を建設しています。
2 お花見の人たちのために仮設トイレが建設されました。
3 この市民ホールはいろいろな建設が整っています。
4 近所に超高層マンションの建設計画があります。

④ 通り過ぎる (12)
1 踏み切りは大変渋滞していて通り過ぎるのに30分かかった。
2 白い自動車が猛スピードで私たちを通り過ぎていった。
3 その店はとても小さくてうっかり通り過ぎてしまうところだった。
4 今朝は、1分の差で9時半の電車に通り過ぎた。

⑤ ゆるい (11)
1 今手がゆるかったから、君の仕事を手伝ってあげよう。
2 この川は、流れがゆるいから泳いで渡れる。
3 わたしは、赤ちゃんの頭をゆるくなでてみた。
4 この川は、この地点の川幅がもっともゆるい。

답 1① 2③ 3④ 4③ 5②

콕콕 기출 문제 05 용법   / 10

問題5　つぎのことばの使い方として最もよいものを、一つえらびなさい。

1　慰(なぐさ)める (16)
　1　私は落ち込んでいる彼女を何とか慰めようとした。
　2　彼はうそをついたため、先生にひどく慰められた。
　3　社長は本田(ほんだ)さんの独創的(どくそうてき)なアイディアを慰めた。
　4　私はいなかの生活にとても慰めている。

2　まぜる (15)
　1　みんなのお金をまぜても３０００円にしかならない。
　2　私と弟のお金をまぜると１０万円になる。
　3　シチューは泡が出てくるまでまぜていないとだめですよ。
　4　その店は洋服にまぜて化粧品(けしょうひん)も売っている。

3　効果(こうか) (13)
　1　いつものバスに乗り遅れた効果で事故にあわずにすんだ。
　2　特訓(とっくん)の効果が彼のバッティングにすぐにあらわれた。
　3　彼は映画好きの彼女の効果ですっかり映画に詳しくなった。
　4　若い世代の人々は外国からの効果を受けやすい。

4　訪問(ほうもん) (12)
　1　もう今ごろは手紙が訪問しているでしょう。
　2　毎朝の犬の訪問は私の役目(やくめ)です。
　3　京都(きょうと)は毎年多くの観光客が訪問します。
　4　これからアルバイトの訪問に行くところです。

5　落(お)ち着(つ)く (10)
　1　その便は定刻(ていこく)どおり成田空港(なりたくうこう)に落ち着く予定です。
　2　お礼の気持ちとしてお金を少し落ち着いてきました。
　3　３歳の女の子が２階のベランダから落ち着きました。
　4　この部屋にいると気分が落ち着きます。

답　1① 2③ 3② 4③ 5④

콕콕 기출 문제 06 용법   / 10

問題5 つぎのことばの使い方として最もよいものを、一つえらびなさい。

1 かれる (17)
1 電話しているあいだに魚がかれてしまいました。
2 水やりを忘れたので、花がかれてしまいました。
3 花瓶(かびん)がたなから落ちてかれてしまいました。
4 子供たちが作った雪だるまも夕方にはかれてしまいました。

2 性格 (16)
1 ピアノの性格に合わせて親子で楽しく体を動かそう。
2 好きな性格ではない人ばかりからアプローチされる。
3 森(もり)さんののんびりしたところは持って生まれた性格だ。
4 カーテンを取り替えたら部屋の性格ががらっと変わった。

3 ゆでる (15)
1 熱いおふろに入って、冷えた体をゆでた。
2 パスタは、たっぷりのお湯でゆでてください。
3 寒かったので、ストーブをつけて部屋をゆでた。
4 コーヒーが冷めてしまったので、ゆで直して飲んだ。

4 こぼす (13)
1 テーブルの上にジュースをこぼしてしまいました。
2 ゆうべ寝汗(ねあせ)をこぼしたので、パジャマがぐっしょりぬれています。
3 彼女は手がすべってグラスをテーブルの上にこぼしました。
4 このTシャツは洗濯したら色がこぼしてしまいました。

5 回収(かいしゅう) (10)
1 林(はやし)さんは子どものころから昆虫回収(こんちゅうかいしゅう)が趣味(しゅみ)だ。
2 リサイクルの第一歩(だいいっぽ)となるのが、空き缶(あきかん)の回収(かいしゅう)だ。
3 アルバイトの回収(かいしゅう)があったので、早速(さっそく)電話をした。
4 この観覧車(かんらんしゃ)は1回回収(かいしゅう)するのに約20分かかる。

답 1② 2③ 3② 4① 5②

콕콕 기출 문제 07 용법　　　　　　　　　　　　　　/ 10

問題5 つぎのことばの使い方として最もよいものを、一つえらびなさい。

1 募集 (16・12)
   1 私はウルトラマンのおもちゃを募集しています。
   2 家庭ごみは週に1度募集されます。
   3 使った食器はきれいに募集してあります。
   4 その工場は従業員を募集しています。

2 期限 (14)
   1 図書館から借りた本は返却期限を3日間過ぎている。
   2 掃除機の期限はたった4年から5年だそうだ。
   3 その飛行機は期限より3時間遅れて到着した。
   4 家のリフォームは思ったより期限がかかった。

3 進歩 (13)
   1 営業部に新入社員が進歩してきて、私はうれしい。
   2 体力が進歩して徹夜はひどくこたえるようになった。
   3 毎日一生懸命勉強したので、彼の成績は驚くほど進歩した。
   4 最近の科学技術の進歩についていくのはとても難しい。

4 翻訳 (12)
   1 その小説は20か国語に翻訳され、映画化もされた。
   2 長い文章を短くわかりやすい文章に翻訳するのは難しい。
   3 小林さんの退職については何の翻訳もなかった。
   4 私たちは新年を年越しそば、翻訳すると「新しい年へと運んでくれる麺」で祝う。

5 区切る (10)
   1 新しいロボットは、細かなものまで人間の指のように区切ることができる。
   2 このレストランはイタリア人のシェフが区切っている。
   3 1文ずつ区切って大きな声でゆっくり読んでください。
   4 運転していたら、突然シカが目の前を区切った。

답　1 ④　2 ①　3 ④　4 ①　5 ③

콕콕 기출 문제 08 용법   / 10

問題5 つぎのことばの使い方として最もよいものを、一つえらびなさい。

1 似合う (16)
1　人数が似合わないから今日の試合は延期だ。
2　私の上司は言うこととやることが似合わない。
3　私の考えはほかの人たちの考えと似合わない。
4　祖父は年齢に似合わずサーフィンが趣味だ。

2 縮小 (14)
1　その会社は海外事業の縮小または撤退を予定している。
2　政府は労働時間の縮小を推進している。
3　少子化・高齢化により労働人口の縮小は避けられない。
4　体重を減らすことで腰にかかる負担が縮小される。

3 早退 (13)
1　ストーリーがあまり面白くなかったので、映画館を早退した。
2　昨日は、急に気分が悪くなって学校を早退した。
3　その試合では3人の選手が早退を命じられた。
4　入院は1週間の予定だったが、5日で早退することができた。

4 行き先 (12)
1　私の郵便物をこの行き先に転送していただけますか。
2　山田さんの教育は子どもを間違った行き先へ導いている。
3　弟は、宿題を行き先で出してテニスをしに行った。
4　鈴木さんは、行き先も告げずに行ってしまった。

5 修理 (10)
1　午後2時までにこの作業を修理しなければならない。
2　卒業単位を早く修理して就職活動を始めたい。
3　フェンスのあなを早急に修理しなければ危険だ。
4　彼は新人研修の修理を待たずに、会社をやめた。

답　1 ④　2 ①　3 ②　4 ④　5 ③

콕콕 기출 문제 09 용법 / 10

問題5　つぎのことばの使い方として最もよいものを、一つえらびなさい。

1　消費 (16)
1　この冷蔵庫は電気を大量に消費している。
2　来週までにこの仕事を消費させなければならない。
3　不要なファイルは消費したほうがいいよ。
4　焼き魚は大根おろしといっしょに食べると消費によい。

2　制限 (14)
1　この川を守るにはボランティアの取り組みだけでは制限がある。
2　この論文を制限どおりに仕上げるために懸命に努力した。
3　健康のために食事を制限するように医者に言われている。
4　その生徒は制限に従わなかったので、罰を与えられた。

3　だるい (13)
1　だるいけど、きみの勝ちだ。
2　体がだるい、風邪をひいたのかな。
3　今にもだるそうな空だ。
4　そんなだるい話はやめよう。

4　植える (11)
1　何も植えないトーストは好きですか。
2　このあなはあぶないから植えてください。
3　公園の桜はたくさんのつぼみを植えています。
4　家の庭にはいろいろな花が植えてあります。

5　そっくり (10)
1　私たちはそっくりの学校に通っています。
2　そっくりのサイズで違う色のはありますか。
3　その姉妹の声はそっくりです。
4　その髪型がいちばんよくそっくりですね。

답　1① 2③ 3② 4④ 5③

콕콕 기출 문제 10 용법　　　　/ 10

問題5　つぎのことばの使い方として最もよいものを、一つえらびなさい。

1 空（から）(16・12)
1 彼女は昨年の優勝者に空で勝った。
2 とても忙しくてじっくり考える空もない。
3 私の物理の知識は空に等しい。
4 みな帰宅し、競技場は空になった。

2 たまる (14)
1 お寺の門だけが以前のままたまっています。
2 たまった人員はほかの部署に回されました。
3 つくえの上には書類がいつもたまっています。
4 彼女は悲しみを胸にたまっておきました。

3 にぎる (13)
1 部長はカラオケのマイクを一度にぎったら離さない。
2 学校では規則で学生をきびしくにぎっている。
3 引っ張っても首がにぎらないような首輪を犬につけた。
4 しっかり傷口を押さえて出血をにぎった。

4 受け入れる (11)
1 これよりも大きいサイズを受け入れてもらえますか。
2 これは汚れているので、きれいなものと受け入れてください。
3 チケットのお申し込みはインターネットで受け入れています。
4 会の維持のため、新入会員を積極的に受け入れています。

5 なだらか (10)
1 ずっとだまされてきたので、なだらかに人が信じられない。
2 ここから海まではなだらかな坂が続いています。
3 なだらかな顔をしていたが、内心はうろたえていた。
4 なだらかな生活を求め世俗を捨てて修行しています。

답　1④　2③　3①　4④　5②

콕콕 기출 문제 11 용법   / 10

問題5　つぎのことばの使い方として最もよいものを、一つえらびなさい。

1　引き受ける (17)
　1　宗教グループが周辺住民とのトラブルを引き受けている。
　2　安易な気持ちで連帯保証人を引き受けてはいけない。
　3　それは自分で自分を励ましている言葉のように引き受けた。
　4　その学校は帰国子女を引き受けているそうだ。

2　預ける (15)
　1　兄さんは私に新しい車を買うお金を預けてくれた。
　2　このホールは３００人しか預けることができない。
　3　彼のような男にそんな大金を預けないほうがいいよ。
　4　両国は地域の平和を預けるため最大限の努力をした。

3　伝わる (14)
　1　始球式で市長が投げたボールは、キャッチャーまで伝わらなかった。
　2　その会社はコスト削減のために東京郊外に伝わった。
　3　日本人観光客はどこでも伝わって行動すると言われる。
　4　インターネットのおかげで情報が速く伝わるようになった。

4　発生 (13)
　1　火災が発生したとき、だれもが建物から外へ飛び出した。
　2　あらゆる努力をしてみたが、よい結果は発生しなかった。
　3　電子工学の諸分野はこの１０年間でめざましい発生を遂げた。
　4　彼らはその発生をさらに進めて新しい製品を開発した。

5　断る (11)
　1　毎年行く海外旅行を断ったら、お金がたまるのにね。
　2　どんなに大変でも医師になるという夢は断らないでください。
　3　その監督は女優にプロポーズしたが、断られた。
　4　その少年は入学してわずか３か月で学校を断った。

답　1② 2③ 3④ 4① 5③

콕콕 기출 문제 12 용법   / 10

問題5　つぎのことばの使い方として最もよいものを、一つえらびなさい。

[1] 移動 (15)
1　妙なにおいが教室全体に移動しました。
2　つくえを移動するのを手伝ってください。
3　夏休みに両親の実家に移動しました。
4　あの野球選手は別の球団に移動するそうです。

[2] どなる (14)
1　子どもたちが毎朝大きな声で「おはようございます。」とどなる。
2　コメディアンが人気のギャグを言ったので、お客さんがみんなどなった。
3　夜になると、となりの犬がどなるのでうるさい。
4　電車の中でそんなにどならないでください。

[3] 身につける (13)
1　彼女は髪をセットしたあと、必ずヘアースプレーを身につけています。
2　中小企業は国際競争力を身につけないといけません。
3　政治に対して不信感を身につけている人は多いです。
4　クラス全員の顔と名前を身につけるのに2日かかりました。

[4] ころぶ (11)
1　疲れたらベッドでころんでください。
2　恩師の還暦祝いをホテルで開き、そのあとで銀座にころんだ。
3　強い風でたくさんの木がころんだ。
4　雪の上ですべってころびそうになった。

[5] まずしい (10)
1　朝から何も食べていないので、おなかがとてもまずしい。
2　彼はまずしい家に生まれたが、幸せです。
3　塩と砂糖を入れまちがえたので、このコーヒーはまずしい。
4　彼のレポートは内容がまずしいので、評価がよくなかった。

답　1②　2④　3②　4④　5②

콕콕 기출 문제 13 용법   / 10

問題5 つぎのことばの使い方として最もよいものを、一つえらびなさい。

1 親(した)しい (15)
1 仕事に親(した)しくなると、間違いも多くなってきます。
2 夫とは大学のサークル活動を通じて親(した)しくなりました。
3 このコートは、暖(あたた)かいしデザインもいいので、とても親(した)しいです。
4 親(した)しいことにその島には数種(すうしゅ)の絶滅(ぜつめつ)したとされていた動物がいました。

2 内容 (14)
1 彼の講義(こうぎ)の内容は私たちの興味からはまったくかけ離(はな)れていた。
2 使用説明書にこの薬の内容が表示されている。
3 余った食べ物はプラスチックの内容にしまっておいてください。
4 彼女の今日の服は、色の内容がとてもすてきだ。

3 暗記(あんき) (12)
1 彼はもう年なので、昔の暗記(あんき)も忘れてしまうことが多い。
2 彼女との出会いは、細かいことまで昨日のことのように暗記(あんき)している。
3 東海道線(とうかいどうせん)の駅名(えきめい)を全部暗記(あんき)している少年がいた。
4 よくわからないことは、先生に聞いてしっかり暗記(あんき)することが大事だ。

4 指示(しじ) (11)
1 私の指示(しじ)どおりにやれば、かならずうまくいきます。
2 彼女の音楽は若者から圧倒的(あっとうてき)に指示(しじ)されています。
3 地図の指示(しじ)どおりに進んだのに、道に迷いました。
4 かべに「ホール内飲食禁止(いんしょく)」の指示(しじ)がありました。

5 未来 (10)
1 鈴木(すずき)さんは未来何になりたいですか。
2 彼らの新手法(しんしゅほう)は未来の研究によい手本(てほん)を示してくれた。
3 ここでは未来を先取(さきど)りした先進的な研究が行われている。
4 父とは3年前に大げんかをして未来、会っていない。

답 1② 2① 3③ 4① 5③

콕콕 기출 문제 14 용법　　　　　　　　　　　　　　　　　　　　　/ 10

問題5　つぎのことばの使い方として最もよいものを、一つえらびなさい。

1 分類 (17)
1. それらは題目によって3つの種類に分類することができる。
2. 微生物にはさまざまな有機廃棄物を分類する力がある。
3. 父親の残した土地を息子3人がひとしく分類した。
4. リスはオーストラリアを除く世界各地に広く分類している。

2 締め切り (15)
1. この列車は次の駅が締め切りなので、そこから先に行くにはバスしかない。
2. 先月入院中の彼を見舞ったが、それが彼に会った締め切りとなった。
3. 山田さんの締め切りはA博士のような偉大な物理学者になることだった。
4. 明日がレポート提出の締め切りなので忘れないようにしてください。

3 発展 (14)
1. 生活水準を向上させるには経済の発展は不可欠である。
2. うちの娘は何をやっても発展が早い。
3. 10年以上かかった工事もやっと発展が近づいている。
4. 息子は発展するにつれて親に反抗するようになった。

4 正直 (11)
1. 行動を起こす前に状況を正直に把握してください。
2. いまテレビでやっているドラマは正直な話だ。
3. 結婚を断ってよかったというのが正直な気持ちだ。
4. 正確な情報がないと、正直な判断ができない。

5 ユーモア (10)
1. この薬品にはユーモアしたにおいがあります。
2. 森さんの小説はユーモアに富んでいます。
3. 友だちが貸してくれた本は、とてもユーモアだった。
4. 彼女は孝行息子をユーモアに思っています。

답　1① 2④ 3① 4③ 5②

② 용법 기출어휘 2009~2000년

2000~2009년까지의 일본어능력시험은 현재의 시험과 달리 1~4급의 4개 급수가 있었습니다. 이 중 N3 수준에 해당한다고 판단되는 것을 품사별로 정리하였습니다. 기출 어휘를 살펴보면 명사와 부사가 많고, 외래어와 기능어(문법)도 가끔 출제된다는 것을 알 수 있습니다.

명사

□ 感心(かんしん)	감탄	みんな彼の腕(うで)に感心(かんしん)した。	모두 그의 실력에 감탄했다.
□ 差別(さべつ)	차별	女性(じょせい)を差別(さべつ)してはならない。	여성을 차별해서는 안 된다.
□ 作法(さほう)	예의범절	祖母(そぼ)は作法(さほう)にきびしい。	할머니는 예의범절에 엄격하다.
□ 節約(せつやく)	절약	わたしの母はいつも節約(せつやく)を心(こころ)がけている。	우리 엄마는 항상 절약을 유의하고 있다.
□ 分解(ぶんかい)	분해	その子はラジオを分解(ぶんかい)してしまった。	그 아이는 라디오를 분해해 버렸다.
□ むかい	건너편, 맞은편	うちのむかいは山田(やまだ)さん宅(たく)です。	우리집 맞은편은 야마다 씨 댁입니다.
□ 行方(ゆくえ)	행방	警察(けいさつ)は彼の行方(ゆくえ)をさがしている。	경찰은 그의 행방을 찾고 있다.

동사

□ 支配(しはい)する	지배하다	彼女はすぐ感情(かんじょう)に支配(しはい)される。	그녀는 금방 감정에 지배당한다.

な형용사

□ あきらかだ	분명하다, 명백하다	君がまちがっていることはあきらかだ。	네가 틀린 것은 분명하다.
□ 正直(しょうじき)だ	정직하다, 솔직하다	彼はわたしに正直(しょうじき)に答(こた)えた。	그는 나에게 솔직하게 대답했다.

☐ 不安だ	불안하다	わたしは自分の将来について不安だ。 나는 자신의 미래에 대해서 불안하다.
☐ 夢中だ	열중하다, 정신이 없다	弟はテレビゲームに夢中だ。 남동생은 텔레비전 게임에 정신이 없다.
☐ 楽だ	편안하다, 용이하다	こちらに楽な姿勢でこしかけてください。 이쪽에 편안한 자세로 앉으세요.

부사

☐ いちいち	일일이	ささいなことはいちいち説明しなくてもいい。 사소한 것은 일일이 설명하지 않아도 된다.
☐ 実に	실로, 참으로, 아주	あなたの話は実におもしろい。 당신의 이야기는 참으로 재미있다.
☐ 少しも	조금도	彼女は少しも驚きませんでした。 그녀는 조금도 놀라지 않았습니다.
☐ せめて	적어도	せめてメールぐらいたまにくださいね。 적어도 메일 정도는 이따금 주세요.
☐ たしか	아마	彼女が来たのはたしか先週の火曜日です。 그녀가 온 것은 아마 지난주 화요일입니다.
☐ どっと	우르르, 갑자기	たまっていた疲れがどっと出てきた。 쌓여 있던 피로가 갑자기 몰려 왔다.

외래어

☐ ドライブ	드라이브	午後ちょっとドライブするつもりです。 오후에 잠깐 드라이브 할 생각입니다.
☐ ユーモア	유머	彼はいつもユーモアたっぷりだ。 그는 항상 유머가 넘친다.

기타

- [ ] **あるいは**   혹은, 또는

  君か**あるいは**彼女のどちらかが行かねばならない。
  자네나 또는 그녀 어느 쪽인가가 가지 않으면 안 된다.

- [ ] **それとも**   그렇지 않으면

  今日うかがいましょうか、**それとも**明日にしましょうか。
  오늘 찾아뵐까요 그렇지 않으면 내일로 할까요?

- [ ] **たとえ〜ても**   비록 ~해도

  たとえ雨が降っ**ても**わたしは行くつもりです。
  비록 비가 내려도 나는 갈 생각입니다.

- [ ] **〜だらけ**   ~투성이

  この本は間違い**だらけ**だ。
  이 책은 오류 투성이다.

콕콕 기출 문제 15 용법   /5

問題5 つぎのことばの使い方として最もよいものを、一つえらびなさい。

1 たしか (09)
1 ９時３５分の列車に間に合うかどうか、たしかをしてください。
2 引き受けた結婚式の司会は、たしかがんばりたい。
3 山田さんと初めて会ったのは、たしか３年前のことだった。
4 人から聞いた話なので、たしかはわかりません。

2 節約 (09)
1 母に「うるさい」と言われたので、テレビの音を節約した。
2 住所はアパート名も節約せずお書きください。
3 家を買うために、毎月１０万円ずつ銀行に節約している。
4 時間の節約のために飛行機を使う。

3 不安 (04)
1 結果がどうなるかとたえず不安であった。
2 親を不安させないように、病気のことは言わないでおこう。
3 一人で会場まで行けるか不安の人は手をあげてください。
4 人々は避難先で不安した一夜を送った。

4 たとえ (07)
1 たとえ春になったのに、まださむい。
2 たとえ病気がなおったら、みんなと旅行に行きたい。
3 たとえ彼が頼んできても引き受けるつもりはない。
4 たとえ彼が参席するなら、明日のパーティーは楽しいものになるだろう。

5 ユーモア (06)
1 鈴木さんは授業中よくユーモアをして、先生におこられている。
2 山田さんはユーモアのある人で、いっしょにいると楽しい。
3 中谷さんはまだ若いが、仕事に対してユーモアを持っていない。
4 田中さんはいつもユーモアばかり言っていて、感じが悪い。

답 1③ 2④ 3① 4③ 5②

콕콕 기출 문제 16 용법　　　　　　　　　　　　　　　　　　　　　　/ 5

問題5　つぎのことばの使い方として最もよいものを、一つえらびなさい。

1 分解 (09)
1　すいかを買ってきたから、みんなで分解して食べましょう。
2　ラジオを分解して、音がでなくなった原因をしらべてみた。
3　商品は色によって分解してならべてあります。
4　それは東部から南部にかけて広く分解している。

2 ドライブ (09)
1　オートバイをドライブするには、特別な免許が必要です。
2　家族と田舎をドライブするのが、休日の楽しみです。
3　子どものころ、飛行機をドライブするのが夢でした。
4　雨が降っていたので、学校まで娘をドライブしてやった。

3 あきらか (00)
1　彼は大学に合格して、最近あきらかな顔をしている。
2　彼が言ったことが、うそであるのはあきらかだ。
3　字がうすくてよく見えないのであきらかに書いてください。
4　わたしの質問に自信を持ってあきらかに答えてください。

4 いちいち (03)
1　たなの上には、思い出の人形がいちいち並んでいる。
2　山田さん、いちいち親切にしてくれてありがとう。
3　小さいことまでいちいち小言を言う。
4　すみません、この３つ、いちいち包んでいただけますか。

5 あるいは (04)
1　この書類をファイルあるいはどうしましょうか。
2　わたしは夏休みに温泉あるいは山に行きました。
3　この寺は古い、あるいは有名な寺です。
4　質問にはイエスあるいはノーで答えてください。

답　1② 2② 3② 4③ 5④

콕콕 기출 문제 17 용법   /5

問題 5 つぎのことばの使い方として最もよいものを、一つえらびなさい。

1 差別 (05)
1 その会社は人をやとうとき外国人を差別しない。
2 そのりんごをよいのと悪いのに差別してください。
3 さきに来た人から5人ずつ差別してすわってもらった。
4 彼は、「しろ」と「ひろ」の音をきれいに差別して発音できる。

2 楽 (06)
1 きのうは、ひさしぶりにおめにかかれて本当に楽でした。
2 だれもが、楽なくらしをのぞんでいます。
3 どうぞ楽にいらっしゃってくださいね。お待ちしています。
4 楽そうにあそぶ子どもたちの声が聞こえてくる。

3 実に (05)
1 申しわけありません。実にわたしがやったんです。
2 実に言いますと、このダイヤは本物ではありません。
3 実にこの目で見たんですが、間違いありません。
4 この映画は実におもしろかった。

4 感心 (08)
1 わたしは感心して彼の報告に耳をかたむけた。
2 あの人の上手なフランス語を感心した。
3 子どもたちのすばらしいダンスに感心になった。
4 りっぱなお宅を感心になった。

5 それとも (04)
1 未成年者は父親、それとも母親の許可が必要です。
2 あすうかがいます。それともあさってになるかもしれません。
3 はこの中身はハンカチそれともスカーフでしょう。
4 電車で行きますか、それともバスにしますか。

답 1① 2② 3④ 4① 5④

콕콕 기출 문제 18 용법 /5

問題 5 つぎのことばの使い方として最もよいものを、一つえらびなさい。

[1] 少しも (06)
1 郵便局まではここからだと少しもありますよ。
2 少しも単語の意味ぐらい自分で調べなさい。
3 興奮していたせいか少しも寒さを感じなかった。
4 あなたも少しも運動したほうがいいですよ。

[2] 夢中 (02)
1 彼は新しいアイデアに夢中しています。
2 彼は仕事に夢中でした。
3 いま日本でわかい人の間で何が夢中ですか。
4 わたしはそのとき、夢中になやんでいました。

[3] 作法 (02)
1 新しいコンピューターの作法がわからない。
2 おいしい料理の作法を習いたい。
3 先生のおばあさんは作法にきびしいそうだ。
4 中国語を教える作法を勉強している。

[4] どっと (09)
1 それは割れ物だから、どっとあつかってください。
2 きのうからどっと待っているのだが、まだ返事が来ない。
3 医者が来るまで、動かないでどっとしていなさい。
4 家に着いたとたん旅の疲れがどっと出た。

[5] だらけ (03)
1 むすこは部屋を散らかしだらけだ。
2 むすこの部屋はきたないだらけだ。
3 むすこの部屋は不便だらけだ。
4 むすこの部屋はゴミだらけだ。

답 1③ 2② 3③ 4④ 5④

콕콕 기출 문제 19 용법 /5

問題5 つぎのことばの使い方として最もよいものを、一つえらびなさい。

1 むかい (01)
1. 海のむかいに飛行機が見えます。
2. この部屋は南むかいなのであたたかいです。
3. 帰国したとき、むかいで山田さんに会いました。
4. 山田さんの家はうちのむかいです。

2 支配する (06)
1. ローマ人はヨーロッパの大半を支配した。
2. 彼は通行人にパンフレットを支配していた。
3. 太いコンクリートの柱が屋根を支配している。
4. わたしたちは彼らと支配してこの仕事を完成させた。

3 せめて (02)
1. １００点がとれなくても、せめて８０点はとりたい。
2. この前のテストは、せめて４０点でした。
3. いくらがんばっても、せめて５０点しかとれないだろう。
4. いっしょうけんめいがんばったので、せめて６０点とれた。

4 正直 (09)
1. 彼は正直に私に本当のことを話した。
2. あのかどをまがって、１０分ほど正直に行ってください。
3. この問題はむずかしいから、正直な答えがわからない。
4. スーパーではなく、農家から正直に野菜を買いたい。

5 行方 (04)
1. 台風は、行方を東に変えた。
2. 国会図書館への行方をご存じですか。
3. 彼らは犯人の行方を追っている。
4. 今度の旅行、行方をどこにしようかまよっている。

답 1④ 2① 3① 4① 5③

Part II

문자·어휘
예상편

출제 예상 문자·어휘

1. 명사
2. 동사
3. 복합동사
4. い형용사
5. な형용사
6. 부사
7. 외래어
8. 파생어
9. 유의어
10. 접속사
11. 관용구
12. 기타

① 출제 예상 명사

「不安(불안)」과 같은 단어는 「不安をいだく(불안해지다)」와 같이 명사의 역할과 「不安な地位(불안한 지위)」와 같이 な형용사의 역할을 합니다. 이런 단어는 가급적 양쪽에 실었습니다.

あ

- □ 愛情 (あいじょう) 애정
- □ 合図 (あいず) 신호 N3읽기
- □ 愛着 (あいちゃく) 애착 N1문규
- □ 相手 (あいて) 상대 N3읽기·표기
- □ 愛読 (あいどく) 애독
- □ 合間 (あいま) 틈, 짬
- □ 青信号 (あおしんごう) 청신호
- □ 赤信号 (あかしんごう) 적신호
- □ 赤ちゃん (あか) 아기
- □ 明かり (あ) 빛, 등불
- □ 赤ん坊 (あかんぼう) 아기
- □ 空き (あ) 빈자리, 결원
- □ 悪意 (あくい) 악의
- □ 悪条件 (あくじょうけん) 악조건
- □ 悪友 (あくゆう) 악우, 나쁜 친구
- □ あご 턱
- □ あこがれ 동경
- □ 朝日 (あさひ) 아침 해, 아침 햇살
- □ 足 (あし) 발, 다리
- □ 足音 (あしおと) 발소리
- □ 足場 (あしば) 발 디딜 곳, 토대, 기반
- □ 足元 (あしもと) 발밑
- □ 汗 (あせ) 땀 N3읽기
- □ 当たり (あ) 맞음, 명중
- □ 辺り (あた) 근처, 부근
- □ あちこち 이곳저곳 N3유의
- □ あちらこちら 여기저기
- □ あて先 (さき) 수신인
- □ 後 (あと) 나중 N3유의
- □ 穴 (あな) 구멍 N3문규
- □ 油 (あぶら) 기름 N3유의
- □ 網 (あみ) 그물, 망
- □ あらし 폭풍
- □ 泡 (あわ) 거품 N3문규
- □ 案 (あん) 안 N3유의
- □ 暗記 (あんき) 암기 N3유의·용법
- □ 暗証番号 (あんしょうばんごう) 비밀번호
- □ 安心 (あんしん) 안심
- □ 安全 (あんぜん) 안전
- □ 安定 (あんてい) 안정 N3표기
- □ 案内 (あんない) 안내 N3표기
- □ 意 (い) 뜻
- □ 胃 (い) 위 N3표기
- □ 息 (いき) 숨, 입김 N3읽기
- □ 池 (いけ) 연못
- □ 意見 (いけん) 의견
- □ 以降 (いこう) 이후 N3읽기
- □ 意志 (いし) 의지, 의사 N3문규
- □ 意思 (いし) 의사, 의지
- □ 医師 (いし) 의사
- □ 意識 (いしき) 의식
- □ 以上 (いじょう) 이상
- □ 異常 (いじょう) 이상
- □ 泉 (いずみ) 샘, 샘물 N3표기
- □ 痛み (いた) 아픔
- □ 傷み (いた) (과일 등이) 상함
- □ 位置 (いち) 위치 N3표기·유의

☐ 一部（いちぶ） 일부, 일부분	☐ 一部分（いちぶぶん） 일부분	☐ 一面（いちめん） 일면, 한쪽 면
☐ 一流（いちりゅう） 일류	☐ 一切（いっさい） 일체, 전부	☐ 一緒（いっしょ） 함께 함, 같이 함
☐ 一生（いっしょう） 일생	☐ 一石二鳥（いっせきにちょう） 일석이조	☐ 一帯（いったい） 일대
☐ 一杯（いっぱい） 가득 참 N3표기	☐ 一方（いっぽう） 한편, 한쪽	☐ 移転（いてん） 이전 N3읽기
☐ 移動（いどう） 이동 N3표기·용법	☐ いとこ 사촌	☐ 以内（いない） 이내 N3읽기
☐ 居眠り（いねむり） 앉아 졺, 말뚝잠	☐ 命（いのち） 목숨	☐ 違反（いはん） 위반
☐ 衣服（いふく） 의복, 옷	☐ 居間（いま） 거실	☐ 意味（いみ） 의미, 뜻
☐ 芋（いも） 감자, 고구마 등의 총칭	☐ 以来（いらい） 이후	☐ 入り口（いぐち） 입구 N3표기
☐ 入れ物（いれもの） 용기, 그릇	☐ 岩（いわ） 바위 N3읽기·표기	☐ 印刷（いんさつ） 인쇄
☐ 飲酒（いんしゅ） 음주 N3읽기	☐ 印象（いんしょう） 인상 N3문규	☐ 受付（うけつけ） 접수(처) N3문규
☐ 受け取り（うけとり） 수취함, 받음	☐ 動き（うごき） 움직임	☐ うそ 거짓말
☐ 歌（うた） 노래	☐ 打ち合わせ（うちあわせ） 협의, 미리 상의함	☐ 内側（うちがわ） 안쪽, 내면 N3표기
☐ 宇宙（うちゅう） 우주 N3읽기·표기	☐ 器（うつわ） 그릇, 용기	☐ 腕（うで） 팔
☐ 裏（うら） 뒤, 뒤쪽	☐ 裏表（うらおもて） 안과 겉, 표리	☐ 裏側（うらがわ） 뒤쪽, 이면
☐ 裏面（うらめん） 뒷면	☐ 売上（うりあげ） 매상	☐ 売り切れ（うりきれ） 품절 N3유의
☐ 雨量（うりょう） 우량, 강수량 N3읽기	☐ 上着（うわぎ） 상의	☐ うわさ 소문 N3문규
☐ 運休（うんきゅう） 운휴	☐ 運行（うんこう） 운행	☐ 運賃（うんちん） 운임
☐ 運動（うんどう） 운동	☐ 運転（うんてん） 운전	☐ 運命（うんめい） 운명
☐ 永遠（えいえん） 영원 N3표기	☐ 映画（えいが） 영화	☐ 永久（えいきゅう） 영구 N3표기
☐ 影響（えいきょう） 영향 N3문규	☐ 営業（えいぎょう） 영업 N3문규	☐ 栄養（えいよう） 영양 N3문규
☐ 栄養失調（えいようしっちょう） 영양 실조	☐ 笑顔（えがお） 웃는 얼굴 N3읽기	☐ 液体（えきたい） 액체
☐ 枝（えだ） 가지	☐ 絵の具（えのぐ） 그림물감 N3표기	☐ 延期（えんき） 연기 N3유의
☐ 演説（えんぜつ） 연설	☐ 演奏（えんそう） 연주 N3문규	☐ 遠足（えんそく） 소풍
☐ 円高（えんだか） 엔고	☐ 延長（えんちょう） 연장	☐ 円安（えんやす） 엔저
☐ 遠慮（えんりょ） 사양, 사절, 겸손	☐ お祝い（おいわい） 축하 N3표기·문규	☐ 応援（おうえん） 응원 N3문규
☐ 応対（おうたい） 응대 N3읽기	☐ 横断（おうだん） 횡단 N3읽기·유의	☐ 応答（おうとう） 응답

☐ 往復(おうふく) 왕복	☐ 応募(おうぼ) 응모 N3읽기·문규	☐ 応用(おうよう) 응용 N3읽기
☐ 大型(おおがた) 대형	☐ 大きさ(おお) 크기 N3유의	☐ お菓子(かし) 과자 N3읽기·표기
☐ おしまい 끝 N3유의	☐ 奥(おく) 깊숙한 곳, 속	☐ 屋外(おくがい) 옥외
☐ 屋内(おくない) 옥내, 실내	☐ 贈り物(おくもの) 선물	☐ 汚染(おせん) 오염
☐ 落ち葉(おちば) 낙엽	☐ 夫(おっと) 남편	☐ 踊り(おど) 춤, 무용
☐ お弁当(べんとう) 도시락	☐ お礼(れい) 사례(의 말), 사례의 선물	☐ 親(おや) 부모
☐ お湯(ゆ) 끓인 물 N3표기	☐ 終わり(お) 끝 N3유의	☐ 温泉(おんせん) 온천 N3표기

か

☐ 貝(かい) 조개	☐ 会員(かいいん) 회원	☐ 海外(かいがい) 해외
☐ 開館(かいかん) 개관	☐ 会議(かいぎ) 회의	☐ 解決(かいけつ) 해결 N3표기·문규
☐ 会合(かいごう) 회합	☐ 改札(かいさつ) 개찰 N3읽기	☐ 解散(かいさん) 해산
☐ 海産物(かいさんぶつ) 해산물	☐ 開始(かいし) 개시	☐ 会社員(かいしゃいん) 회사원
☐ 回収(かいしゅう) 회수 N3유의·용법	☐ 外出(がいしゅつ) 외출	☐ 会場(かいじょう) 회장
☐ 外食(がいしょく) 외식 N3문규	☐ 海水浴(かいすいよく) 해수욕	☐ 解説(かいせつ) 해설
☐ 改善(かいぜん) 개선	☐ 階層(かいそう) 계층	☐ 会談(かいだん) 회담 N3읽기
☐ 開店(かいてん) 개점, 개업	☐ 回答(かいとう) 회답	☐ 解答(かいとう) 해답
☐ 開発(かいはつ) 개발	☐ 会費(かいひ) 회비	☐ 回復(かいふく) 회복
☐ 買い物(かもの) 쇼핑	☐ 会話(かいわ) 회화, 대화	☐ 香り(かお) 향기 N3문규
☐ 価格(かかく) 가격 N3읽기	☐ 科学(かがく) 과학	☐ 化学(かがく) 화학
☐ 係・係り(かか) 담당, 계, 계원	☐ 係員(かかりいん) 계원, 담당자 N3읽기	☐ かかわり 관계, 상관
☐ 夏季(かき) 하계	☐ 限り(かぎ) 끝, 한계, 뿐, 까지 N3표기	☐ 家具(かぐ) 가구
☐ 学位(がくい) 학위	☐ 各自(かくじ) 각자	☐ 各社(かくしゃ) 각사
☐ 学者(がくしゃ) 학자	☐ 学習(がくしゅう) 학습	☐ 各地(かくち) 각지 N3읽기
☐ 角度(かくど) 각도	☐ 確認(かくにん) 확인 N3문규·유의	☐ 格安(かくやす) (품질에 비해서) 값이 쌈
☐ 学歴(がくれき) 학력 N3표기	☐ 影(かげ) 그림자	☐ 陰(かげ) 그늘

☐ 可_か決_{けつ} 가결	☐ 加_か減_{げん} 가감	☐ 過_か去_こ 과거 N3읽기
☐ 火_か山_{ざん} 화산	☐ 歌_か詞_し 가사	☐ 貸_かし出_だし 대출
☐ 貸_{かし}家_や 셋집	☐ 箇_か所_{しょ} 개소, 장소, 군데	☐ 下_か線_{せん} 밑줄 N3읽기
☐ 加_か速_{そく} 가속	☐ 肩_{かた} 어깨 N3읽기	☐ 片_{かた}付_づけ 정리, 정돈
☐ 片_{かた}方_{ほう} 한쪽, 한 짝 N3문규	☐ 形_{かた}見_み 유품, 유물	☐ 片_{かた}道_{みち} 편도
☐ 勝_かち 이김, 승리	☐ 活_{かっ}気_き 활기	☐ 楽_{がっ}器_き 악기 N3표기
☐ 学_{がっ}期_き 학기	☐ 格_{かっ}好_{こう} 모습, 모양	☐ 各_{かっ}国_{こく} 각국 N3읽기
☐ 合_{がっ}宿_{しゅく} 합숙	☐ 活_{かつ}動_{どう} 활동 N3용법	☐ 活_{かつ}躍_{やく} 활약
☐ 家_か庭_{てい} 가정 N3읽기	☐ 仮_か定_{てい} 가정 N3읽기·표기	☐ 角_{かど} 모퉁이 N3읽기
☐ 家_か内_{ない} 아내	☐ 加_か入_{にゅう} 가입	☐ 可_か能_{のう} 가능 N3읽기
☐ 可_か能_{のう}性_{せい} 가능성 N3읽기	☐ 花_か瓶_{びん} 화병	☐ 壁_{かべ} 벽
☐ 我_が慢_{まん} 참음, 자제 N3문규	☐ 神_{かみ} 신 N3표기	☐ 紙_{かみ} 종이
☐ 髪_{かみ} 머리카락	☐ 髪_{かみ}型_{がた} 머리 모양	☐ 科_か目_{もく} 과목
☐ 火_か(曜_{よう}) 화(요일)	☐ 空_{から} 속이 빔 N3문규·용법	☐ 川_{かわ} 강
☐ 皮_{かわ} 가죽, 껍질	☐ 考_{かんが}え 생각	☐ 感_{かん}覚_{かく} 감각
☐ 間_{かん}隔_{かく} 간격 N3문규	☐ 観_{かん}客_{きゃく} 관객 N3읽기·표기	☐ 環_{かん}境_{きょう} 환경
☐ 関_{かん}係_{けい} 관계 N3표기	☐ 歓_{かん}迎_{げい} 환영	☐ 歓_{かん}迎_{げい}会_{かい} 환영회
☐ 観_{かん}光_{こう} 관광 N3표기	☐ 観_{かん}察_{さつ} 관찰 N3문규	☐ 感_{かん}じ 느낌 N3문규
☐ 感_{かん}謝_{しゃ} 감사	☐ 患_{かん}者_{じゃ} 환자	☐ 慣_{かん}習_{しゅう} 관습
☐ 感_{かん}情_{じょう} 감정	☐ 勘_{かん}定_{じょう} 계산	☐ 感_{かん}心_{しん} 감탄 N3용법
☐ 関_{かん}心_{しん} 관심 N3표기	☐ 完_{かん}成_{せい} 완성 N3읽기	☐ 感_{かん}想_{そう} 감상
☐ 完_{かん}走_{そう} 완주	☐ 官_{かん}庁_{ちょう} 관청	☐ 感_{かん}動_{どう} 감동 N3문규
☐ 館_{かん}内_{ない} 관내	☐ 観_{かん}念_{ねん} 관념	☐ 管_{かん}理_り 관리 N3표기
☐ 記_き憶_{おく} 기억	☐ 気_き温_{おん} 기온 N3 표기	☐ 機_き会_{かい} 기회 N3표기·유의
☐ 機_き械_{かい} 기계	☐ 着_き替_がえ 옷을 갈아입음	☐ 企_き画_{かく} 기획
☐ 期_き間_{かん} 기간	☐ 機_き関_{かん} 기관	☐ 企_き業_{ぎょう} 기업

☐ 期限(きげん) 기한 N3용법	☐ 帰国(きこく) 귀국	☐ 記事(きじ) 기사
☐ 貴社(きしゃ) 귀사	☐ 基準(きじゅん) 기준	☐ 傷(きず) 상처 N3문규
☐ 傷口(きずぐち) 상처	☐ 季節(きせつ) 계절	☐ 季節外れ(きせつはずれ) 계절에 걸맞지 않음
☐ 基礎(きそ) 기초	☐ 規則(きそく) 규칙 N3표기·유의	☐ 期待(きたい) 기대 N3표기·문규
☐ 気体(きたい) 기체	☐ 帰宅(きたく) 귀가 N3읽기·표기	☐ 貴重品(きちょうひん) 귀중품
☐ 喫煙(きつえん) 흡연, 끽연	☐ きっかけ 계기 N3문규·유의	☐ 記入(きにゅう) 기입 N3문규
☐ 記念(きねん) 기념 N3문규	☐ 機能(きのう) 기능 N3표기	☐ 希望(きぼう) 희망 N3문규
☐ 基本(きほん) 기본	☐ 期末(きまつ) 기말	☐ 決まり(きまり) 규칙, 결정 N3유의
☐ 疑問(ぎもん) 의문 N3읽기	☐ 客(きゃく) 손님 N3읽기	☐ 逆(ぎゃく) 반대, 역 N3유의
☐ 救急(きゅうきゅう) 구급	☐ 休業(きゅうぎょう) 휴업	☐ 球根(きゅうこん) 구근, 알뿌리
☐ 休日(きゅうじつ) 휴일	☐ 急所(きゅうしょ) 급소	☐ 急増(きゅうぞう) 급증
☐ 急速(きゅうそく) 급속	☐ 休息(きゅうそく) 휴식 N3읽기	☐ 休養(きゅうよう) 휴양
☐ 給料(きゅうりょう) 급료, 월급	☐ 教育(きょういく) 교육 N3표기	☐ 教科(きょうか) 교과
☐ 競技(きょうぎ) 경기	☐ 教師(きょうし) 교사	☐ 教室(きょうしつ) 교실
☐ 業績(ぎょうせき) 업적	☐ 強調(きょうちょう) 강조	☐ 共通(きょうつう) 공통 N3읽기·문규
☐ 共同(きょうどう) 공동 N3표기	☐ 興味(きょうみ) 흥미 N3문규	☐ 業務(ぎょうむ) 업무
☐ 共有(きょうゆう) 공유	☐ 郷里(きょうり) 고향	☐ 協力(きょうりょく) 협력 N3읽기
☐ 許可(きょか) 허가 N3표기	☐ 曲(きょく) 곡	☐ 局(きょく) 국
☐ 曲線(きょくせん) 곡선 N3표기	☐ 曲名(きょくめい) 곡명	☐ 去年(きょねん) 작년
☐ 距離(きょり) 거리	☐ 記録(きろく) 기록 N3표기	☐ 議論(ぎろん) 의논, 논의
☐ 均一(きんいつ) 균일	☐ 禁煙(きんえん) 금연	☐ 緊急(きんきゅう) 긴급
☐ 金庫(きんこ) 금고	☐ 禁止(きんし) 금지 N3유의	☐ 緊張(きんちょう) 긴장 N3용법
☐ 金融(きんゆう) 금융	☐ 金(曜)(きん(よう)) 금(요일)	☐ 空間(くうかん) 공간
☐ 空気(くうき) 공기	☐ 空港(くうこう) 공항 N3읽기	☐ 空席(くうせき) 공석 N3읽기
☐ くぎ 못	☐ 草(くさ) 풀 N3읽기	☐ 苦情(くじょう) 불평, 불만
☐ 薬(くすり) 약 N3표기	☐ くせ 버릇, 습관 N3문규	☐ 具体(ぐたい) 구체 N3표기

☐ 具体化(ぐたいか) 구체화 N3표기	☐ 口ぐせ(くち) 입버릇	☐ 靴(くつ) 신발, 구두
☐ 苦痛(くつう) 고통	☐ 靴下(くつした) 양말	☐ 首(くび) 목 N3표기
☐ 工夫(くふう) 궁리, 고안 N3표기	☐ 区別(くべつ) 구별	☐ 組(くみ) 조, 반
☐ 組合(くみあい) 조합	☐ 組長(くみちょう) 조장, 반장	☐ 組分け(くみわ) 몇 개로 나눔
☐ 雲(くも) 구름 N3읽기	☐ 苦労(くろう) 고생 N3읽기·문규	☐ 訓練(くんれん) 훈련 N3읽기
☐ 経営(けいえい) 경영 N3읽기·표기	☐ 経営学(けいえいがく) 경영학 N3읽기·표기	☐ 経過(けいか) 경과
☐ 警官(けいかん) 경찰관	☐ 景気(けいき) 경기 N3표기	☐ 契機(けいき) 계기 N3문규·유의
☐ 経験(けいけん) 경험	☐ 傾向(けいこう) 경향	☐ 経済(けいざい) 경제
☐ 警察(けいさつ) 경찰	☐ 計算(けいさん) 계산 N3표기	☐ 掲示(けいじ) 게시
☐ 形式(けいしき) 형식 N3표기	☐ 掲示板(けいじばん) 게시판	☐ 芸術(げいじゅつ) 예술
☐ 携帯(けいたい) 휴대	☐ 携帯電話(けいたいでんわ) 휴대전화	☐ 芸能(げいのう) 예능 N3읽기
☐ 経費(けいひ) 경비	☐ 契約(けいやく) 계약	☐ 経由(けいゆ) 경유 N3표기·용법
☐ 怪我(けが) 부상	☐ 外科(げか) 외과 N3읽기	☐ 劇場(げきじょう) 극장
☐ 今朝(けさ) 오늘 아침 N3표기	☐ 景色(けしき) 경치 N3표기	☐ 下車(げしゃ) 하차
☐ 下宿(げしゅく) 하숙	☐ 血圧(けつあつ) 혈압	☐ 血液(けつえき) 혈액 N3읽기·표기
☐ 結果(けっか) 결과	☐ 血管(けっかん) 혈관	☐ 月刊(げっかん) 월간
☐ 月刊誌(げっかんし) 월간지	☐ 決議(けつぎ) 결의	☐ 月給(げっきゅう) 월급
☐ 結局(けっきょく) 결국 N3문규	☐ 結婚(けっこん) 결혼	☐ 決心(けっしん) 결심
☐ 欠席(けっせき) 결석 N3표기	☐ 決断(けつだん) 결단	☐ 決定(けってい) 결정
☐ 欠点(けってん) 결점 N3읽기·표기·유의	☐ 月末(げつまつ) 월말	☐ 月(曜)(げつよう) 월(요일)
☐ 結論(けつろん) 결론 N3문규	☐ 気配(けはい) 기색, 낌새	☐ 煙(けむり) 연기
☐ 件(けん) 건 N3읽기	☐ 県(けん) 현	☐ 券(けん) 권, 표 N3표기
☐ 原因(げんいん) 원인 N3읽기·표기	☐ 原液(げんえき) 원액	☐ 現役(げんえき) 현역
☐ 原価(げんか) 원가	☐ 限界(げんかい) 한계 N3문규	☐ 見学(けんがく) 견학
☐ 現金(げんきん) 현금	☐ 健康(けんこう) 건강 N3읽기·표기	☐ 検査(けんさ) 검사 N3읽기·문규
☐ 現在(げんざい) 현재 N3표기	☐ 減少(げんしょう) 감소 N3표기	☐ 現象(げんしょう) 현상

☐ 現職(げんしょく) 현직	☐ 建設(けんせつ) 건설 N3용법	☐ 現代(げんだい) 현대
☐ 県庁(けんちょう) 현청 N3표기	☐ 限定(げんてい) 한정 N3읽기	☐ 検討(けんとう) 검토
☐ 現場(げんば) 현장	☐ 件名(けんめい) 건명	☐ 原料(げんりょう) 원료 N3표기
☐ ごい 어휘	☐ 子犬(こいぬ) 강아지	☐ 恋人(こいびと) 연인, 애인
☐ 好意(こうい) 호의	☐ 幸運(こううん) 행운 N3표기	☐ 公園(こうえん) 공원 N3표기
☐ 講演(こうえん) 강연	☐ 後援(こうえん) 후원	☐ 高価(こうか) 고가
☐ 効果(こうか) 효과 N3용법	☐ 公開(こうかい) 공개	☐ 合格(ごうかく) 합격
☐ 交換(こうかん) 교환 N3문규	☐ 公共(こうきょう) 공공	☐ 高級品(こうきゅうひん) 고급품
☐ 光景(こうけい) 광경	☐ 合計(ごうけい) 합계 N3문규	☐ 広告(こうこく) 광고 N3읽기
☐ 交際(こうさい) 교제	☐ 交差点(こうさてん) 교차로 N3읽기	☐ 講師(こうし) 강사
☐ 工事(こうじ) 공사	☐ 公式(こうしき) 공식	☐ 工場(こうじょう) 공장 N3표기
☐ 公正(こうせい) 공정	☐ 構造(こうぞう) 구조	☐ 交代(こうたい) 교대, 교체
☐ 交替(こうたい) 교체	☐ 交通(こうつう) 교통 N3표기	☐ 肯定(こうてい) 긍정
☐ 行動(こうどう) 행동	☐ 購読(こうどく) 구독	☐ 購入(こうにゅう) 구입
☐ 後輩(こうはい) 후배	☐ 幸福(こうふく) 행복	☐ 後方(こうほう) 후방
☐ 公務(こうむ) 공무	☐ 声(こえ) 목소리 N3읽기	☐ 氷(こおり) 얼음 N3읽기
☐ 小型(こがた) 소형	☐ 呼吸(こきゅう) 호흡 N3읽기	☐ 故郷(こきょう) 고향
☐ 国際(こくさい) 국제 N3표기	☐ 克服(こくふく) 극복	☐ 国民(こくみん) 국민
☐ 腰(こし) 허리	☐ 腰掛け(こしかけ) 걸상, 의자	☐ 故障(こしょう) 고장
☐ 個人(こじん) 개인 N3읽기·표기	☐ 固体(こたい) 고체	☐ ごちそう 대접
☐ 国家(こっか) 국가	☐ 国会(こっかい) 국회	☐ 小遣い(こづかい) 용돈
☐ 骨折(こっせつ) 골절 N3표기	☐ 小包(こづつみ) 소포 N3읽기	☐ 言葉(ことば) 말
☐ 粉(こな) 가루, 밀가루	☐ このごろ 요즘 N3유의	☐ 木の葉(このは) 나뭇잎
☐ この前(まえ) 요전에, 이전	☐ 好み(このみ) 좋아함, 기호	☐ 個別(こべつ) 개별
☐ ゴミ箱(ばこ) 쓰레기통	☐ 小麦(こむぎ) 밀 N3표기	☐ 小麦粉(こむぎこ) 밀가루
☐ 米(こめ) 쌀	☐ ご免(めん) 미안함, 용서함	☐ ご覧(らん) 보심

- □ 今回(こんかい) 이번
- □ 混雑(こんざつ) 혼잡 N3유의
- □ 今度(こんど) 이번, 이 다음
- □ 困難(こんなん) 곤란
- □ 根本(こんぽん) 근본
- □ 今夜(こんや) 오늘밤

さ

- □ 差(さ) 차, 차이 N3문규
- □ 際(さい) 때 N3읽기·표기
- □ 再開(さいかい) 재개
- □ 再会(さいかい) 재회
- □ 最近(さいきん) 최근 N3유의
- □ 在庫(ざいこ) 재고
- □ 最高(さいこう) 최고 N3표기
- □ 財産(ざいさん) 재산
- □ 最終(さいしゅう) 최종
- □ 最初(さいしょ) 최초
- □ 最新(さいしん) 최신 N3문규
- □ 財政(ざいせい) 재정
- □ 最多(さいた) 최다
- □ 最大(さいだい) 최대 N3읽기
- □ 最中(さいちゅう) 한창 ~임
- □ 最低(さいてい) 최저 N3표기
- □ 才能(さいのう) 재능 N3표기
- □ 栽培(さいばい) 재배
- □ 採用(さいよう) 채용
- □ 再利用(さいりよう) 재이용 N3읽기
- □ 材料(ざいりょう) 재료 N3문규
- □ 幸い(さいわい) 행복 N3읽기
- □ 先(さき) 아까, 앞, 선두, 먼저
- □ 先ほど(さきほど) 아까, 조금 전
- □ 作業(さぎょう) 작업 N3문규
- □ 削減(さくげん) 삭감
- □ 昨日(さくじつ) 어제(きのう로도 읽음) N3표기
- □ 削除(さくじょ) 삭제
- □ 作成(さくせい) 작성
- □ 昨年(さくねん) 작년
- □ 作品(さくひん) 작품
- □ 作物(さくもつ) 작물, 농작물
- □ 桜(さくら) 벚꽃, 벚나무
- □ 酒(さけ) 술 N3표기
- □ 差し支え(さしつかえ) 지장 N3유의
- □ 座席(ざせき) 좌석
- □ 作曲(さっきょく) 작곡
- □ 雑誌(ざっし) 잡지 N3표기
- □ 雑草(ざっそう) 잡초
- □ 作動(さどう) 작동
- □ 差別(さべつ) 차별 N3용법
- □ 作法(さほう) 예의범절 N3용법
- □ 左右(さゆう) 좌우 N3읽기
- □ 作用(さよう) 작용
- □ 参加(さんか) 참가 N3읽기·표기·문규
- □ 残業(ざんぎょう) 잔업 N3표기
- □ 参考(さんこう) 참고
- □ 算数(さんすう) 산수
- □ 賛成(さんせい) 찬성
- □ 産地(さんち) 산지
- □ 算定(さんてい) 산정
- □ 散歩(さんぽ) 산책
- □ 試合(しあい) 시합
- □ 幸せ(しあわせ) 행복
- □ 寺院(じいん) 사원 N3표기
- □ 司会(しかい) 사회 N3표기
- □ 資格(しかく) 자격
- □ 四角(しかく) 사각
- □ 時間割(じかんわり) 시간표
- □ 式(しき) 식 N3표기
- □ 時期(じき) 시기 N3문규
- □ 式場(しきじょう) 식장
- □ 支給(しきゅう) 지급 N3읽기
- □ 時給(じきゅう) 시급
- □ 事業(じぎょう) 사업
- □ 資金(しきん) 자금

☐ 資源(しげん) 자원 N3문규	☐ 事件(じけん) 사건 N3읽기	☐ 事故(じこ) 사고
☐ 事項(じこう) 사항	☐ 時刻(じこく) 시각, 시간	☐ 自己紹介(じこしょうかい) 자기소개
☐ 仕事(しごと) 일 N3유의	☐ 支持(しじ) 지지	☐ 指示(しじ) 지시 N3읽기·용법
☐ 事実(じじつ) 사실	☐ 支社(ししゃ) 지사	☐ 事情(じじょう) 사정 N3읽기
☐ 地震(じしん) 지진	☐ 自身(じしん) (자기)자신	☐ 自信(じしん) 자신 N3표기·문규
☐ 姿勢(しせい) 자세 N3문규	☐ 施設(しせつ) 시설	☐ 自然(しぜん) 자연 N3읽기
☐ 時代(じだい) 시대, 시절	☐ 支度(したく) 채비, 준비	☐ 市町村(しちょうそん) 시읍면
☐ 失業(しつぎょう) 실업 N3읽기	☐ 実現(じつげん) 실현 N3표기·문규	☐ 実験(じっけん) 실험 N3읽기·문규
☐ 実行(じっこう) 실행	☐ 実際(じっさい) 실제	☐ 実績(じっせき) 실적
☐ 室内(しつない) 실내	☐ 失敗(しっぱい) 실패 N3표기	☐ 失望(しつぼう) 실망
☐ 実力(じつりょく) 실력 N3읽기	☐ 指定(してい) 지정 N3문규	☐ 支店(してん) 지점
☐ 視点(してん) 시점	☐ 自転(じてん) 자전	☐ 時点(じてん) 시점
☐ 自転車(じてんしゃ) 자전거	☐ 指導(しどう) 지도 N3유의	☐ 自動(じどう) 자동
☐ 自動車(じどうしゃ) 자동차	☐ 自動販売機(じどうはんばいき) 자동판매기	☐ 品物(しなもの) 물품, 물건
☐ 支配(しはい) 지배 N3용법	☐ 支払い(しはらい) 지불	☐ 耳鼻科(じびか) 이비과
☐ 自分(じぶん) 자신	☐ 死亡(しぼう) 사망 N3읽기	☐ 時報(じほう) 시보
☐ 島(しま) 섬 N3읽기	☐ 島国(しまぐに) 섬나라	☐ 自慢(じまん) 자랑 N3문규
☐ しみ 얼룩	☐ 氏名(しめい) 성명	☐ 指名(しめい) 지명
☐ 締め切り(しめきり) 마감 N3문규·용법	☐ 紙面(しめん) 지면	☐ 地面(じめん) 지면
☐ 地元(じもと) 그 고장, 그 지방	☐ 視野(しや) 시야	☐ 社員(しゃいん) 사원
☐ 社会(しゃかい) 사회	☐ じゃがいも 감자	☐ 車庫(しゃこ) 차고
☐ 弱点(じゃくてん) 약점	☐ 車道(しゃどう) 차도	☐ 車内(しゃない) 차내
☐ じゃま 방해	☐ 自由(じゆう) 자유 N3표기	☐ 周囲(しゅうい) 주위 N3표기
☐ 集会(しゅうかい) 집회	☐ 収穫(しゅうかく) 수확	☐ 習慣(しゅうかん) 습관 N3읽기·문규
☐ 週刊(しゅうかん) 주간	☐ 週刊誌(しゅうかんし) 주간지 N3표기	☐ 従業員(じゅうぎょういん) 종업원
☐ 集合(しゅうごう) 집합	☐ 修士(しゅうし) 석사	☐ 重視(じゅうし) 중시

☐ 充実(じゅうじつ) 충실	☐ 収集(しゅうしゅう) 수집	☐ 住所(じゅうしょ) 주소
☐ 就職(しゅうしょく) 취직	☐ 修正(しゅうせい) 수정	☐ 渋滞(じゅうたい) 정체, 밀림 N3문규·용법
☐ 住宅(じゅうたく) 주택 N3읽기	☐ 集団(しゅうだん) 집단	☐ 集中(しゅうちゅう) 집중 N3읽기·형성
☐ 充電(じゅうでん) 충전	☐ 柔道(じゅうどう) 유도	☐ 収入(しゅうにゅう) 수입
☐ 周辺(しゅうへん) 주변	☐ 週末(しゅうまつ) 주말	☐ 住民(じゅうみん) 주민
☐ 重役(じゅうやく) 중역	☐ 収容(しゅうよう) 수용	☐ 重要性(じゅうようせい) 중요성
☐ 修理(しゅうり) 수리 N3용법	☐ 終了(しゅうりょう) 종료	☐ 重量(じゅうりょう) 중량 N3표기
☐ 授業(じゅぎょう) 수업	☐ 塾(じゅく) 기숙사	☐ 縮小(しゅくしょう) 축소 N3용법
☐ 宿題(しゅくだい) 숙제	☐ 宿泊(しゅくはく) 숙박	☐ 受験(じゅけん) 수험
☐ 受講(じゅこう) 수강	☐ 手術(しゅじゅつ) 수술	☐ 首相(しゅしょう) 수상 N3읽기·표기
☐ 主人(しゅじん) 남편	☐ 主題(しゅだい) 주제	☐ 手段(しゅだん) 수단 N3표기·유의
☐ 主張(しゅちょう) 주장 N3문규	☐ 出血(しゅっけつ) 출혈	☐ 出身(しゅっしん) 출신
☐ 出席(しゅっせき) 출석 N3읽기	☐ 出張(しゅっちょう) 출장 N3읽기·문규·용법	☐ 出発(しゅっぱつ) 출발
☐ 出版(しゅっぱん) 출판	☐ 出費(しゅっぴ) 출비	☐ 首都(しゅと) 수도 N3읽기
☐ 取得(しゅとく) 취득	☐ 寿命(じゅみょう) 수명	☐ 主役(しゅやく) 주역
☐ 主要(しゅよう) 주요 N3읽기	☐ 種類(しゅるい) 종류	☐ 旬(しゅん) 사물의 알맞은 때, 한창인 시기
☐ 順(じゅん) 순서, 차례	☐ 順位(じゅんい) 순위	☐ 循環(じゅんかん) 순환
☐ 順番(じゅんばん) 순번, 차례 N3읽기·문규	☐ 準備(じゅんび) 준비	☐ 使用(しよう) 사용 N3문규
☐ 消化(しょうか) 소화	☐ 紹介(しょうかい) 소개	☐ 小学(しょうがく) 초등학교
☐ 奨学金(しょうがくきん) 장학금	☐ 小学生(しょうがくせい) 초등학생	☐ 上記(じょうき) 상기
☐ 乗客(じょうきゃく) 승객	☐ 上級(じょうきゅう) 상급	☐ 商業(しょうぎょう) 상업 N3읽기
☐ 状況(じょうきょう) 상황	☐ 条件(じょうけん) 조건 N3표기	☐ 詳細(しょうさい) 상세
☐ 上司(じょうし) 상사	☐ 乗車(じょうしゃ) 승차 N3표기	☐ 乗車券(じょうしゃけん) 승차권 N3표기
☐ 少女(しょうじょ) 소녀	☐ 上昇(じょうしょう) 상승	☐ 小数(しょうすう) 소수
☐ 小数点(しょうすうてん) 소수점	☐ 小説(しょうせつ) 소설	☐ 状態(じょうたい) 상태
☐ 上達(じょうたつ) 향상, 숙달	☐ 冗談(じょうだん) 농담	☐ 承知(しょうち) 동의, 승낙

☐ 小児(しょうに) 소아, 어린이	☐ 少年(しょうねん) 소년	☐ 勝敗(しょうはい) 승패
☐ 消費(しょうひ) 소비 N3용법	☐ 商品(しょうひん) 상품 N3읽기	☐ 上品(じょうひん) 품위가 있음
☐ 勝負(しょうぶ) 승부	☐ 情報(じょうほう) 정보 N3읽기	☐ 証明(しょうめい) 증명
☐ 正面(しょうめん) 정면 N3읽기	☐ 将来(しょうらい) 장래 N3표기	☐ 少量(しょうりょう) 소량
☐ 女王(じょおう) 여왕	☐ 初回(しょかい) 초회, 첫 번	☐ 助言(じょげん) 조언
☐ 職(しょく) 직업, 일자리	☐ 職員(しょくいん) 직원	☐ 職業(しょくぎょう) 직업
☐ 食事(しょくじ) 식사	☐ 職場(しょくば) 직장 N3읽기	☐ 食品(しょくひん) 식품
☐ 植物(しょくぶつ) 식물	☐ 食物(しょくもつ) 식물, 음식물(しょくぶつ라고도 읽음)	
☐ 食欲(しょくよく) 식욕 N3표기	☐ 食料(しょくりょう) 식료, 음식물	☐ 女性(じょせい) 여성
☐ 初対面(しょたいめん) 초대면, 초면	☐ 食感(しょっかん) 식감	☐ 食器(しょっき) 식기 N3읽기
☐ 署名(しょめい) 서명	☐ 処理(しょり) 처리	☐ 書類(しょるい) 서류
☐ 知り合い(しりあい) 아는 사람, 아는 사이	☐ 私立(しりつ) 사립	☐ 資料(しりょう) 자료
☐ 視力(しりょく) 시력	☐ 進学(しんがく) 진학	☐ 新学期(しんがっき) 신학기
☐ 新幹線(しんかんせん) 신간선	☐ 新規(しんき) 신규	☐ 神経(しんけい) 신경
☐ 進行(しんこう) 진행	☐ 信号(しんごう) 신호	☐ 人口(じんこう) 인구
☐ 人工(じんこう) 인공	☐ 人種(じんしゅ) 인종	☐ 新春(しんしゅん) 신춘, 신년
☐ 申請(しんせい) 신청	☐ 人生(じんせい) 인생	☐ 心臓(しんぞう) 심장
☐ 親族(しんぞく) 친족, 친척	☐ 身体(しんたい) 신체, 몸	☐ 診断(しんだん) 진단
☐ 身長(しんちょう) 키, 신장 N3표기	☐ 新入(しんにゅう) 신입, 신참	☐ 新入社員(しんにゅうしゃいん) 신입 사원
☐ 新入生(しんにゅうせい) 신입생	☐ 新年(しんねん) 신년	☐ 新年会(しんねんかい) 신년회
☐ 心配(しんぱい) 걱정, 근심, 심려	☐ 進歩(しんぽ) 진보 N3용법	☐ 親身(しんみ) 육친, 근친
☐ 信用(しんよう) 신용 N3읽기	☐ 進路(しんろ) 진로	☐ 水泳(すいえい) 수영
☐ 水温(すいおん) 수온	☐ 推薦(すいせん) 추천	☐ 推薦状(すいせんじょう) 추천장
☐ 水(曜)(すいよう) 수(요일)	☐ 数学(すうがく) 수학	☐ 数字(すうじ) 숫자
☐ 数式(すうしき) 수식	☐ 数人(すうにん) 몇 사람, 수명	☐ 数年(すうねん) 몇 해, 여러 해 N3읽기
☐ 姿(すがた) 모습	☐ 勧め(すすめ) 권유	☐ 薦め(すすめ) 추천

☐ 頭痛(ずつう) 두통 N3표기	☐ 住まい(すまい) 주거	☐ 図面(ずめん) 도면
☐ せい 탓, 원인, 이유	☐ 声援(せいえん) 성원	☐ 成果(せいか) 성과
☐ 正解(せいかい) 정답, 정해 N3표기	☐ 性格(せいかく) 성격 N3읽기·문규·용법	☐ 生活(せいかつ) 생활 N3표기
☐ 税関(ぜいかん) 세관	☐ 請求(せいきゅう) 청구	☐ 税金(ぜいきん) 세금 N3읽기
☐ 制限(せいげん) 제한 N3용법·문규	☐ 成功(せいこう) 성공	☐ 生産(せいさん) 생산 N3읽기
☐ 政治(せいじ) 정치 N3읽기·표기	☐ 正常(せいじょう) 정상 N3표기·문규	☐ 精神(せいしん) 정신
☐ 成績(せいせき) 성적 N3표기	☐ 生存(せいぞん) 생존	☐ 成長(せいちょう) 성장 N3읽기
☐ 生徒(せいと) 학생(주로 초·중·고생) N3표기	☐ 制度(せいど) 제도	☐ 青年(せいねん) 청년
☐ 性能(せいのう) 성능 N3표기	☐ 製品(せいひん) 제품	☐ 政府(せいふ) 정부 N3읽기
☐ 制服(せいふく) 제복 N3표기	☐ 生物(せいぶつ) 생물	☐ 成分(せいぶん) 성분 N3표기
☐ 性別(せいべつ) 성별 N3표기	☐ 精密(せいみつ) 정밀	☐ 生命(せいめい) 생명
☐ 正門(せいもん) 정문	☐ 整理(せいり) 정리 N3문규·유의	☐ 成立(せいりつ) 성립
☐ 席(せき) 자리 N3읽기	☐ 責任(せきにん) 책임	☐ 石油(せきゆ) 석유
☐ 世間(せけん) 세상	☐ せっけん 비누	☐ 接続(せつぞく) 접속
☐ 接待(せったい) 접대	☐ 設置(せっち) 설치	☐ 設定(せってい) 설정
☐ 説明(せつめい) 설명	☐ 節約(せつやく) 절약 N3표기·용법	☐ 背中(せなか) 등 N3표기
☐ 世話(せわ) 도와줌, 보살핌, 신세	☐ 全員(ぜんいん) 전원	☐ 全課(ぜんか) 전과, 모든 과목
☐ 全科(ぜんか) 전과, 전 교과	☐ 全会(ぜんかい) 전회, 회원 전체	☐ 全額(ぜんがく) 전액 N3문규
☐ 全学(ぜんがく) (그) 대학 전체	☐ 戦後(せんご) 전후, 전쟁 후 N3문규	☐ 前後(ぜんご) 전후, 앞뒤 N3문규
☐ 選考(せんこう) 전형	☐ 専攻(せんこう) 전공	☐ 全国(ぜんこく) 전국 N3읽기
☐ 先日(せんじつ) 요전(날)	☐ 前日(ぜんじつ) 전날	☐ 全日(ぜんじつ) 전일, 하루 종일
☐ 前者(ぜんしゃ) 전자	☐ 選手(せんしゅ) 선수 N3읽기·표기	☐ 全集(ぜんしゅう) 전집
☐ 全身(ぜんしん) 전신	☐ 全体(ぜんたい) 전체 N3문규	☐ 洗濯(せんたく) 세탁, 빨래 N3읽기
☐ 選択(せんたく) 선택	☐ 洗濯物(せんたくもの) 세탁물	☐ 選定(せんてい) 선정
☐ 宣伝(せんでん) 선전	☐ 先輩(せんぱい) 선배	☐ 前半(ぜんはん) 전반
☐ 全般(ぜんぱん) 전반 N3읽기	☐ 全部(ぜんぶ) 전부 N3읽기·유의	☐ 全米(ぜんべい) 미국 전국

- ぜんぽう 前方 전방
- ぜんめん 前面 전면
- せんもん 専門 전문
- せんもんか 専門家 전문가 N3표기
- ぜんりょく 全力 전력
- せんろ 線路 선로
- そう 層 층
- ぞうか 増加 증가 N3표기
- そうこ 倉庫 창고
- そうご 相互 서로, 상호 N3유의
- そうじ 掃除 청소
- そうじき 掃除機 청소기
- そうしゃ 走者 주자
- そうぞう 想像 상상 N3읽기·문규
- そうたい 早退 조퇴 N3읽기·용법
- そうだん 相談 의논, 상담 N3읽기·표기
- そうちょう 早朝 조조, 이른 아침
- そうてい 想定 상정
- そくたつ 速達 속달 N3문규
- そくど 速度 속도
- そくりょく 速力 속력
- そこ 底 바닥 N3문규
- そつぎょう 卒業 졸업 N3읽기
- そで 소매
- そふ 祖父 할아버지, 조부 N3표기
- それぞれ 각자, 제각기
- そんざい 存在 존재 N3표기

た

- たいいん 退院 퇴원
- たいおう 対応 대응
- たいおん 体温 체온
- たいかい 大会 대회 N3읽기
- たいかん 体感 체감
- だいきん 代金 대금, 값 N3문규
- だげき 打撃 타격
- たいざい 滞在 체재, 체류 N3용법
- たいじゅう 体重 체중
- たいしょく 退職 퇴직
- だいず 大豆 대두, 콩
- たいせん 対戦 대전
- たいそう 体操 체조
- たいちょう 体調 몸의 상태
- たいど 態度 태도
- だいどころ 台所 부엌 N3유의
- だいひょう 代表 대표 N3읽기
- だいめい 題名 제목
- だいもく 題目 제목
- たいよう 太陽 태양
- たいりく 大陸 대륙 N3표기
- たいりつ 対立 대립 N3문규
- たいりょう 大量 대량 N3표기
- たいりょく 体力 체력 N3문규
- たがい 互い 서로, 상호 N3유의
- たすう 多数 다수
- たすうけつ 多数決 다수결
- たたみ 畳 다다미
- たちば 立場 입장
- たっきゅう 卓球 탁구
- たっせい 達成 달성
- たてもの 建物 건물
- たに 谷 계곡 N3표기
- たにん 他人 타인 N3읽기
- たね 種 씨앗
- たのみ 頼み 부탁
- たば 束 다발, 뭉치
- たび 度 때, 번, 횟수
- たび 旅 여행(길)
- たまご 卵 알, 달걀 N3표기
- ためいき 한숨
- ためし 선례, 예
- たりょう 多量 다량
- たんい 単位 단위
- たんか 単価 단가

☐ 短期(たんき) 단기	☐ 単語(たんご) 단어 N3읽기	☐ 短所(たんしょ) 단점
☐ 単色(たんしょく) 단색	☐ 単身(たんしん) 단신	☐ 単数(たんすう) 단수
☐ 男性(だんせい) 남성	☐ 団体(だんたい) 단체 N3표기	☐ 断定(だんてい) 단정
☐ 担当(たんとう) 담당	☐ 旦那(だんな) 남편	☐ 担任(たんにん) 담임
☐ 地(ち) 땅	☐ 地位(ちい) 지위	☐ 地域(ちいき) 지역
☐ 違い(ちがい) 차이, 틀림	☐ 近ごろ(ちかごろ) 요즈음, 최근	☐ 地球(ちきゅう) 지구 N3읽기
☐ 遅刻(ちこく) 지각	☐ 知識(ちしき) 지식	☐ 地図(ちず) 지도
☐ 地中(ちちゅう) 지중, 땅속	☐ 地方(ちほう) 지방	☐ 地名(ちめい) 지명
☐ 知名度(ちめいど) 지명도	☐ 着服(ちゃくふく) 착복	☐ 茶道(ちゃどう) 다도(さどう라고도 읽음)
☐ 注意(ちゅうい) 주의 N3유의	☐ 中央(ちゅうおう) 중앙	☐ 中学(ちゅうがく) 중학
☐ 中学生(ちゅうがくせい) 중학생	☐ 中型(ちゅうがた) 중형	☐ 中間(ちゅうかん) 중간
☐ 中国(ちゅうごく) 중국	☐ 中止(ちゅうし) 중지	☐ 注射(ちゅうしゃ) 주사 N3표기
☐ 駐車(ちゅうしゃ) 주차 N3읽기	☐ 駐車場(ちゅうしゃじょう) 주차장	☐ 中小(ちゅうしょう) 중소
☐ 昼食(ちゅうしょく) 중식	☐ 中心(ちゅうしん) 중심 N3문규	☐ 中性(ちゅうせい) 중성
☐ 中毒(ちゅうどく) 중독	☐ 中年(ちゅうねん) 중년	☐ 注目(ちゅうもく) 주목
☐ 注文(ちゅうもん) 주문 N3유의	☐ 中立(ちゅうりつ) 중립	☐ 超過(ちょうか) 초과
☐ 朝刊(ちょうかん) 조간	☐ 長期(ちょうき) 장기	☐ 調査(ちょうさ) 조사
☐ 調子(ちょうし) 컨디션, 상태 N3문규·청해	☐ 長所(ちょうしょ) 장점	☐ 朝食(ちょうしょく) 조식 N3읽기
☐ 調節(ちょうせつ) 조절	☐ 調整(ちょうせい) 조정	☐ 貯金(ちょきん) 저금 N3읽기
☐ 直接(ちょくせつ) 직접 N3표기	☐ 直送(ちょくそう) 직송	☐ 直売(ちょくばい) 직매
☐ 直感(ちょっかん) 직감	☐ 散らし(ちらし) 광고지	☐ 地理(ちり) 지리
☐ 治療(ちりょう) 치료	☐ 賃金(ちんぎん) 임금	☐ 通学(つうがく) 통학
☐ 通勤(つうきん) 통근 N3읽기·유의	☐ 通行(つうこう) 통행 N3읽기	☐ 通常(つうじょう) 통상
☐ 通信(つうしん) 통신 N3문규	☐ 通知(つうち) 통지 N3읽기	☐ 通用(つうよう) 통용
☐ 通路(つうろ) 통로	☐ 使い捨て(つかいすて) 한 번 쓰고 버림	☐ 使い道(つかいみち) 용도, 쓸모
☐ 疲れ(つかれ) 피로, 피곤함	☐ 次(つぎ) 다음 N3유의	☐ 付き合い(つきあい) 사귐, 교제

☐ 机(つくえ) 책상 N3읽기	☐ 都合(つごう) 형편, 사정 N3읽기	☐ 包み(つつみ) 싼 물건, 보따리
☐ つながり 연계, 연결	☐ つなぎ 이음, 막간	☐ 妻(つま) 아내
☐ 手(て) 손, 방법, 수단	☐ 手当(てあて) 수당	☐ 定期(ていき) 정기
☐ 定休日(ていきゅうび) 정기 휴일	☐ 停止(ていし) 정지	☐ 停車(ていしゃ) 정차
☐ 提出(ていしゅつ) 제출	☐ 停電(ていでん) 정전 N3표기	☐ 程度(ていど) 정도
☐ 敵(てき) 적	☐ 出来事(できごと) 사건, 일	☐ 適用(てきよう) 적용
☐ 手先(てさき) 손끝, 바로 눈앞	☐ 手帳(てちょう) 수첩	☐ 手続き・手続(てつづき) 수속, 절차
☐ 手配(てはい) 수배	☐ 手間(てま) 품, 수고, 시간 N3문규	☐ 手前(てまえ) 자기 앞, 자기에게 가까운 쪽 N3문규
☐ 寺(てら) 절	☐ 天(てん) 하늘	☐ 展開(てんかい) 전개
☐ 伝記(でんき) 전기	☐ 電気製品(でんきせいひん) 전자 제품	☐ 点検(てんけん) 점검
☐ 天候(てんこう) 날씨	☐ 点在(てんざい) 점재, 여기저기 흩어져 있음	☐ 点数(てんすう) 점수
☐ 電線(でんせん) 전선	☐ 電卓(でんたく) 전자식 탁상 계산기	☐ 天地(てんち) 천지, (책·물건의) 상하
☐ 電池(でんち) 전지, 건전지	☐ 天地無用(てんちむよう) '화물의 위아래를 거꾸로 하지 말라'는 뜻	
☐ 天然(てんねん) 천연	☐ てんぷら 튀김	☐ 展覧会(てんらんかい) 전람회
☐ 問い(とい) 물음, 질문	☐ 統一(とういつ) 통일	☐ 動員(どういん) 동원
☐ 冬季(とうき) 동계	☐ 道具(どうぐ) 도구	☐ 統合(とうごう) 통합
☐ 動作(どうさ) 동작	☐ 倒産(とうさん) 도산	☐ 当時(とうじ) 당시
☐ 同士(どうし) 끼리	☐ 同時(どうじ) 동시 N3표기	☐ 当日(とうじつ) 당일 N3문규
☐ 当社(とうしゃ) 당사, 저희 회사	☐ 当選(とうせん) 당선	☐ 当然(とうぜん) 당연 N3유의
☐ 同窓会(どうそうかい) 동창회	☐ 到着(とうちゃく) 도착 N3읽기·표기	☐ 豆腐(とうふ) 두부
☐ 同封(どうふう) 동봉	☐ 道路(どうろ) 도로 N3표기	☐ 都会(とかい) 도회, 도시
☐ 得(とく) 이익, 이득	☐ 特異(とくい) 특이	☐ 読書(どくしょ) 독서
☐ 独身(どくしん) 독신 N3표기	☐ 特性(とくせい) 특성	☐ 独断(どくだん) 독단
☐ 特徴(とくちょう) 특징 N3문규	☐ 特定(とくてい) 특정	☐ 得点(とくてん) 득점
☐ 特有(とくゆう) 특유	☐ 独立(どくりつ) 독립 N3읽기	☐ 所(ところ) 곳, 데, 점 N3유의
☐ 登山(とざん) 등산 N3읽기	☐ 年(とし) 해, 나이 N3유의	☐ 都市(とし) 도시

- ☐ 図書館 としょかん 도서관 N3읽기
- ☐ 年寄り としより 늙은이, 노인
- ☐ 土台 どだい 토대
- ☐ 土地 とち 땅, 토지 N3문규
- ☐ 途中 とちゅう 도중
- ☐ 都道府県 とどうふけん 일본의 행정 구역(1도·1도·2부·43현)
- ☐ 隣 となり 이웃
- ☐ 徒歩 とほ 도보
- ☐ 泊まり とまり 묵음, 숙박
- ☐ 土(曜) どよう 토(요일)
- ☐ 努力 どりょく 노력 N3읽기

な

- ☐ 内科 ないか 내과
- ☐ 内緒 ないしょ 몰래 함, 비밀 N3문규·유의
- ☐ 内職 ないしょく 내직
- ☐ 内容 ないよう 내용 N3읽기·용법
- ☐ 長生き ながいき 장수
- ☐ 仲直り なかなおり 화해
- ☐ 長年 ながねん 긴 세월, 오랜 동안
- ☐ 半ば なかば 절반, 중간
- ☐ 仲間 なかま 동료, 동아리
- ☐ 中身·中味 なかみ 알맹이, 내용
- ☐ 眺め ながめ 전망, 경치 N3문규
- ☐ 流れ ながれ 흐름 N3문규
- ☐ 納得 なっとく 납득
- ☐ 波 なみ 파도 N3표기
- ☐ 並木 なみき 가로수
- ☐ 涙 なみだ 눈물 N3표기
- ☐ におい 냄새, 향기
- ☐ 肉親 にくしん 육친
- ☐ 肉体 にくたい 육체
- ☐ 日時 にちじ 일시, 날짜
- ☐ 日常 にちじょう 일상
- ☐ 日(曜) にちよう 일(요일)
- ☐ 日課 にっか 일과 N3읽기
- ☐ 日刊紙 にっかんし 일간지
- ☐ 日中 にっちゅう 주간, 낮
- ☐ 日程 にってい 일정
- ☐ 荷物 にもつ 짐, 화물 N3표기
- ☐ 入院 にゅういん 입원
- ☐ 入管 にゅうかん 입관
- ☐ 入場 にゅうじょう 입장
- ☐ 入手 にゅうしゅ 입수
- ☐ 入隊 にゅうたい 입대
- ☐ 入力 にゅうりょく 입력
- ☐ 庭 にわ 뜰, 정원
- ☐ 人気 にんき 인기
- ☐ 人間 にんげん 인간
- ☐ 認識 にんしき 인식
- ☐ 人数·人数 にんずう·にんず 인원수
- ☐ 根 ね 뿌리 N3읽기
- ☐ 願い ねがい 바람, 소원
- ☐ 猫 ねこ 고양이
- ☐ 値段 ねだん 값, 가격
- ☐ 年始 ねんし 연시
- ☐ 年中 ねんじゅう 항상, 늘, 일년 내내 N3유의
- ☐ 年少 ねんしょう 연소
- ☐ 年代 ねんだい 연대
- ☐ 年長 ねんちょう 연장
- ☐ 年度 ねんど 연도
- ☐ 年末 ねんまつ 연말
- ☐ 年齢 ねんれい 연령, 나이
- ☐ 農業 のうぎょう 농업 N3문규
- ☐ 能力 のうりょく 능력
- ☐ のち 뒤, 후
- ☐ 野原 のはら 들, 들판
- ☐ のり 풀
- ☐ 乗り越し のりこし 타고 가다 목적지를 지나침

は

- 葉 잎, 잎사귀 N3표기
- 歯 이 N3표기
- 場合 경우
- 倍 배 N3표기
- 歯医者 치과 의사
- 配達 배달 N3문규·유의
- 配布 배포
- 配分 배분
- 破壊 파괴
- 拍手 박수
- 博物館 박물관
- 箱 상자 N3읽기
- 箸 젓가락
- 橋 다리
- 端 끝
- 場所 장소 N3표기·유의
- 外れ 빗나감
- 畑 밭
- 働き 작용, 활동, 기능
- 発注 발주
- 発育 발육
- 発刊 발간 N3표기
- 発揮 발휘
- 発言 발언
- 発見 발견 N3읽기·문규
- 発行 발행
- 発効 발효
- 発生 발생 N3용법
- 発想 발상
- 発送 발송
- 発達 발달
- 発展 발전 N3용법
- 発売 발매 N3표기·문규
- 発表 발표 N3읽기·문규
- 発明 발명
- 話し合い 의논, 교섭
- 花束 꽃다발
- 花火 불꽃, 폭죽
- 浜 해변의 모래밭
- 浜辺 바닷가
- 場面 장면
- 早起き 일찍 일어남
- 早め 일찌감치 ~함 N3문규
- ばら 장미
- 払い込み 납입, 납부
- 針 바늘
- 番 순서, 차례
- 半音 반음
- 半額 반액
- 反省 반성
- 反対 반대 N3읽기·유의
- 判定 판정
- 半年・半年 반년
- 半日 반나절 N3문규
- 犯人 범인
- 販売 판매 N3읽기·표기
- 半面 반면, 다른 한 면
- 反面 반면, 한편
- 被害 피해
- 日帰り 당일치기
- 比較 비교 N3문규
- 光 빛 N3읽기
- 光通信 광통신
- 光電気 광전기
- 引換 교환, 상환
- 引き出し 서랍
- ひげ 수염
- 日ごろ 평소, 늘
- 久しぶり 오래간만임
- 美術 미술
- 美術館 미술관
- 秘書 비서
- 美人 미인
- 額 이마
- 左利き 왼손잡이

☐ びっくり 깜짝 놀람	☐ 引っ越し 이사	☐ 必死 필사
☐ 必要 필요 N3표기	☐ 必要性 필요성 N3표기	☐ 否定 부정
☐ 人差し指 집게손가락	☐ 一晩 하룻밤	☐ 一人暮らし 독신 생활
☐ 非難 비난	☐ 響き 울림, 반응, 영향	☐ 秘密 비밀
☐ ひも 끈	☐ 昼間 주간	☐ 費用 비용 N3문규
☐ 美容 미용	☐ ひょう 우박	☐ 病人 병자, 환자
☐ 評価 평가	☐ 表現 표현 N3표기	☐ 表示 표시
☐ 評判 평판	☐ 表面 표면 N3읽기	☐ 昼寝 낮잠
☐ 品質 품질	☐ 不安 불안 N3문규·유의·용법	☐ 風景 풍경
☐ 封筒 봉투	☐ 夫婦 부부 N3읽기	☐ 夫婦げんか 부부 싸움
☐ 部下 부하	☐ 付近 부근 N3표기	☐ 副業 부업
☐ 福祉 복지	☐ 複習 복습 N3표기	☐ 複数 복수 N3표기
☐ 服装 복장	☐ 腹痛 복통	☐ 服用 복용
☐ 夫人 부인(남의 아내의 경칭)	☐ 婦人 부인, 여성	☐ 不足 부족
☐ ふた 뚜껑, 덮개	☐ 双子 쌍둥이	☐ 負担 부담
☐ 普段 평소, 일상	☐ 普通 보통	☐ 物価 물가 N3표기·유의
☐ 物質 물질	☐ 沸騰 비등, 끓어오름 N3용법	☐ 布団 이불, 요
☐ 船 배	☐ 部品 부품 N3표기	☐ 吹雪 눈보라
☐ 部分 부분 N3읽기	☐ 不平 불평	☐ 不満 불만 N3문규
☐ 不明 불명	☐ 振込み 불입, 입금	☐ 不良 불량
☐ ふるさと 고향	☐ 分 분수, 몫, 부분	☐ 分解 분해 N3용법
☐ 文章 문장 N3읽기	☐ 文房具 문방구	☐ 分野 분야 N3읽기
☐ 分量 분량	☐ 分類 분류 N3읽기·용법	☐ 平均 평균 N3읽기·문규
☐ 米国 미국	☐ 平日 평일 N3읽기	☐ 閉店 폐점
☐ 平和 평화 N3문규	☐ 別々 따로따로, 각각 N3문규	☐ 辺 부근, 근처
☐ 変化 변화 N3읽기·표기	☐ 勉強 공부 N3유의	☐ 変更 변경

☐ 編集（へんしゅう） 편집	☐ 便所（べんじょ） 변소	☐ 返信（へんしん） 회신
☐ 保育（ほいく） 보육	☐ 保育園（ほいくえん） 보육원	☐ 貿易（ぼうえき） 무역 N3읽기·표기
☐ 方言（ほうげん） 방언	☐ 方向（ほうこう） 방향 N3읽기	☐ 報告（ほうこく） 보고
☐ 方式（ほうしき） 방식	☐ 方針（ほうしん） 방침 N3읽기	☐ 包丁（ほうちょう） 부엌칼
☐ 忘年（ぼうねん） 망년, 그 해의 괴로움을 잊음	☐ 忘年会（ぼうねんかい） 망년회, 송년회	☐ 方法（ほうほう） 방법 N3표기·문규
☐ 方々（ほうぼう） 여기저기 N3유의	☐ 方面（ほうめん） 방면	☐ 訪問（ほうもん） 방문 N3용법
☐ 法律（ほうりつ） 법률 N3표기·문규·용법	☐ 牧場（ぼくじょう） 목장(まきば라고도 읽음)	☐ 保健（ほけん） 보건
☐ 保護（ほご） 보호	☐ 星（ほし） 별 N3읽기	☐ 保守（ほしゅ） 보수
☐ 募集（ぼしゅう） 모집 N3읽기·표기·용법	☐ 保存（ほぞん） 보존 N3표기	☐ 歩道（ほどう） 보도
☐ 骨（ほね） 뼈 N3표기	☐ 本位（ほんい） 본위	☐ 本気（ほんき） 정말, 진심
☐ 本業（ほんぎょう） 본업	☐ 本式（ほんしき） 본식, 정식	☐ 本日（ほんじつ） 금일, 오늘
☐ 本社（ほんしゃ） 본사	☐ 本当（ほんとう） 진실, 정말, 진짜	☐ 本人（ほんにん） 본인
☐ 翻訳（ほんやく） 번역 N3용법		

ま

☐ 毎度（まいど） 매번	☐ 毎晩（まいばん） 매일 밤	☐ 前（まえ） 앞, 전 N3유의
☐ 前髪（まえがみ） 앞머리	☐ 前金（まえきん） 선금	☐ 負け（まけ） 짐, 패배
☐ 孫（まご） 손자 N3유의	☐ 町（まち） 도회	☐ 街（まち） (번화한) 거리, 상가 따위가 밀집된 곳
☐ 待ち合わせ（まちあわせ） (약속하여) 만나기로 함	☐ 間違い（まちがい） 틀림, 실수, 오류	☐ 町工場（まちこうば） (시내에 있는) 영세 공장
☐ 窓（まど） 창문 N3표기	☐ 窓口（まどぐち） 창구	☐ 豆（まめ） 콩 N3읽기
☐ 周り（まわり） 주위	☐ 万一（まんいち） 만일	☐ 満員（まんいん） 만원
☐ 万が一（まんがいち） 만에 하나	☐ 満載（まんさい） 만재	☐ 満足（まんぞく） 만족 N3표기
☐ 満点（まんてん） 만점	☐ 身（み） 몸, 신체	☐ 実（み） 열매, 과실
☐ 見合（みあい） 맞선	☐ 見かけ（みかけ） 외관, 겉보기 N3문규	☐ 見方（みかた） 보기, 견해, 생각
☐ 味方（みかた） 자기 편, 아군	☐ 右利き（みぎきき） 오른손잡이	☐ 湖（みずうみ） 호수 N3읽기
☐ 未成年者（みせいねんしゃ） 미성년자	☐ 未然（みぜん） 미연	☐ みそ 된장

☐ 見出し 표제어	☐ 道順 길(순서), 순서	☐ 未定 미정
☐ 緑 녹색	☐ 皆 모두	☐ 港 항구
☐ 南向き 남향 N3문규	☐ 実り 결실, 소득, 성과 N3읽기	☐ 見本 견본 N3유의
☐ 未満 미만	☐ 都 서울, 도읍	☐ 名字 성씨, 성
☐ 未来 미래 N3읽기·용법	☐ 民家 민가	☐ みんな 모두
☐ 無 무, 헛됨	☐ 向かい 건너편, 맞은편 N3문규·용법	☐ 昔 옛날 N3표기
☐ 向き 취지, 경향	☐ ～向き ～향 N3문규	☐ 無効 무효
☐ 虫 벌레 N3읽기	☐ 無視 무시	☐ 無実 무실, 무죄
☐ 息子 아들 N3유의	☐ 娘 딸 N3표기·유의	☐ 胸 가슴
☐ 無名 무명	☐ 無料 무료	☐ 名産品 명산품
☐ 名詞 명사	☐ 名刺 명함	☐ 命令 명령
☐ 迷惑 폐	☐ 面会 면회	☐ 免許 면허
☐ 面識 면식	☐ 面接 면접 N3표기·문규	☐ 申し込み 신청 N3읽기·표기
☐ 申込書 신청서 N3문규	☐ 申し出 신청, 제의	☐ 毛布 담요
☐ 目撃 목격	☐ 目的 목적 N3읽기·문규	☐ 目標 목표
☐ 木(曜) 목(요일)	☐ 文字 문자	☐ 元 원래, 전
☐ 物語 이야기, 전설 N3표기	☐ 物事 물건과 일, 모든 일	☐ 物差し 자, 척도
☐ 最寄り 가장 가까움, 근처	☐ 門 문	☐ 文句 불평 N3문규
☐ 問題 문제 N3유의		

や

☐ 約 약 N3유의	☐ 役所 관청, 관공서	☐ 約束 약속
☐ 役目 임무, 책임, 직분 N3읽기	☐ 役割 역할 N3표기	☐ 野菜 채소
☐ 休み 휴일, 휴가	☐ 家賃 방세 N3문규	☐ 宿 숙소, 여관, 숙박
☐ 宿屋 여관	☐ 屋根 지붕	☐ やり方 하는 방식 N3유의
☐ 唯一 유일	☐ 用 볼일	☐ 用意 준비

☐ 勇気 (ゆうき) 용기	☐ 優勝 (ゆうしょう) 우승	☐ 夕食 (ゆうしょく) 저녁밥, 저녁 식사
☐ 友人 (ゆうじん) 친구	☐ 郵送 (ゆうそう) 우송	☐ 郵便 (ゆうびん) 우편
☐ 有料 (ゆうりょう) 유료	☐ 行き先・行き先 (ゆきさき・いきさき) 행선지 N3용법	☐ 行方 (ゆくえ) 행방 N3용법
☐ 輸出 (ゆしゅつ) 수출 N3표기	☐ 輸入 (ゆにゅう) 수입 N3표기	☐ 指 (ゆび) 손가락, 발가락 N3표기
☐ 夢 (ゆめ) 꿈	☐ 溶岩 (ようがん) 용암	☐ 容器 (ようき) 용기, 그릇 N3표기
☐ 要求 (ようきゅう) 요구	☐ 用具 (ようぐ) 용구, 도구	☐ 用件 (ようけん) 용건
☐ 用紙 (ようし) 용지	☐ 用事 (ようじ) 용무, 볼일	☐ 用心 (ようじん) 조심, 경계 N3유의
☐ 様子 (ようす) 모습 N3문규	☐ 要点 (ようてん) 요점	☐ 用途 (ようと) 용도
☐ 曜日 (ようび) 요일	☐ 用品 (ようひん) 용품	☐ 用法 (ようほう) 용법
☐ 預金 (よきん) 예금	☐ 翌朝 (よくあさ) 다음날 아침	☐ 翌月 (よくげつ) 익월, 다음 달
☐ 翌日 (よくじつ) 익일, 다음날	☐ 翌年・翌年 (よくねん・よくとし) 익년, 다음 해 N3유의	☐ 欲張り (よくばり) 욕심이 많음
☐ 横 (よこ) 옆 N3읽기	☐ 汚れ (よごれ) 더러움	☐ 予算 (よさん) 예산 N3표기
☐ よそ 딴 곳, 타처	☐ 予定 (よてい) 예정 N3유의	☐ 夜中 (よなか) 한밤중 N3읽기
☐ 予防 (よぼう) 예방	☐ 予約 (よやく) 예약	

ら

☐ 来日 (らいにち) 내일, 외국인이 일본에 옴	☐ 落選 (らくせん) 낙선	☐ 落第 (らくだい) 낙제
☐ 利益 (りえき) 이익	☐ 理科 (りか) 이과	☐ 理解 (りかい) 이해 N3표기
☐ 理想 (りそう) 이상	☐ 利点 (りてん) 이점	☐ 理由 (りゆう) 이유 N3유의
☐ 留学 (りゅうがく) 유학	☐ 流行 (りゅうこう) 유행 N3읽기·문규	☐ 利用 (りよう) 이용 N3읽기
☐ 寮 (りょう) 기숙사	☐ 量 (りょう) 양	☐ 両腕 (りょううで) 양팔
☐ 両替 (りょうがえ) 환전 N3읽기·문규	☐ 料金 (りょうきん) 요금 N3문규	☐ 両国 (りょうこく) 양국 N3읽기
☐ 領収 (りょうしゅう) 영수	☐ 了承 (りょうしょう) 승낙, 납득	☐ 両親 (りょうしん) 양친, 부모
☐ 寮費 (りょうひ) 기숙사비	☐ 良友 (りょうゆう) 좋은 친구	☐ 料理 (りょうり) 요리
☐ 旅館 (りょかん) 여관	☐ 旅行 (りょこう) 여행	☐ 旅費 (りょひ) 여비
☐ 理論 (りろん) 이론	☐ 留守 (るす) 부재중 N3읽기	☐ 留守番 (るすばん) 빈집을 지킴, 집보기

☐ 例(れい) 예, 늘, 여느	☐ 例外(れいがい) 예외 N3읽기	☐ 礼儀(れいぎ) 예의
☐ 歴史(れきし) 역사 N3읽기	☐ 列(れつ) 열	☐ 列車(れっしゃ) 열차
☐ 列島(れっとう) 열도 N3읽기	☐ 恋愛(れんあい) 연애 N3읽기	☐ 連休(れんきゅう) 연휴
☐ 練習(れんしゅう) 연습	☐ 連続(れんぞく) 연속 N3읽기	☐ 連絡(れんらく) 연락
☐ 廊下(ろうか) 복도	☐ 老人(ろうじん) 노인 N3읽기	☐ 労働(ろうどう) 노동 N3읽기
☐ 録音(ろくおん) 녹음	☐ 論争(ろんそう) 논쟁	☐ 論文(ろんぶん) 논문 N3읽기

わ

☐ 若者(わかもの) 젊은이, 청년	☐ 別(わか)れ 헤어짐, 이별	☐ わけ 이유 N3유의
☐ わさび 고추냉이	☐ 話題(わだい) 화제	☐ 割合(わりあい) 비율 N3문규
☐ 割(わ)り勘(かん) 각자 부담	☐ 割引(わりびき) 할인 N3읽기·표기	☐ われわれ 우리들

2 출제 예상 동사

あ

☐ 愛(あい)する 사랑하다	☐ 上(あ)がる 들어오다, 들어가다	
☐ 上(あ)がる (비·장마 따위가) 그치다, 멈추다	☐ 上(あ)がる (일 따위가) 끝나다	
☐ あきらめる 체념하다, 단념하다 N3유의	☐ あきる 싫증나다, 물리다 N3문규	
☐ 空(あ)く 비다	☐ 開(あ)く 열리다	
☐ 空(あ)ける (틈·시간 등을) 내다	☐ 明(あ)ける 끝나다, 날이 새다 N3유의	
☐ 開(あ)ける 열다, (사이를) 떼다	☐ 挙(あ)げる (예로서) 들다	
☐ 預(あず)かる 맡다, 보관하다	☐ 預(あず)ける 맡기다 N3표기·용법	
☐ あこがれる 동경하다	☐ 遊(あそ)ぶ 놀다	
☐ 与(あた)える 주다, 끼치다 N3문규	☐ 温(あたた)まる 훈훈해지다	

☐ 暖まる 따뜻해지다	☐ 温める 따뜻하게 하다 N3표기
☐ 暖める 따뜻하게 하다	☐ 当たる 맞다, 해당하다
☐ 扱う 다루다, 취급하다 N3문규	☐ 集まる 모이다
☐ 集める 모으다 N3유의	☐ あびる 끼얹다, 뒤집어쓰다, (물을) 들쓰다
☐ あふれる 가득 차 넘치다	☐ 余る 남다 N3읽기·유의·용법
☐ 編む 뜨다, (계획을) 짜다 N3문규	☐ 謝る 사죄하다
☐ 表す 나타내다, 표시하다 N3읽기	☐ 現す 드러내다, 나타내다 N3읽기
☐ 現れる 나타나다	☐ 合わせる 맞추다 N3문규
☐ あわてる 당황하다 N3유의	☐ 言う 말하다 N3유의
☐ 怒る 노하다	☐ 行く・行く 가다 N3유의
☐ いじくる 만지작거리다	☐ いじめる 괴롭히다 N3문규
☐ いじる 만지다	☐ 急ぐ 서두르다 N3유의
☐ 痛む 아프다, 괴롭다	☐ 傷む 상하다, 파손되다
☐ 至る 다다르다	☐ 祝う 축하하다
☐ 植える 심다 N3용법	☐ 浮かぶ 떠오르다
☐ 受かる 합격되다	☐ 浮く 뜨다
☐ 受ける 받다 N3읽기·문규	☐ 動かす 움직이다, 옮기다
☐ 失う 잃다, 잃어버리다 N3표기·문규	☐ 歌う (노래를) 부르다
☐ 疑う 의심하다 N3유의	☐ 動く 움직이다
☐ 移す 옮기다 N3읽기	☐ 移る 옮기다 N3표기
☐ 映る 비치다, 반영하다 N3읽기	☐ うなずく 수긍하다, 끄덕이다
☐ 奪う 빼앗다 N3유의	☐ 埋める 묻다, 메우다
☐ うらやむ 부러워하다	☐ 売れる (잘) 팔리다 N3유의
☐ 選ぶ 고르다, 선택하다	☐ 得る 얻다 N3읽기
☐ 負う (책임을) 지다	☐ 追う 쫓다, 따르다 N3표기
☐ 応じる・応ずる 응하다, 따르다	☐ 終える 끝내다

- ☐ 覆う 덮다
- ☐ 贈る 선사하다, 주다
- ☐ 起こす 일으키다
- ☐ 起こる 일어나다
- ☐ 抑える 누르다, 억제하다, 잡다
- ☐ 納める 납부하다 N3문규
- ☐ 押す 밀다, 누르다
- ☐ 落ちる 떨어지다
- ☐ 踊る 춤추다
- ☐ 覚える 기억하다, 외우다 N3읽기·유의
- ☐ 思う 생각하다 N3유의
- ☐ 泳ぐ 헤엄치다, 수영하다 N3표기
- ☐ 降りる 내리다 N3표기
- ☐ 折れる 무너지다, 꺾이다 N3읽기
- ☐ 終わらせる 끝마치다

- ☐ 起きる 일어나다 N3문규
- ☐ 遅れる 늦다 N3읽기
- ☐ 行う 행하다
- ☐ 怒る 화내다 N3유의
- ☐ 収まる 수습되다, 잘 들어가다
- ☐ 教える 가르치다 N3유의
- ☐ 教わる 가르침을 받다, 배우다
- ☐ 落とす 떨어뜨리다
- ☐ 驚く 놀라다
- ☐ おぼれる (물에) 빠지다 N3문규
- ☐ 思える 생각되다
- ☐ 下りる 내리다
- ☐ 折る 접다, 꺾다 N3읽기
- ☐ 下ろす (돈 따위를) 찾다
- ☐ 終わる 끝나다, 끝내다 N3유의

か

- ☐ 害する 해치다
- ☐ 飼う 기르다
- ☐ 変える 바꾸다
- ☐ 換える 바꾸다, 교환하다
- ☐ かかる (병에) 걸리다 N3문규
- ☐ 輝く 빛나다 N3유의
- ☐ 限る 한정하다
- ☐ 隠す 감추다, 숨기다 N3문규
- ☐ 欠ける 빠지다, 없다, 결여하다

- ☐ 買う 사다
- ☐ 返す 반납하다, 돌리다 N3읽기·표기
- ☐ 替える 바꾸다, 교환하다 N3읽기
- ☐ 抱える 안다, 껴안다
- ☐ かかる (말·유혹 등을) 걸어 오다
- ☐ かかわる 관계되다
- ☐ かく 긁다, (땀을) 흘리다
- ☐ かける (말 등을) 걸다
- ☐ 囲む 둘러싸다 N3읽기·문규

☐ 重^{かさ}なる 포개지다, 겹치다		☐ 重^{かさ}ねる 포개다, 거듭하다 N3표기	
☐ 飾^{かざ}る 장식하다		☐ 貸^かす 빌려주다 N3표기	
☐ 数^{かぞ}える 세다		☐ 傾^{かたむ}く 기울다	
☐ 偏^{かたよ}る 치우치다		☐ 語^{かた}る 말하다, 이야기하다	
☐ 勝^かつ 이기다, 승리하다		☐ 担^{かつ}ぐ 메다, 짊어지다	
☐ かまう 상관하다(주로 부정형으로 쓰임) N3유의		☐ 借^かりる 빌리다 N3표기	
☐ かれる 마르다, 시들다 N3문규・용법		☐ 乾^{かわ}かす 말리다	
☐ 乾^{かわ}く 건조하다, 마르다 N3문규		☐ 渇^{かわ}く (목이) 마르다 N3문규	
☐ 交^かわす 주고 받다, 교환하다		☐ 代^かわる 대신하다	
☐ 変^かわる 바뀌다		☐ 感^{かん}じる・感^{かん}ずる 느끼다 N3문규	
☐ 通^{かよ}う 다니다		☐ 考^{かんが}える 생각하다	
☐ 関^{かん}する 관하다		☐ 聞^きかせる 들려주다	
☐ 聞^きく 듣다, 묻다		☐ 効^きく 약효가 듣다, 효과가 있다 N3문규	
☐ 築^{きず}く 쌓다, 구축하다		☐ 着^きせる (옷 따위를) 입히다	
☐ 決^きまる 결정되다 N3읽기		☐ 決^きめる 정하다 N3표기	
☐ 切^きる 자르다, 베다, 끊다		☐ 着^きる 입다	
☐ 切^きれる 다 떨어지다 N3문규		☐ 禁^{きん}じる 금하다	
☐ 崩^{くず}す 무너뜨리다		☐ 崩^{くず}れる 무너지다	
☐ くたびれる 지치다 N3유의		☐ 配^{くば}る 나누어주다, 배부하다 N3읽기	
☐ 組^くむ (팔짱을) 끼다, (다리를) 꼬다, (조직을) 짜다 N3읽기		☐ 暮^くらす 보내다 N3읽기・표기, N2표기	
☐ 比^{くら}べる 비교하다 N3읽기		☐ 来^くる 오다	
☐ 加^{くわ}える 더하다, 늘리다 N3읽기		☐ 加^{くわ}わる 늘다, 더해지다	
☐ 削^けす 끄다 N3표기		☐ 削^{けず}る 삭감하다, 없애다	
☐ 越^こえる (높은 곳 등을) 넘다		☐ 超^こえる (어떤 기준을) 넘다, 초월하다	
☐ 凍^{こお}る 얼다		☐ 異^{こと}なる 다르다	
☐ 断^{ことわ}る 거절하다 N3문규・용법		☐ こなす 해치우다, 능숙하게 다루다	

- ☐ こぼす 엎지르다 N3용법
- ☐ 困(こま)る 곤란하다 N3읽기·표기
- ☐ こもる 담기다, 어리다
- ☐ 転(ころ)ぶ 넘어지다 N3읽기·용법
- ☐ 壊(こわ)れる 깨지다, 파손되다

- ☐ こぼれる 넘쳐 흐르다
- ☐ 込(こ)める 담다, 넣다
- ☐ 殺(ころ)す 죽이다
- ☐ 壊(こわ)す 부수다

さ

- ☐ 栄(さか)える 성해지다, 번창하다
- ☐ 捜(さが)す 찾다
- ☐ 支(ささ)える 지탱하다 N3표기
- ☐ 誘(さそ)う 꾀다, 권유하다, 부르다
- ☐ 妨(さまた)げる 방해하다
- ☐ 騒(さわ)ぐ 떠들다
- ☐ 敷(し)く 깔다, 펴다
- ☐ 従(したが)う 따르다
- ☐ 縛(しば)る 묶다, 결박하다 N3문규
- ☐ しまう 끝나다, 넣다 N3문규
- ☐ 占(し)める 차지하다 N3읽기
- ☐ 知(し)らせる 알리다
- ☐ 知(し)られる 알려지다
- ☐ 記(しる)す 적다, 기록하다
- ☐ 吸(す)う 들이마시다, (담배를) 피우다
- ☐ すく (배가) 고프다
- ☐ 過(す)ごす 보내다 N3표기
- ☐ 勧(すす)める 권하다
- ☐ 薦(すす)める 추천하다

- ☐ 探(さが)す 찾다
- ☐ 咲(さ)く (꽃이) 피다 N3표기
- ☐ 指(さ)す 가리키다
- ☐ 覚(さ)ます 깨우다
- ☐ 覚(さ)める 깨다 N3문규
- ☐ しかる 혼내다
- ☐ 沈(しず)む 가라앉다, 내려앉다 N3문규
- ☐ 親(した)しむ 친하게 지내다
- ☐ しびれる 마비되다, 저리다
- ☐ 示(しめ)す 나타내다 N3읽기·표기
- ☐ しゃべる 수다를 떨다 N3문규·유의
- ☐ 調(しら)べる 조사하다
- ☐ 知(し)る 알다
- ☐ 信(しん)じる・信(しん)ずる 믿다 N3표기·유의
- ☐ 過(す)ぎる 지나다 N3유의
- ☐ 優(すぐ)れる 뛰어나다
- ☐ 進(すす)む 나아가다, (시계가) 빨라지다 N3표기
- ☐ 進(すす)める 진척시키다
- ☐ 捨(す)てる 버리다

☐ 済ませる (す) 마치다, 끝내다	☐ 済む (す) 끝나다
☐ ずれる 어긋나다, 벗어나다	☐ 座る (すわ) 앉다 N3표기
☐ 接する (せっ) 접하다 N3문규	☐ 迫る (せま) 다가오다, 강요하다
☐ 攻める (せ) 공격하다	☐ 注ぐ (そそ) (액체를) 붓다, 따르다
☐ 育つ (そだ) 자라다, 성장하다 N3읽기	☐ 育てる (そだ) 키우다 N3표기
☐ 備える (そな) 대비하다	☐ そらす 돌리다, 피하다
☐ 存じる (ぞん) 알다	

た

☐ 対する (たい) 대하다	☐ 倒す (たお) 넘어뜨리다
☐ 倒れる (たお) 넘어지다	☐ 高まる (たか) 높아지다
☐ 高める (たか) 높이다	☐ 抱く (だ) 안다
☐ 確かめる (たし) 확인하다 N3문규·유의	☐ 出す (だ) 꺼내다, 부치다
☐ 助かる (たす) 살아나다	☐ 助ける (たす) 구조하다, 살리다 N3표기
☐ 戦う (たたか) 싸우다, 전투하다 N3문규	☐ 畳む (たた) 접다, 개다 N3문규
☐ 漂う (ただよ) 떠돌다, 감돌다	☐ たつ (시간·때 등이) 지나다 N3문규·유의
☐ 達する (たっ) 달하다 N3표기	☐ 立てる (た) 세우다
☐ 建てる (た) 세우다, 짓다	☐ 例える (たと) 예를 들다, 비유하다
☐ 頼む (たの) 부탁하다, 의뢰하다 N3유의	☐ たまる 쌓이다 N3유의·용법
☐ 黙る (だま) 말을 하지 않다 N3유의	☐ ためる 모으다, 저축하다 N3문규
☐ 頼る (たよ) 의지하다 N3문규	☐ 足りる (た) 충분하다
☐ 違う (ちが) 다르다	☐ 散らす (ち) 어지르다
☐ 通じる・通ずる (つう)(つう) 통하다 N3문규	☐ 疲れる (つか) 피로해지다 N3표기·유의
☐ 付く (つ) 붙다, 묻다	☐ 作る (つく) 만들다
☐ 造る (つく) 만들다, 꾸미다	☐ 付ける (つ) (몸에) 익히다 N3문규·용법
☐ 伝える (つた) 전하다 N3읽기	☐ 伝わる (つた) 전해지다 N3용법

☐ 続く 계속되다 N3읽기·표기		☐ 続ける 계속하다	
☐ 包む 포장하다 N3읽기·표기		☐ 努める 노력하다 N2표기	
☐ 勤める 근무하다 N3표기		☐ つながる 이어지다, 연결되다	
☐ つなぐ 매다, 묶다		☐ つなげる 매다, 묶다	
☐ つぶす 으깨다, (시간을) 때우다, 허비하다		☐ つぶれる 찌부러지다, 허비되다	
☐ 積む 쌓다		☐ 詰める 채우다, 좁히다	
☐ 積もる 쌓이다		☐ 連れる 데리고 가다	
☐ できる 할 수 있다 N3유의		☐ できる 다 되다, 만들어지다	
☐ 出る 나오다, 나가다		☐ 通す 통하게 하다, 안내하다	
☐ 通る 통과하다, 합격하다		☐ 解く 풀다 N3표기	
☐ 解ける 풀리다		☐ 溶ける 녹다, 풀리다	
☐ 閉じる 닫다, 감다 N3읽기·문규		☐ 届く 닿다	
☐ 届ける 보내어 주다 N3유의		☐ 整える 조절하다	
☐ どなる 고함치다, 야단치다 N3용법		☐ 飛ぶ 날다, 급히 가다 N3표기	
☐ 跳ぶ 뛰다, 도약하다		☐ 止まる 멈추다, 멎다	
☐ 泊まる 숙박하다, 묵다		☐ 伴う 따르다, 수반하다	
☐ 取る 잡다, 집다, 취하다 N3유의		☐ 取れる (시간이) 나다, 풀리다	

な

☐ 治す 고치다, 치료하다		☐ 直す 고치다	
☐ 治る 낫다		☐ 直る 고쳐지다	
☐ 流す 흘리다, 씻어 내다 N3읽기		☐ 眺める 바라보다	
☐ 流れる 흐르다 N3표기·문규		☐ 泣く 울다	
☐ 鳴く (새 등이) 울다		☐ 慰める 위로하다 N3용법	
☐ 亡くなる 죽다, 돌아가다		☐ 無くなる 없어지다	
☐ 投げる 던지다 N3표기		☐ 悩む 고민하다	

☐ 習う 배우다		☐ 並ぶ 늘어서다, 줄을 서다 N3읽기	
☐ 並べる 늘어놓다		☐ なる 되다	
☐ 鳴る 울리다		☐ 慣れる 익숙해지다 N3표기	
☐ におう 냄새가 나다		☐ 握る 쥐다, 잡다 N3용법·문규	
☐ にぎわう 붐비다		☐ 逃げる 도망치다 N3표기	
☐ 似る 닮다 N3유의·용법		☐ 縫う 꿰매다, 누비고 나아가다	
☐ 抜く 뽑다, 거르다		☐ 抜ける 빠지다	
☐ 塗る 바르다, 칠하다		☐ 濡れる 젖다	
☐ 願う 바라다 N3표기		☐ 眠らせる 재우다 N3표기	
☐ 眠る 자다		☐ 寝る 자다	
☐ 残す 남기다		☐ 残る 남다, 여분이 생기다 N3읽기·유의	
☐ 乗せる 태우다		☐ 載せる 위에 놓다, 싣다	
☐ 除く 제거하다		☐ 望む 바라다	
☐ 臨む 임하다		☐ 伸ばす 펴다, 성장시키다	
☐ 延ばす (시일을) 연장시키다 N3문규		☐ 伸びる 늘다, 자라다	
☐ 延びる 길어지다, (길이가) 연장되다		☐ 述べる 말하다, 진술하다	
☐ 載る 실리다			

は

☐ 生える (이·풀 등이) 나다 N3읽기		☐ ばかげる 시시하다, 말 같잖다	
☐ 計る (시간·정도를) 재다 N3용법		☐ 量る (무게·용적을) 재다 N3용법	
☐ 測る (길이·깊이를) 재다 N3읽기·용법		☐ 励む 힘쓰다	
☐ 運ぶ 운반하다		☐ 外す (자리를) 비우다	
☐ 始める 시작하다		☐ 外れる 빠지다, 벗어나다	
☐ 働く 일하다 N3읽기		☐ 話す 이야기하다 N3문규·유의	
☐ 離す 떼다, 풀다 N3용법		☐ 放す 놓다, 풀어 놓다	

☐ 離(はな)れる	떨어지다	☐ 省(はぶ)く	생략하다, 없애다 N3표기
☐ はやる	유행하다	☐ 払(はら)う	지불하다
☐ 張(は)る	뻗치다	☐ 晴(は)れる	개다
☐ 冷(ひ)える	차가워지다 N3읽기	☐ 光(ひか)る	빛나다 N3유의
☐ ひく	(차 따위가) 치다	☐ 引(ひ)く	끌다
☐ 弾(ひ)く	(악기를) 연주하다, 치다	☐ 響(ひび)く	울리다
☐ 冷(ひ)やす	차게 하다, 식히다	☐ 拾(ひろ)う	줍다
☐ 広(ひろ)がる	퍼지다, 번지다 N3표기	☐ 広(ひろ)げる	넓히다, 펼치다
☐ 広(ひろ)まる	넓어지다	☐ 広(ひろ)める	넓히다
☐ ふく	닦다 N3문규	☐ 防(ふせ)ぐ	막다, 방지하다 N3문규
☐ ぶつかる	부딪치다	☐ ぶつける	부딪다 N3문규
☐ 振(ふ)る	흔들다 N3문규	☐ 触(ふ)れる	접촉하다, 닿다
☐ 減(へ)らす	줄이다, 덜다	☐ 減(へ)る	줄다 N3읽기·유의
☐ 干(ほ)す	말리다 N3읽다	☐ ほほえむ	미소 짓다
☐ 掘(ほ)る	파다		

ま

☐ 任(まか)せる	맡기다	☐ 曲(ま)がる	꺾다, 돌다, 굽다 N3유의
☐ まく	뿌리다	☐ 巻(ま)く	감다
☐ 曲(ま)げる	(곧은 것을) 구부리다 N3용법	☐ 交(ま)ぜる・混(ま)ぜる	섞다 N3용법
☐ まとめる	모으다, 통합하다	☐ 学(まな)ぶ	배우다 N3유의
☐ 守(まも)る	지키다 N3읽기·표기·문규	☐ 迷(まよ)う	헤매다 N3문규
☐ 回(まわ)す	돌리다 N3표기	☐ 回(まわ)る	돌다
☐ 満(み)ちる	차다	☐ 見(み)つかる	들키다, 발견되다
☐ 見(み)つける	찾아내다, 발견하다	☐ 実(みの)る	열매를 맺다, 여물다
☐ 迎(むか)える	맞이하다 N3읽기	☐ 向(む)く	향하다

☐ むく	(껍질을) 벗기다 N3문규	☐ 向ける	향하다, 돌리다
☐ 結ぶ	잇다, 매다, 묶다 N3표기	☐ 命じる・命ずる	명령하다 N3표기
☐ 目立つ	눈에 띄다	☐ もうかる	벌이가 되다
☐ もうける	벌다	☐ 設ける	마련하다, 설치하다
☐ 申す	말하다	☐ 用いる	사용하다 N3표기
☐ 戻す	되돌리다 N2읽기	☐ 基づく	의거하다
☐ 求める	구하다, 사다		

や

☐ 焼く	태우다, 굽다 N3표기	☐ 養う	기르다, 양육하다
☐ 休める	쉬게 하다, 휴식시키다	☐ 宿る	머물다, 묵다
☐ 破れる	찢어지다 N3문규, N2표기	☐ 敗れる	패하다
☐ 破る	깨뜨리다, 어기다	☐ 辞める	그만두다 N3표기
☐ やる	주다	☐ やる	하다 N3유의
☐ 止む	그치다, 멎다	☐ 止める	그만두다 N3유의
☐ 譲る	양보하다	☐ ゆでる	데치다, 삶다 N3용법
☐ 許す	허락하다, 용서하다 N3문규	☐ 揺れる	흔들리다
☐ 汚れる	더러워지다 N3읽기	☐ 寄る	들르다
☐ 弱る	약해지다, 곤란해지다		

ら

☐ 論じる・論ずる	논하다		

わ

☐ 分かる	알다, 판명되다 N3유의	☐ 分かれる	갈리다, 나뉘다
☐ 別れる	헤어지다 N3표기·문규	☐ わく	솟다, 떠오르다

☐ 沸く	끓다	☐ 分ける	나누다, 가르다 N3문규
☐ 忘れる	잊다, 잊고 오다	☐ 渡す	건네다, 넘기다 N3읽기
☐ 渡る	건너다 N3유의	☐ 笑う	웃다 N3읽다
☐ 割る	깨다	☐ 割れる	깨지다 N3읽기·표기

3 출제 예상 복합동사

☐ 集め終わる	다 모으다	☐ あてはまる	들어맞다
☐ 歩み寄る	걸어서 다가가다	☐ 言い返す	말대답하다, 말을 되받다
☐ 言い過ぎる	말이 지나치다	☐ 言い出す	말을 꺼내다
☐ 言い立てる	주장하다	☐ 言い寄る	구애하다
☐ 浮かび上がる	떠오르다	☐ 受け入れる	받아들이다 N3용법
☐ 受け付ける	접수하다	☐ 受け取る	수취하다, 받다
☐ 動き始める	옮겨가기 시작하다	☐ 打ち合わせる	미리 상의하다
☐ 打ち直す	다시 치다	☐ 移り始める	옮겨가기 시작하다
☐ 奪い取る	강탈하다	☐ 裏切る	배반하다, 어긋나다
☐ 追い返す	돌려보내다	☐ 売り切れる	다 팔리다 N3유의
☐ 追い付く	따라잡다 N3문규	☐ 落ち着く	침착하다 N3용법
☐ 思い上がる	우쭐하다	☐ 思い出す	생각해내다, 회상하다
☐ 思い付く	(문득) 생각이 떠오르다	☐ 買い取る	매입하다
☐ 帰り始める	돌아가기 시작하다	☐ 書き入れる	써넣다
☐ 書き変える	고쳐 쓰다	☐ 書き出す	(필요한 것을) 뽑아 쓰다
☐ 書き慣れる	써서 익숙해지다	☐ かき回す	휘젓다

☐ 駆け寄る　달려오다	☐ 片付く　정돈되다
☐ 片付ける　정리하다, 치우다　N3유의	☐ 片寄る　치우치다
☐ 変わり続ける　계속 변하다	☐ 頑張る　분발하다
☐ 着替える・着替える　갈아입다	☐ 傷付ける　상처를 입히다
☐ 気付く　눈치채다, 깨닫다	☐ 際立つ　두드러지다, 눈에 띄다
☐ 区切る　단락 짓다, 구획 짓다　N3용법	☐ くっつく　(착) 늘러붙다
☐ 組み立てる　조립하다	☐ 繰り返す　되풀이하다
☐ 腰掛ける　걸터앉다	☐ 支払う　지불하다, 치르다
☐ 締め切る　마감하다	☐ 知り合う　서로 알게 되다
☐ 知れ渡る　널리 알려지다	☐ 住み慣れる　오래 살아 정들다
☐ 攻め立てる　맹렬히 공격하다	☐ 抱き合う　서로 껴안다
☐ 出し切る　다 내다	☐ 助け合う　서로 돕다
☐ 立ち寄る　들르다	☐ 食べ終わる　다 먹다
☐ 頼り過ぎる　너무 의지하다	☐ 使い終わる　다 사용하다
☐ 使い始める　사용하기 시작하다	☐ 近づく　다가오다
☐ 使い切る　다 쓰다	☐ 疲れ切る　완전히 지치다
☐ 付き合う　사귀다, 교제하다	☐ 作り変える　고쳐 만들다
☐ 出来上がる　완성되다	☐ 出直す　다시 시작하다
☐ 出回る　나돌다	☐ 問い返す　되묻다
☐ 通り過ぎる　지나가다　N3용법	☐ 飛び出す　뛰쳐나오다
☐ 飛び付く　달려들다	☐ 飛び回る　뛰어다니다
☐ 取り入れる　받아들이다, 도입하다	☐ 取り組む　맞붙다, 몰두하다
☐ 取り消す　취소하다	☐ 取り込む　거둬들이다
☐ 取り戻す　되찾다	☐ 泣き付く　울며 매달리다
☐ 名付ける　이름짓다	☐ 鳴り出す　울리기 시작하다
☐ 成り立つ　성립하다	☐ 鳴り渡る　울려 퍼지다

☐ 似合う	잘 맞다, 어울리다 N3용법	☐ 逃げ回る	도망다니다
☐ 飲み過ぎる	과음하다	☐ 飲み続ける	계속 마시다
☐ 飲み回す	돌려 가며 마시다	☐ 乗り切る	극복하다
☐ はき慣れる	신어서 익숙해지다	☐ 走り回る	뛰어다니다
☐ 働き過ぎる	과로하다	☐ 働き続ける	계속 일하다
☐ 話し合う	서로 이야기하다	☐ 話しかける	말을 걸다 N3문규·용법
☐ 払い込む	불입하다	☐ 晴れ渡る	활짝 개다
☐ 引き受ける	떠맡다, 인수하다 N3문규·용법	☐ 引き出す	꺼내다 N3표기
☐ ひっかかる	걸리다	☐ 引っ越す	이사하다
☐ 引っ張る	끌다, 끌어당기다	☐ 振り込む	불입하다
☐ 降り出す	내리기 시작하다	☐ 振り回す	휘두르다
☐ ほめ立てる	격찬하다	☐ 待ち合わせる	만나기로 하다
☐ 待ち受ける	(오는 것을) 기다리다	☐ 間違える	잘못하다
☐ 守り続ける	계속 지키다	☐ 見送る	전송하다, 배웅하다 N3용법
☐ 見終わる	다 보다	☐ 見受ける	(보고) 판단하다
☐ 見返す	거듭 보다	☐ 満ちあふれる	차고 넘치다
☐ 見直す	다시 보다, 재점검하다	☐ 見慣れる	낯익다
☐ 見回す	둘러보다	☐ 迎え入れる	맞아들이다
☐ 向き合う	마주 보다, 상대하다	☐ 召し上がる	드시다
☐ 申し上げる	말씀드리다	☐ 申し込む	신청하다
☐ 持ち歩く	가지고 다니다	☐ 持ち帰る	집에 싸가지고 가다
☐ 盛り上がる	고조되다	☐ 焼き付く	(깊이) 새겨지다
☐ やり直す	다시 하다 N3유의	☐ 行き渡る	골고루 미치다
☐ 譲り受ける	물려받다	☐ 夢見る	꿈을 꾸다
☐ 呼びかける	호소하다 N3문규	☐ 読み取る	알아채다
☐ 渡り合う	논쟁하다	☐ 割り込む	끼어들다

❹ 출제 예상 い형용사

- ☐ 明るい 밝다, 정통하다 N3유의
- ☐ 温かい 따뜻하다 N3읽기
- ☐ 危ない 위험하다 N3유의
- ☐ 甘い 달다 N3표기
- ☐ 荒い 거칠다
- ☐ 淡い 옅다
- ☐ 忙しい 바쁘다 N3표기
- ☐ 薄い 얇다, 연하다
- ☐ うまい 맛있다, 솜씨가 좋다 N3문규
- ☐ 嬉しい 기쁘다
- ☐ 多い 많다
- ☐ おしい 아깝다 N3문규
- ☐ 恐ろしい 두렵다, 겁나다 N3문규·유의
- ☐ おもしろい 재미있다
- ☐ かまわない 상관없다 N3유의
- ☐ 軽い 가볍다
- ☐ 汚い 더럽다 N3읽기
- ☐ 臭い 고약한 냄새가 나다, 구리다
- ☐ 暗い 어둡다
- ☐ 詳しい 상세하다 N3문규, N2표기
- ☐ 濃い 짙다, 진하다 N3문규
- ☐ 細かい 잘다, 자세하다 N3읽기·표기
- ☐ さしつかえない 지장이 없다 N3유의

- ☐ 浅い 얕다 N3읽기
- ☐ 厚い 두텁다 N3읽기
- ☐ 怪しい 수상하다, 의심스럽다
- ☐ 危うい 위태롭다 N3유의
- ☐ ありがたい 감사하다, 고맙다
- ☐ いい 좋다
- ☐ 痛い 아프다 N3표기
- ☐ 美しい 아름답다 N3읽기
- ☐ うらやましい 부럽다, 샘이 나다
- ☐ 偉い 훌륭하다, 심하다
- ☐ おかしい 이상하다 N3문규
- ☐ 遅い 늦다 N3표기
- ☐ おとなしい 얌전하다
- ☐ 固い 단단하다, 굳다 N3읽기
- ☐ 我慢強い 참을성 있다
- ☐ かわいらしい 귀엽다, 사랑스럽다
- ☐ きつい 심하다, 고되다 N3유의
- ☐ 悔しい 분하다 N3문규
- ☐ 苦しい 괴롭다, 난처하다 N3읽기
- ☐ 険しい 험하다
- ☐ 恋しい 그립다 N3표기
- ☐ こわい 무섭다 N3유의
- ☐ しかたがない 할 수 없다 N3문규

☐ 親(した)しい	친하다 N3용법	☐ しつこい	집요하다 N3문규
☐ 少(すく)ない	적다 N3유의	☐ すごい	무섭다, 굉장하다, 대단하다
☐ 素晴(すば)らしい	훌륭하다 N3유의	☐ すまない	미안하다 N3유의
☐ 鋭(するど)い	날카롭다 N3문규	☐ 狭(せま)い	좁다
☐ 高(たか)い	높다, 비싸다, (키가) 크다	☐ 楽(たの)しい	즐겁다
☐ たやすい	쉽다, 용이하다	☐ だるい	나른하다 N3용법, N1문규
☐ つまらない	시시하다, 재미없다	☐ つらい	괴롭다, 냉혹하다
☐ 乏(とぼ)しい	부족하다	☐ とんでもない	당치도 않다 N3문규
☐ 長(なが)い	길다	☐ 懐(なつ)かしい	그립다 N3문규
☐ ぬるい	미지근하다	☐ 激(はげ)しい	심하다, 격렬하다
☐ 恥(は)ずかしい	부끄럽다	☐ 早(はや)い	이르다
☐ 速(はや)い	빠르다 N3표기	☐ 低(ひく)い	낮다, (키가) 작다 N3문규
☐ 久(ひさ)しい	오래다	☐ 広(ひろ)い	넓다
☐ 深(ふか)い	깊다 N3읽기	☐ 欲(ほ)しい	하고 싶다, 탐나다
☐ 細(ほそ)い	가늘다, 좁다 N3표기	☐ 貧(まず)しい	가난하다 N3문규·용법
☐ まぶしい	눈부시다 N3유의	☐ 丸(まる)い	둥글다 N3읽기
☐ 見苦(みぐる)しい	보기 흉하다	☐ 短(みじか)い	짧다 N3읽기
☐ 難(むずか)しい	어렵다	☐ 珍(めずら)しい	드물다, 진귀하다
☐ 申(もう)し訳(わけ)ない	미안하다 N3유의	☐ 易(やさ)しい	쉽다
☐ 優(やさ)しい	온순하다, 상냥하다	☐ 安(やす)い	싸다
☐ ややこしい	까다롭다, 복잡하다	☐ 緩(ゆる)い	느슨하다 N3문규
☐ 良(よ)い	좋다 N3읽기	☐ 若(わか)い	젊다 N3읽기·표기
☐ 悪(わる)い	나쁘다 N3유의		

5 출제 예상 な형용사

- 明らかだ 분명하다, 명백하다 N3용법
- 安全だ 안전하다
- 偉大だ 위대하다
- いやだ 싫다, 하고 싶지 않다
- 永遠だ 영원하다
- 永久的だ 영구적이다 N3표기
- 大幅だ 대폭적이다
- 横断的だ 횡단적이다 N3읽기
- 主だ 주되다 N3읽기·문규
- 確実だ 확실하다
- かなりだ 상당하다
- 感心だ 기특하다 N3용법
- 簡単だ 간단하다 N3유의
- 危険だ 위험하다
- 貴重だ 귀중하다
- 急激だ 급격하다
- 器用だ 재주가 있다 N3표기
- 巨大だ 거대하다 N3표기
- きれいだ 깨끗하다, 예쁘다
- 苦痛だ 고통스럽다
- 決定的だ 결정적이다
- 健康だ 건강하다 N3표기
- 効果的だ 효과적이다 N3용법

- あたりまえだ 당연하다 N3문규
- 意外だ 의외이다
- 一般的だ 일반적이다 N3읽기·표기
- 印象的だ 인상적이다 N3문규
- 永久だ 영구하다
- 円満だ 원만하다
- 大まかだ 대범하다, 대략적이다
- 同じだ 같다 N3유의
- 快適だ 쾌적하다
- 活動的だ 활동적이다 N3용법
- 可能だ 가능하다
- 完全だ 완전하다 N3유의·문규
- 感動的だ 감동적이다 N3문규
- 規則的だ 규칙적이다 N3표기·유의
- 基本的だ 기본적이다
- 急だ 갑작스럽다 N3용법
- 強力だ 강력하다
- 気楽だ 마음이 편하다, 홀가분하다
- 具体的だ 구체적이다
- 経験的だ 경험적이다
- 下品だ 품위가 없다
- 建設的だ 건설적이다 N3용법
- 公式的だ 공식적이다

☐ 肯定的だ (こうていてき)	긍정적이다	☐ 個人的だ (こじんてき)	개인적이다 N3읽기·표기
☐ 困難だ (こんなん)	곤란하다	☐ 根本的だ (こんぽんてき)	근본적이다
☐ 最終的だ (さいしゅうてき)	최종적이다	☐ 幸いだ (さいわ)	행복하다 N3읽기
☐ 盛んだ (さか)	성하다, 번창하다 N3문규	☐ 様々だ (さまざま)	여러 가지이다
☐ 残念だ (ざんねん)	유감스럽다 N3유의	☐ 幸せだ (しあわ)	행복하다
☐ 静かだ (しず)	조용하다 N3유의	☐ 自然だ (しぜん)	자연스럽다 N3읽기
☐ 自動的だ (じどうてき)	자동적이다 N3문규	☐ 習慣的だ (しゅうかんてき)	습관적이다
☐ 自由だ (じゆう)	자유롭다	☐ 重大だ (じゅうだい)	중대하다
☐ 十分だ (じゅうぶん)	충분하다	☐ 重要だ (じゅうよう)	중요하다
☐ 主要だ (しゅよう)	주요하다 N3읽기	☐ 順調だ (じゅんちょう)	순조롭다
☐ 商業的だ (しょうぎょうてき)	상업적이다 N3읽기	☐ 正直だ (しょうじき)	정직하다 N3읽기·용법
☐ 上手だ (じょうず)	능숙하다 N3유의	☐ 上品だ (じょうひん)	품위가 있다
☐ 丈夫だ (じょうぶ)	튼튼하다	☐ 真剣だ (しんけん)	진지하다
☐ 深刻だ (しんこく)	심각하다	☐ 親切だ (しんせつ)	친절하다
☐ 新鮮だ (しんせん)	신선하다 N3용법	☐ 心配だ (しんぱい)	걱정스럽다 N3표기·유의
☐ 親密だ (しんみつ)	친밀하다	☐ 数学的だ (すうがくてき)	수학적이다
☐ 好きだ (す)	좋아하다	☐ 素敵だ (すてき)	멋지다
☐ 素直だ (すなお)	순진하다, 솔직하다	☐ 正確だ (せいかく)	정확하다
☐ 清潔だ (せいけつ)	청결하다 N3문규·용법, N2읽기	☐ 精神的だ (せいしんてき)	정신적이다
☐ 精密だ (せいみつ)	정밀하다	☐ 積極的だ (せっきょくてき)	적극적이다 N3문규·표기, N2문규
☐ 絶対的だ (ぜったいてき)	절대적이다	☐ 全国的だ (ぜんこくてき)	전국적이다 N3읽기
☐ 全面的だ (ぜんめんてき)	전면적이다	☐ 専門的だ (せんもんてき)	전문적이다 N3표기
☐ そっくりだ	꼭 닮다 N3문규·유의·용법	☐ 退屈だ (たいくつ)	따분하다
☐ 大丈夫だ (だいじょうぶ)	괜찮다	☐ 代表的だ (だいひょうてき)	대표적이다 N3문규
☐ 大変だ (たいへん)	대단하다, 엄청나다, 힘들다 N3유의	☐ 体力的だ (たいりょくてき)	체력적이다 N3문규
☐ 確かだ (たし)	확실하다 N3문규	☐ 短気だ (たんき)	성급하다 N3유의
☐ 単純だ (たんじゅん)	단순하다 N3유의	☐ 単調だ (たんちょう)	단조롭다

☐	直接的だ 직접적이다 N3표기	☐	適当だ 적당하다
☐	当然だ 당연하다 N3유의	☐	同様だ 다름없다
☐	得意だ 자신이 있다 N3읽기·유의	☐	特異だ 특이하다
☐	独断的だ 독단적이다	☐	特徴的だ 특징적이다 N3문규
☐	独特だ 독특하다	☐	特別だ 특별하다
☐	なだらかだ 원활하다 N3용법	☐	なめらかだ 매끄럽다, 순조롭다
☐	苦手だ 서투르다 N3문규	☐	賑やかだ 활기차다, 북적이다
☐	肉体的だ 육체적이다	☐	入念だ 정성들이다, 존중하다
☐	派手だ 화려하다 N3문규	☐	必要だ 필요하다 N3표기
☐	否定的だ 부정적이다	☐	皮肉だ 짓궂다, 빈정거리다 N3표기
☐	表面的だ 표면적이다 N3읽기	☐	不安だ 불안하다 N3문규·유의·용법
☐	複雑だ 복잡하다 N3문규	☐	不思議だ 불가사의하다, 이상하다
☐	無事だ 무사하다 N3문규	☐	不順だ 불순하다
☐	不正だ 부정하다	☐	不慣れだ 익숙하지 않다
☐	部分的だ 부분적이다 N3읽기	☐	不明だ 확실하지 않다
☐	無礼だ 무례하다	☐	平易だ 평이하다
☐	平気だ 아무렇지도 않다, 걱정 없다	☐	平和だ 평화롭다 N3문규
☐	下手だ 서툴다	☐	変だ 이상하다 N3유의
☐	法外だ 당치 않다, 터무니없다	☐	朗らかだ 명랑하다
☐	本格的だ 본격적이다	☐	本当 진짜이다 N3유의
☐	間近 아주 가깝다	☐	まれだ 드물다, 희소하다
☐	満足だ 만족하다 N3표기	☐	見事だ 훌륭하다
☐	夢中だ 열중하다, 몰두하다 N3읽기·용법	☐	無用だ 쓸모없다, 필요 없다
☐	無理だ 무리이다	☐	明確だ 명확하다
☐	面倒だ 귀찮다 N2표기	☐	有効だ 유효하다
☐	優秀だ 우수하다	☐	有名だ 유명하다

- ☐ 豊かだ 풍부하다
- ☐ 容易だ 용이하다, 손쉽다 N3표기
- ☐ 楽だ 편안하다 N3유의·용법
- ☐ 良好だ 양호하다
- ☐ ゆるやかだ 완만하다
- ☐ 余計だ 쓸데없다
- ☐ 立派だ 훌륭하다 N3문규
- ☐ わがままだ 제멋대로다

6 출제 예상 부사

あ

- ☐ あとから 나중에, 뒤에
- ☐ あまりにも 너무나도
- ☐ いきなり 갑자기 N3문규·유의
- ☐ 一度 한번 N3문규
- ☐ 一番 가장, 제일 N3유의
- ☐ いつか 언젠가 N3문법
- ☐ 一層 한층 더, 더욱 더
- ☐ いたって 매우, 대단히
- ☐ 一般に 일반적으로 N3읽기·표기
- ☐ 今でも 지금도, 현재도
- ☐ 今にも 이제 곧, 당장에라도
- ☐ うっかり 깜빡 N3문규
- ☐ うろうろ 어정버정
- ☐ お互いに 서로, 피차 N3표기
- ☐ 思い切り・思いっ切り 마음껏
- ☐ 思わず 엉겁결에, 무의식 중에
- ☐ あまり 그다지, 별로
- ☐ 案外 뜻밖에도, 예상 외로 N3읽기
- ☐ いちいち 일일이, 하나하나 N3용법
- ☐ 一度に 일시에, 한꺼번에
- ☐ 一面に 전면에, 온통
- ☐ 一切 일절, 전혀, 전연
- ☐ 一体 도대체
- ☐ いつのまにか 어느새 N3문법
- ☐ いつも 늘, 항상 N3유의
- ☐ 今に 곧, 조만간, 언젠가
- ☐ いよいよ 마침내, 드디어 N3문규
- ☐ うっすり・うっすら 희미하게, 엷게
- ☐ 大まかに 대충
- ☐ おそらく 아마, 어쩌면 N3유의
- ☐ 主に 주로 N3문규

か

- 格別 각별, 특별, (뒤에 부정이 와서) 별로
- 必ず 반드시 N3표기·유의
- かなり 제법, 꽤
- からから 텅 비어 있는 모양
- きちんと 정확히, 규칙 바르게
- 逆に 반대로, 거꾸로
- きらきら 반짝반짝
- ぐっすり 푹 (잠)
- 結局 결국 N3문규
- こっそり(と) 몰래

- がっかり 실망하는 모양 N3문규·유의
- 必ずしも 반드시~라고는 N3문규
- からから 바싹 마른 모양 N3문규
- がらがら 텅텅 비어 있는 모양 N3문규
- きっぱり(と) 딱 잘라서, 단호히
- 急に 갑자기 N3용법
- 際立って 두드러지게, 눈에 띄게
- ぐらぐら 흔들흔들, 근들근들
- けっこう 그런대로, 제법, 충분히

さ

- 幸い 다행히 N3읽기
- さっき 아까, 조금 전 N3유의
- ざっと 대충, 대강
- 更に 더욱더, 다시금
- 自然(に)・自然(と) 자연(히), 저절로 N3읽기
- しっかり 꼭, 단단히 N3문규
- 実際に 실제로, 참으로
- 実は 실은, 사실은
- しばらく 잠시 N3문규
- 十分(に) 충분히
- 徐々に 서서히
- ずうっと 쭉, 계속(ずっと의 힘준말)

- 盛んに 계속적으로
- 早速 즉시, 당장 N3문규
- さっぱり 전혀, 전연
- しきりに 연달아, 빈번히
- 次第に 점차, 점점 N3표기·문규·유의
- じっくり(と) 차분히, 곰곰이
- 実に 실로 N3용법
- しばしば 자주, 종종
- 若干 약간
- 主として 주로
- ずいぶん 대단히, 몹시, 퍽
- すぐ 바로 N3유의

- □ 少なくとも 적어도
- □ すぐに 곧, 즉시
- □ すごく 굉장히
- □ 少し 조금 N3유의
- □ 少しも 조금도 N3용법
- □ すこぶる 몹시, 대단히
- □ 進んで 자진하여
- □ すっかり 죄다, 모두, 아주, 완전히
- □ ずっと 쭉, 훨씬
- □ 既に 이미, 벌써
- □ すべて 모두, 전부 N3유의
- □ すなわち 즉
- □ せっかく 모처럼
- □ 絶対(に) 절대로 N3유의
- □ せめて 적어도 N3용법
- □ 全然 전연, 전혀 N3유의
- □ 全部 전부 N3읽기·유의
- □ そうそう 서두르는 모양, 부랴부랴
- □ 相当 상당히
- □ 続々(と) 잇달아, 끊임없이 N3문규
- □ そっくり 전부, 몽땅, 모조리
- □ そっと 살짝, 몰래 N3유의·문규
- □ そのうち 일간, 머지않아
- □ そろそろ 슬슬 N3용법

た

- □ 第一 무엇보다도, 우선
- □ 大して 그다지, 별로
- □ 大体 대략, 대체로 N3유의
- □ たいてい 대개
- □ だいぶ 상당히, 어지간히
- □ たいへん 몹시, 대단히
- □ 絶えず 끊임없이
- □ たくさん 많이
- □ たしか 아마 N3용법
- □ 確かに 확실히, 틀림없이
- □ 多少 다소, 좀, 약간
- □ ただ 오직, 그저, 오로지
- □ 直ちに 즉시, 당장 N3문규
- □ たちまち 금세, 갑자기
- □ たった 단지, 겨우, 오직
- □ たとえ 비록, 설사 N3용법
- □ 例えば 예를 들면
- □ たびたび 여러 번, 자주
- □ たぶん 아마
- □ たまに 어쩌다가, 이따금
- □ たまには 때로는
- □ 断然 단연(코), 결단코
- □ だんだん 점점, 점차
- □ ちゃんと 착실하게, 틀림없이 N3문규

- [ ] つい 무심코, 그만
- [ ] ついに 드디어, 마침내, 결국
- [ ] 次々(に) 잇달아, 연달아 N3유의
- [ ] 常に 늘, 항상
- [ ] つまり 결국, 즉, 요컨대
- [ ] できるかぎり 가능한 한
- [ ] できるだけ 가능한 한
- [ ] 点々 점점이
- [ ] どうしても 아무리 해도 N3문규
- [ ] 当然 당연히
- [ ] とうてい 도저히
- [ ] どうにか 그런 대로, 겨우겨우
- [ ] どきどき 두근두근 N3문규·용법
- [ ] 特に 특히
- [ ] 突然 돌연, 갑자기 N3문규·유의
- [ ] どっと 왈칵, 우르르 N3용법
- [ ] とても 매우, 무척
- [ ] とても 도저히
- [ ] とにかく 하여간, 어쨌든, 좌우간
- [ ] 共に 다 같이, 함께, 동시에
- [ ] どんどん 계속, 자꾸

な

- [ ] なるべく 가능한 한
- [ ] 何で 어째서, 무슨 이유로
- [ ] 何でも 무엇이든지 N3문규
- [ ] 何とか 어떻게든, 간신히
- [ ] にこにこ 생긋생긋, 싱글벙글, 생글생글
- [ ] 二度と (결코) 다시는, 두 번 다시
- [ ] 年中 항상, 늘, 일년 내내 N3유의
- [ ] のちほど 나중에
- [ ] のんびり 한가로이, 유유히

は

- [ ] ばらばら 후드득후드득, 불쑥불쑥
- [ ] ぱらぱら 비 따위가 조금 오는 모양
- [ ] 比較的 비교적
- [ ] ぴかぴか 번쩍번쩍
- [ ] 非常に 대단히, 몹시
- [ ] ぴったり 빈틈없이 맞는 모양, 꼭, 딱 N3문규
- [ ] ひとりでに 저절로, 자연히
- [ ] 無事(に) 무사히 N3문규
- [ ] 再び 재차, 다시
- [ ] ふらふら 휘청휘청, 비틀비틀 N3문규
- [ ] ぶらぶら 어슬렁어슬렁, 빈둥빈둥 N3문규
- [ ] ぺこぺこ 몹시 배가 고픈 모양

- □ ぺらぺら 외국어를 잘 지껄이는 모양, 줄줄, 술술
- □ ほっと 안심함 N1유의
- □ ほとんど 대부분, 거의 N3문규
- □ ほぼ 거의, 대부분, 대개, 대강
- □ 本当(ほんとう)に 정말이지, 실로, 참으로

ま

- □ まあまあ 그저 그런 정도임
- □ ますます 더욱더, 점점 더
- □ また 또, 또한
- □ 全(まった)く 전혀, 아주, 완전히 N3유의
- □ まもなく 머지않아 N3유의
- □ まるで 마치, 전혀
- □ 万一(まんいち)・万(まん)が一(いち) 만일, 만약
- □ 目立(めだ)って 눈에 띄게
- □ もう 이제, 이미 N3문법
- □ もう一度(いちど) 한 번 더
- □ もうすぐ 이제 곧 N3유의
- □ もちろん 물론 N3문규·유의
- □ 最(もっと)も 가장 N3유의

や

- □ やく 약 N3유의
- □ やっと 겨우, 간신히
- □ ゆっくり(と) 천천히
- □ ようやく 차츰, 겨우
- □ よく 잘, 자주, 종종 N3유의
- □ 喜(よろこ)んで 기꺼이 N3문규

わ

- □ わくわく 두근두근
- □ わずか 불과, 약간
- □ わりと 비교적
- □ わりに 비교적

7 출제 예상 외래어

- アイデア・アイディア 아이디어 N3유의
- アナログ 아날로그
- アルコール 알코올
- アルバム 앨범
- イメージ 이미지 N3문규
- インターネット 인터넷
- インフルエンザ 유행성 감기, 인플루엔자
- エネルギー 에너지
- エンジン 엔진 N3문규
- オーダー 오더, 주문
- オープン 오픈
- カー 자동차
- カーブする 굽다, 구부러지다 N3문규·유의
- ガソリン 가솔린, 휘발유
- カタログ 카탈로그 N3문규
- カバー 커버, 덮개, 뚜껑
- ガラス 유리
- キーワード 키워드, 중심어
- キッチン 키친, 부엌 N3유의
- クイズ 퀴즈
- クラスメート 클래스메이트, 급우
- クラブ 클럽
- クリーム 크림

- アドバイス 어드바이스, 조언 N3문규
- アニメ 애니메이션
- アルバイト 아르바이트
- アンケート 앙케트
- インク・インキ 잉크
- インタビュー 인터뷰 N3문규
- ウェーブ 웨이브, 곱슬곱슬함
- エリート 엘리트
- オイル 기름 N3유의
- オーバーする 오버하다, 초과하다
- オリンピック 올림픽
- カード 카드
- カセット 카세트
- ガソリンスタンド 주유소
- カット 컷, 삭제
- カバーする 커버하다 N3문규
- キー 키, 열쇠, 실마리
- ギター 기타
- キャンセル 캔슬, 취소 N3문규
- クーラー 쿨러, 냉방 장치
- グラフ 그래프
- クリーニング 클리닝, 세탁, 특히 드라이크리닝
- グループ 그룹

☐ ケース	케이스, 경우, 용기	☐ ゲーム	게임
☐ コース	코스	☐ コーナー	코너, 구석
☐ コスト	코스트, 비용	☐ コピー	카피, 복사 N3문규
☐ コミュニケーション	커뮤니케이션	☐ コンクール	콩쿠르
☐ コンディション	컨디션	☐ コンビニ	편의점
☐ サービス	서비스 N3문규	☐ サイズ	사이즈, 크기 N3유의
☐ サイト	웹사이트	☐ サイン	사인
☐ サラリー	샐러리, 월급	☐ サラリーマン	샐러리맨
☐ サンプル	샘플 N3유의	☐ シークレット	시크릿, 비밀
☐ シーズン	시즌, 시기, 계절	☐ システム	시스템
☐ ショー	쇼	☐ ショーウィンドー	쇼윈도
☐ ジョーク	조크, 농담	☐ スープ	수프
☐ スカーフ	스카프, 목도리	☐ スキー	스키
☐ スケート	스케이트	☐ スケジュール	스케줄 N3문규·유의
☐ スタート	스타트 N3문규	☐ ステージ	스테이지, 무대
☐ ストレス	스트레스	☐ スパゲッティ	스파게티
☐ スピーチ	스피치, 연설	☐ スペース	스페이스, 공간
☐ スポーツ	스포츠, 운동	☐ セール	세일, 판매
☐ セット	세트, 조절, 세팅, (도구 등의) 한 벌 N3문규	☐ ゼミ	세미나, 연습
☐ セミナー	세미나	☐ ターミナル	터미널
☐ ダイエット	다이어트	☐ タイトル	타이틀, 제목
☐ タイプ	타입	☐ タイヤ	타이어
☐ ダンス	댄스, 춤	☐ チーム	팀 N3문규
☐ チェックアウト	체크아웃	☐ チェックイン	체크인
☐ チェックする	체크하다 N3유의	☐ チェックポイント	체크 포인트
☐ チェンジ	체인지, 교체, 바꿈	☐ チケット	티켓

☐ チップ 팁	☐ チャレンジ 챌린지, 도전 N3문규
☐ チャンス 찬스, 기회 N3유의	☐ テイクアウト 테이크 아웃, 포장 판매
☐ デート 데이트	☐ テーマ 테마 N3문규
☐ テキスト 텍스트, 교재	☐ デザイン 디자인
☐ デジタル 디지털	☐ デジタルカメラ 디지털카메라
☐ テスト 테스트, 검사, 시험	☐ テニスコート 테니스 코트
☐ トイレットペーパー 화장지	☐ ドライブ 드라이브 N3용법
☐ ドラマ 드라마 N3문규	☐ トラブル 트러블, 분쟁
☐ トレーニング 트레이닝, 훈련, 연습	☐ ノック 노크 N3문규
☐ パーセント 퍼센트	☐ ハード 하드, 엄격함, 고됨
☐ バイキング 바이킹	☐ バイト 아르바이트
☐ バス 바스, 목욕(탕)	☐ パス 패스, 합격
☐ バッグ 백, 가방	☐ パッケージ 패키지
☐ バランス 밸런스, 균형	☐ パレード 퍼레이드
☐ パンフレット 팜플렛 N3문규	☐ ハンバーガー 햄버거
☐ ピクニック 피크닉, 소풍	☐ ビジネス 비즈니스
☐ ビデオ 비디오	☐ ヒント 힌트, 암시 N3문규, N1유의
☐ ファックス 팩스	☐ ファッション 패션
☐ ファン 팬	☐ プラス 플러스
☐ プラットホーム 플랫폼	☐ フランス 프랑스
☐ プリンター 프린터	☐ プリント 프린트, 인쇄(물)
☐ ペット 애완동물	☐ ペットボトル 페트병
☐ ベンチ 벤치	☐ ペンチ 펜치
☐ ボーナス 보너스, 상여금	☐ ホーム 플랫폼
☐ ホーム 홈, 가정	☐ ホームステイ 홈스테이
☐ ホームページ 홈페이지	☐ ボール 볼, 그릇

☐ ポケット 포켓, 주머니		☐ ポスター 포스터	
☐ ホステル 호스텔		☐ ポスト 우체통	
☐ ホストファミリー 호스트 패밀리		☐ ボタン 버튼, 단추	
☐ マーク 마크, 표시		☐ マイク 마이크	
☐ マイナス 마이너스		☐ マナー 매너 N3문규	
☐ マラソン 마라톤		☐ マンション 맨션	
☐ ミス 실수		☐ メール 메일	
☐ メッセージ 메시지		☐ メニュー 메뉴, 식단	
☐ メモ 메모		☐ メリット 메리트, 장점	
☐ メンバー 멤버		☐ ユーモア 유머 N3용법	
☐ ユニホーム 유니폼		☐ ライオン 사자	
☐ ライト 라이트, 빛		☐ ラッシュアワー 러시아워	
☐ ランチ 런치		☐ リーダー 리더	
☐ リサイクル 재활용 N3문규		☐ リスト 리스트, 목록	
☐ リビング 리빙(룸)		☐ ルーム 룸, 방	
☐ ルール 룰, 규칙		☐ レッスン 레슨	
☐ レベル 레벨 N3문규		☐ レンタカー 렌터카	
☐ レンタル 렌털, 임대		☐ ワンピース 원피스	

8 출제 예상 파생어

접두어

- □ **悪~** (あく) 악~
  - 悪影響 (あくえいきょう) 악영향
  - 悪条件 (あくじょうけん) 악조건
  - 悪感情 (あくかんじょう) 악감정
  - 悪天候 (あくてんこう) 악천후
  - 悪趣味 (あくしゅみ) 악취미

- □ **一~** (いち) 일개
  - 一視聴者 (いちしちょうしゃ) 일개 시청자
  - 一民間人 (いちみんかんじん) 일개 민간인
  - 一社会人 (いちしゃかいじん) 일개 사회인
  - 一新聞記者 (いちしんぶんきしゃ) 일개 신문 기자

- □ **各~** (かく) 각~
  - 各駅 (かくえき) 각 역
  - 各家庭 (かくかてい) 각 가정
  - 各方面 (かくほうめん) 각 방면
  - 各学生 (かくがくせい) 각 학생
  - 各社 (かくしゃ) 각 사
  - 各学校 (かくがっこう) 각 학교
  - 各車両 (かくしゃりょう) 각 차량

- □ **現~** (げん) 현~ N2형성
  - 現時点 (げんじてん) 현시점
  - 現首相 (げんしゅしょう) 현 수상
  - 現社長 (げんしゃちょう) 현 사장
  - 現住所 (げんじゅうしょ) 현주소

- □ **好~** (こう) 호~
  - 好景気 (こうけいき) 호경기
  - 好天気 (こうてんき) 좋은 날씨
  - 好条件 (こうじょうけん) 호조건
  - 好都合 (こうつごう) 형편이 좋음

- □ **高~** (こう) 고~ N2형성
  - 高学歴 (こうがくれき) 고학력 N3표기
  - 高性能 (こうせいのう) 고성능 N2형성
  - 高血圧 (こうけつあつ) 고혈압
  - 高収入 (こうしゅうにゅう) 고수입 N2형성

- □ **再~** (さい) 재~ N2형성
  - 再検討 (さいけんとう) 재검토
  - 再提出 (さいていしゅつ) 재제출 N2형성
  - 再利用 (さいりよう) 재이용 N3읽기, N2읽기
  - 再使用 (さいしよう) 재사용
  - 再発行 (さいはっこう) 재발행
  - 再調査 (さいちょうさ) 재조사
  - 再放送 (さいほうそう) 재방송

- □ **主~** (しゅ) 주~
  - 主原料 (しゅげんりょう) 주원료 N3표기

- □ **新~** (しん) 신~
  - 新製品 (しんせいひん) 신제품

- □ **正~** (せい) 정~
  - 正会員 (せいかいいん) 정회원
  - 正比例 (せいひれい) 정비례
  - 正社員 (せいしゃいん) 정사원
  - 正反対 (せいはんたい) 정반대

- □ **全~** (ぜん) 전~, 전체~ N3문규
  - 全学生 (ぜんがくせい) 전 학생
  - 全産業 (ぜんさんぎょう) 전 산업
  - 全世界 (ぜんせかい) 전 세계
  - 全速力 (ぜんそくりょく) 전속력
  - 全教科 (ぜんきょうか) 전 교과
  - 全従業員 (ぜんじゅうぎょういん) 전 종업원
  - 全責任 (ぜんせきにん) 전 책임
  - 全国民 (ぜんこくみん) 전 국민
  - 全生徒 (ぜんせいと) 전체 학생 N3문규
  - 全自動 (ぜんじどう) 전자동

접두어	의미	예시		
☐ 多~	다~	多機能 다기능 多目的 다목적	多国籍 다국적	多方面 다방면
☐ 第~	제~	第一 첫 번째	第二 두 번째	第三 세 번째
☐ 当~ (N1문규)	당~	当研究所 당 연구소 当ホテル 당 호텔	当事務室 당 사무실	当図書館 당 도서관
☐ 大~	대~	大家族 대가족 大事件 대사건 大失敗 대실패	大規模 대규모 大都会 대도시	大賛成 대찬성 大都市 대도시
☐ 短~	단~	短期間 단기간 N3문규	短距離 단거리	短時間 단시간
☐ 長~	장~	長時間 장시간	長距離 장거리	長期間 장기간
☐ 同~	동~	同年齢 동연령		
☐ 非~ (N2형성)	비~	非現実的 비현실적 非常識 비상식, 몰상식	非公開 비공개	非公式 비공식
☐ 不~	부~, 불~	不安定 불안정함 不規則 불규칙함 N3표기·유의 不必要 불필요함	不可能 불가능함 不自由 부자유함 N3표기	不完全 불완전함 N3문규 不正直 부정직함
☐ 毎~	매~	毎回 매회	毎土曜 매 토요일	毎年度 매년도
☐ 未~	미~	未解決 미해결 未発達 미발달	未確認 미확인 未発表 미발표	未完成 미완성
☐ 無~	무~	無関係 무관계 無条件 무조건 無表情 무표정	無意味 무의미 無責任 무책임	無計画 무계획 無得点 무득점
☐ 名~	명~	名演説 명연설 名場面 명장면 N2형성	名監督 명감독 名判決 명판결	名産地 명산지
☐ 要~	요~	要介護 요간호 要検討 요검토	要観察 요관찰	要注意 요주의
☐ 翌~	다음 (날)~	翌朝 다음날 아침	翌営業日 다음 영업일	翌月曜 다음 월요일

□ 老~ ろう	노~	老学者 ろうがくしゃ 노학자	老教授 ろうきょうじゅ 노교수	老婦人 ろうふじん 노부인
		老眼鏡 ろうがんきょう 노안경, 돋보기		

접미어

□ ~案 あん	~안	改革案 かいかくあん 개혁안 減税案 げんぜいあん 감세안	企画案 きかくあん 기획안 妥協案 だきょうあん 타협안	契約案 けいやくあん 계약안
□ ~位 い	~위	一位 いちい 1위	二位 にい 2위	三位 さんい 3위 N3문규
□ ~一 いち	~제일	社内一 しゃないいち 사내 제일 日本(日本)一 にほん(にっぽん)いち 일본 제일	世界一 せかいいち 세계 제일	東洋一 とうよういち 동양 제일
□ ~員 いん	~원	会社員 かいしゃいん 회사원 N3읽기·표기 調査員 ちょうさいん 조사원	公務員 こうむいん 공무원 通信員 つうしんいん 통신원	作業員 さぎょういん 작업원 販売員 はんばいいん 판매원
□ ~園 えん	~원	植物園 しょくぶつえん 식물원 幼稚園 ようちえん 유치원	動物園 どうぶつえん 동물원	保育園 ほいくえん 보육원
□ ~下 か	~하	監督下 かんとくか 감독하 戦時下 せんじか 전시하	管理下 かんりか 관리하	支配下 しはいか 지배하
□ ~化 か	~화	機械化 きかいか 기계화 工業化 こうぎょうか 공업화 商業化 しょうぎょうか 상업화 N3읽기	近代化 きんだいか 근대화 国際化 こくさいか 국제화 表面化 ひょうめんか 표면화 N3읽기	具体化 ぐたいか 구체화 N3표기 自由化 じゆうか 자유화
□ ~価 か	~가	栄養価 えいようか 영양가 販売価 はんばいか 판매가	原子価 げんしか 원자가	購入価 こうにゅうか 구입가
□ ~科 か	~과	家庭科 かていか 가정과 皮膚科 ひふか 피부과	社会科 しゃかいか 사회과 普通科 ふつうか 고등학교 보통 교육 과정	小児科 しょうにか 소아과
□ ~家 か	~가	小説家 しょうせつか 소설가 努力家 どりょくか 노력가	政治家 せいじか 정치가	専門家 せんもんか 전문가 N3표기
□ ~歌 か	~가	応援歌 おうえんか 응원가	主題歌 しゅだいか 주제가	流行歌 りゅうこうか 유행가
□ ~課 か	~과	営業課 えいぎょうか 영업과 交通安全課 こうつうあんぜんか 교통안전과	学生課 がくせいか 학생과 人事課 じんじか 인사과	経理課 けいりか 경리과

☐ ~会(かい)	~회	委員会(いいんかい) 위원회 N3표기 音楽会(おんがくかい) 음악회 同窓会(どうそうかい) 동창회		運動会(うんどうかい) 운동회 生徒会(せいとかい) 학생회 発表会(はっぴょうかい) 발표회 N3문규		演奏会(えんそうかい) 연주회 N3문규 説明会(せつめいかい) 설명회	
☐ ~界(かい)	~계	医学界(いがくかい) 의학계 N3형성 芸能界(げいのうかい) 연예계 政治界(せいじかい) 정치계		映画界(えいがかい) 영화계 自然界(しぜんかい) 자연계		経済界(けいざいかい) 경제계 商業界(しょうぎょうかい) 상업계 N3읽기	
☐ ~外(がい)	~외	勤務外(きんむがい) 근무 외 予想外(よそうがい) 예상 외		時間外(じかんがい) 시간 외 想像外(そうぞうがい) 상상 외 N3읽기		問題外(もんだいがい) 문제 외	
☐ ~係(がかり)	~담당	会計係(かいけいがかり) 회계 담당 図書係(としょがかり) 도서 담당		進行係(しんこうがかり) 진행 담당		接待係(せったいがかり) 접대 담당	
☐ ~学(がく)	~학	経営学(けいえいがく) 경영학 N3읽기 人類学(じんるいがく) 인류학 N2읽기 分類学(ぶんるいがく) 분류학		社会学(しゃかいがく) 사회학 政治学(せいじがく) 정치학		心理学(しんりがく) 심리학 人間学(にんげんがく) 인간학	
☐ ~箇所(かしょ)	~군데, 개소	3箇所(さんかしょ) 3군데		2箇所(にかしょ) 2군데		破損箇所(はそんかしょ) 파손 개소	
☐ ~型(がた)	~형	血液型(けつえきがた) 혈액형 N3읽기·표기 都市型(としがた) 도시형		最新型(さいしんがた) 최신형		出世型(しゅっせがた) 출세형	
☐ ~官(かん)	~관	外交官(がいこうかん) 외교관 試験官(しけんかん) 시험관		警察官(けいさつかん) 경찰관		検査官(けんさかん) 검사관	
☐ ~巻(かん)	~권	一巻(いっかん) 1권		二巻(にかん) 2권		三巻(さんかん) 3권	
☐ ~間(かん)	~간	兄弟間(きょうだいかん) 형제간		夫婦間(ふうふかん) 부부간		4日間(よっかかん) 4일간	
☐ ~感(かん)	~감	季節感(きせつかん) 계절감 達成感(たっせいかん) 달성감		使命感(しめいかん) 사명감 満足感(まんぞくかん) 만족감		責任感(せきにんかん) 책임감	
☐ ~館(かん)	~관	写真館(しゃしんかん) 사진관		図書館(としょかん) 도서관		美術館(びじゅつかん) 미술관	
☐ ~観(かん)	~관	宇宙観(うちゅうかん) 우주관 職業観(しょくぎょうかん) 직업관		価値観(かちかん) 가치관		自然観(しぜんかん) 자연관	
☐ ~器(き)	~기	呼吸器(こきゅうき) 호흡기 洗面器(せんめんき) 세면기		消火器(しょうかき) 소화기		消化器(しょうかき) 소화기, 소화 기관	

☐ ～期 (き)	～기	産卵期 (さんらんき)	산란기	試験期 (しけんき)	시험기	思春期 (ししゅんき)	사춘기
		少年期 (しょうねんき)	소년기	青年期 (せいねんき)	청년기	反抗期 (はんこうき)	반항기
		幼児期 (ようじき)	유아기				
☐ ～機 (き)	～기	洗濯機 (せんたくき)	세탁기	飛行機 (ひこうき)	비행기		
☐ ～客 (きゃく)	～객	観光客 (かんこうきゃく)	관광객 N3표기	招待客 (しょうたいきゃく)	초대객	登山客 (とざんきゃく)	등산객
		利用客 (りようきゃく)	이용객	旅行客 (りょこうきゃく)	여행객		
☐ ～局 (きょく)	～국	事務局 (じむきょく)	사무국	通信局 (つうしんきょく)	통신국	電話局 (でんわきょく)	전화국
		編集局 (へんしゅうきょく)	편집국	放送局 (ほうそうきょく)	방송국	郵便局 (ゆうびんきょく)	우체국
		ラジオ局 (きょく)	라디오국				
☐ ～金 (きん)	～금	資本金 (しほんきん)	자본금	入学金 (にゅうがくきん)	입학금	配当金 (はいとうきん)	배당금
		保証金 (ほしょうきん)	보증금				
☐ ～具 (ぐ)	～(기)구	運動具 (うんどうぐ)	운동 기구	救命具 (きゅうめいぐ)	구명구	文房具 (ぶんぼうぐ)	문방구
		防寒具 (ぼうかんぐ)	방한구				
☐ ～語 (ご)	～어	共通語 (きょうつうご)	공통어	現代語 (げんだいご)	현대어	世界語 (せかいご)	세계어
		日本語 (にほんご)	일본어				
☐ ～口 (くち)	～구	改札口 (かいさつぐち)	개찰구 N3읽기				
☐ ～組 (ぐみ)	～패	年少組 (ねんしょうぐみ)	나이 어린 패	年長組 (ねんちょうぐみ)	나이 많은 패	落第組 (らくだいぐみ)	낙제생 패
☐ ～券 (けん) N3표기	～권	乗車券 (じょうしゃけん)	승차권 N3표기	入場券 (にゅうじょうけん)	입장권 N3표기	割引券 (わりびきけん)	할인권
☐ ～湖 (こ)	～호	河口湖 (かわぐちこ)	가와구치호	相模湖 (さがみこ)	사가미호	琵琶湖 (びわこ)	비와호
☐ ～港 (こう)	～항	自由港 (じゆうこう)	자유항	貿易港 (ぼうえきこう)	무역항	輸出港 (ゆしゅつこう)	수출항
		輸入港 (ゆにゅうこう)	수입항				
☐ ～込み (こみ)	～을 포함	消費税込み (しょうひぜいこみ)	소비세 포함	税込み (ぜいこみ)	세금 포함	送料込み (そうりょうこみ)	송료 포함
☐ ～差 (さ)	～차	一点差 (いってんさ)	일점차 N3표기	温度差 (おんどさ)	온도차	個人差 (こじんさ)	개인차
		性格差 (せいかくさ)	성격차	地域差 (ちいきさ)	지역차		
☐ ～歳 (さい) N3표기	～세, ～살	一歳 (いっさい)	한 살	二歳 (にさい)	두 살	三歳 (さんさい)	세 살

접미어	뜻	예시		
□ ～際(さい) N3읽기·표기	～때	お帰(かえ)りの際(さい) 돌아가실 때	この際(さい) 이때	非常(ひじょう)の際(さい) 비상시
□ ～先(さき)	～처	勤務先(きんむさき) 근무처 取引先(とりひきさき) 거래처	出張先(しゅっちょうさき) 출장지 N3읽기 連絡先(れんらくさき) 연락처	勤(つと)め先(さき) 근무하는 곳
□ ～産(さん) N3문규	～산	アメリカ産(さん) 미국산 日本産(にほんさん) 일본산	韓国産(かんこくさん) 한국산 フランス産(さん) 프랑스산	中国産(ちゅうごくさん) 중국산
□ ～紙(し)	～지	試験紙(しけんし) 시험지	新聞紙(しんぶんし) 신문지	包装紙(ほうそうし) 포장지
□ ～式(しき)	～식	化学式(かがくしき) 화학식 卒業式(そつぎょうしき) 졸업식	最新式(さいしんしき) 최신식	自動式(じどうしき) 자동식
□ ～室(しつ)	～실	実験室(じっけんしつ) 실험실 面会室(めんかいしつ) 면회실	手術室(しゅじゅつしつ) 수술실	図書室(としょしつ) 도서실
□ ～車(しゃ)	～차	救急車(きゅうきゅうしゃ) 구급차	自動車(じどうしゃ) 자동차	商業車(しょうぎょうしゃ) 상업차 N3읽기
□ ～社(しゃ)	～사	新聞社(しんぶんしゃ) 신문사	赤十字社(せきじゅうじしゃ) 적십자사	旅行社(りょこうしゃ) 여행사
□ ～者(しゃ)	～자	応募者(おうぼしゃ) 응모자 N3읽기 経営者(けいえいしゃ) 경영자 参加者(さんかしゃ) 참가자 実力者(じつりょくしゃ) 실력자 N3읽기 代表者(だいひょうしゃ) 대표자 入館者(にゅうかんしゃ) 입관자 目撃者(もくげきしゃ) 목격자	関係者(かんけいしゃ) 관계자 経験者(けいけんしゃ) 경험자 支持者(しじしゃ) 지지자 正解者(せいかいしゃ) 정답자 N3표기 担当者(たんとうしゃ) 담당자 発見者(はっけんしゃ) 발견자 N3읽기 利用者(りようしゃ) 이용자	希望者(きぼうしゃ) 희망자 N3문규 欠席者(けっせきしゃ) 결석자 N3표기 実業者(じつぎょうしゃ) 실업자 N3읽기 生産者(せいさんしゃ) 생산자 当選者(とうせんしゃ) 당선자 発表者(はっぴょうしゃ) 발표자 N3문규 旅行者(りょこうしゃ) 여행자
□ ～手(しゅ)	～수	運転手(うんてんしゅ) 운전수	交換手(こうかんしゅ) 교환수 N3문규	
□ ～集(しゅう)	～집	作品集(さくひんしゅう) 작품집 問題集(もんだいしゅう) 문제집	写真集(しゃしんしゅう) 사진집	単語集(たんごしゅう) 단어집
□ ～中(じゅう)	～내내	一日中(いちにちじゅう) 하루 종일	世界中(せかいじゅう) 전 세계	部屋中(へやじゅう) 방 전체
□ ～所/所(しょ/じょ)		案内所(あんないじょ) 안내소 事務所(じむしょ) 사무소 N2표기	研究所(けんきゅうじょ) 연구소	出張所(しゅっちょうじょ) 출장소

☐ ~書 N3문규	~서	内訳書	내역서 N2용법	企画書	기획서	教科書	교과서
		参考書	참고서	証明書	증명서	専門書	전문서
		報告書	보고서 N2표기	申込書	신청서	領収書	영수증
☐ ~上 N1문규	~상	職業上	직업상	使用上	사용상	都合上	형편상
		歴史上	역사상 N1문규				
☐ ~場	~장	運動場	운동장	スキー場	스키장	駐車場	주차장 N3표기
☐ ~ずまい	~살이	田舎ずまい	시골살이	貸家ずまい	셋집살이	宿屋ずまい	여관살이
☐ ~性	~성	安全性	안전성 N2형성	可能性	가능성 N3읽기	危険性	위험성 N2형성
		現実性	현실성	生産性	생산성	必要性	필요성 N3표기
☐ ~席	~석	観客席	관객석 N3읽기	禁煙席	금연석	指定席	지정석
		特別席	특별석	普通席	보통석		
☐ ~代	~대, ~대금, ~값	残業代	잔업비 N3표기	修理代	수리비	新聞代	신문 대금
		洗濯代	세탁비	部屋代	방세	洋服代	양복값
☐ ~帯	~대	火山帯	화산대	時間帯	시간대 N2형성	地震帯	지진대
☐ ~地	~지	現在地	현재지	住宅地	주택지 N3읽기	出身地	출신지
		中心地	중심지 N3문규	目的地	목적지	遊園地	유원지
		旅行地	여행지				
☐ ~中	~중	演奏中	연주 중 N3문규	失業中	실업 중 N3읽기	出張中	출장 중 N3읽기·표기
		授業中	수업 중	調査中	조사 중		
		募集中	모집 중 N3읽기·표기·용법				
☐ ~長	~장	学校長	학교장	教育長	교육장	警察署長	경찰서장
		研究所長	연구소장	支店長	지점장	書記長	서기장
☐ ~帳	~장	写真帳	사진첩	日記帳	일기장	メモ帳	메모장
☐ ~通	~통	映画通	영화통	経済通	경제통	情報通	정보통
☐ ~的	~적	効果的	효과적	個人的	개인적 N3표기	世界的	세계적
		全国的	전국적 N3읽기	代表的	대표적 N3문규	直接的	직접적 N3표기
		表面的	표면적 N3읽기	部分的	부분적 N3읽기		

접미어	의미	예시		
~店(てん)	~점	食料品店(しょくりょうひんてん) 식료품점	販売店(はんばいてん) 판매점	料理店(りょうりてん) 요리점
~点(てん)	~점	共通点(きょうつうてん) 공통점 N3유의 注目点(ちゅうもくてん) 주목점 問題点(もんだいてん) 문제점	交差点(こうさてん) 교차로 沸騰点(ふっとうてん) 비등점 N3용법	出発点(しゅっぱつてん) 출발점 平均点(へいきんてん) 평균점
~度(ど)	~도	幸福度(こうふくど) 행복도 理解度(りかいど) 이해도	重要度(じゅうようど) 중요도	満足度(まんぞくど) 만족도
~道(どう)	~도(지방 행정 단체의 하나)	北海道(ほっかいどう) 북해도		
~内(ない)	~내	会社内(かいしゃない) 회사 내 期限内(きげんない) 기한 내	家庭内(かていない) 가정 내	期間内(きかんない) 기간 내
~人(にん)	~인	管理人(かんりにん) 관리인 保証人(ほしょうにん) 보증인	参考人(さんこうにん) 참고인	支配人(しはいにん) 지배인
~年生(ねんせい)	~학년	1年生(いちねんせい) 1학년	3年生(さんねんせい) 3학년	6年生(ろくねんせい) 6학년
~泊(はく)	~박	一泊(いっぱく) 1박	二泊(にはく) 2박	三泊(さんぱく) 3박
~費(ひ)	~비	運動費(うんどうひ) 운동비 参加費(さんかひ) 참가비 人件費(じんけんひ) 인건비	経営費(けいえいひ) 경영비 住宅費(じゅうたくひ) 주택비 生活費(せいかつひ) 생활비	交通費(こうつうひ) 교통비 申請費(しんせいひ) 신청비
~日(び)	~일	記念日(きねんび) 기념일	希望日(きぼうび) 희망일	出発日(しゅっぱつび) 출발일
~匹(ひき) N3표기	~마리	一匹(いっぴき) 한 마리	二匹(にひき) 두 마리	三匹(さんびき) 세 마리
~品(ひん)	~품	貴重品(きちょうひん) 귀중품 食料品(しょくりょうひん) 식료품 不良品(ふりょうひん) 불량품	記念品(きねんひん) 기념품 展示品(てんじひん) 전시품	国産品(こくさんひん) 국산품 発明品(はつめいひん) 발명품
~病(びょう)	~병	職業病(しょくぎょうびょう) 직업병 伝染病(でんせんびょう) 전염병	精神病(せいしんびょう) 정신병	成人病(せいじんびょう) 성인병
~府(ふ)	~부(지방 공공 단체의 하나)	大阪府(おおさかふ) 오사카부	京都府(きょうとふ) 교토부	
~部(ぶ) N3문규	~부	一部(いちぶ) 일부 N3문규 中心部(ちゅうしんぶ) 중심부	営業部(えいぎょうぶ) 영업부 何部(なんぶ) 몇 부	企画部(きかくぶ) 기획부 販売部(はんばいぶ) 판매부

☐ ~物	~물	郵便物 우편물		
☐ ~分	~분	一箇月分 한 달분	人数分 인원수분	不足分 부족분
☐ ~別	~별	主題別 주제별 著者別 저자별 能力別 능력별	職業別 직업별 年代別 연대별	体重別 체중별 年齢別 연령별
☐ ~法	~법	解決法 해결법 N3표기 料理法 요리법	指導法 지도법 N3유의	利用法 이용법
☐ ~味	~미	真実味 진실미, 진실성 現実味 현실미	人間味 인간미	人情味 인정미
☐ ~向き N3문규	~향	北向き 북향	東向き 동향 N3문규	
☐ ~向け	~용	一般向け 일반용	子供向け 어린이용	新学期向け 신학기용
☐ ~名	~명	会社名 회사명 企業名 기업명	学校名 학교명 団体名 단체명	科目名 과목명 旅行名 여행명
☐ ~面	~면	安全面 안전면 精神面 정신면	価格面 가격면 N3읽기	経済面 경제면
☐ ~よい	~멀미	車よい 차멀미	二日よい 숙취	船よい 뱃멀미
☐ ~用	~용	贈り物用 선물용 散歩用 산책용 女性用 여성용	家庭用 가정용 実験用 실험용 水泳用 수영용	工業用 공업용 業務用 업무용 パソコン用 컴퓨터용
☐ ~流	~식	自己流 자기식 日本流 일본식	西洋流 서양식	日本人流 일본인식
☐ ~料	~료	キャンセル料 취소료 使用料 사용료 N3문규	広告料 광고료 入場料 입장료	受験料 수험료 配達料 배달료 N3문규
☐ ~量	~량	降水量 강수량 出血量 출혈량 輸出量 수출량 N3표기	交通量 교통량 消費量 소비량 輸入量 수입량 N3표기	仕事量 작업량 読書量 독서량

☐ ~力 N2형성	~력	観察力	관찰력 N3문규	記憶力	기억력	経済力	경제력
		実行力	실행력	指導力	지도력	集中力	집중력 N2형성
		収納力	수납력	生活力	생활력	想像力	상상력 N3읽기·문규
		理解力	이해력 N3표기	労働力	노동력 N3읽기		
☐ ~路	~로	供給路	공급로	競走路	경주로	通学路	통학로
		輸送路	수송로				
☐ ~論	~론	教育論	교육론 N3표기	合理論	합리론	文学論	문학론
		理想論	이상론				

9 출제 예상 유의어

あ

☐ 相変わらず	변함없이 N3유의	≒ 前と同じで	전과 같이 N3유의
☐ 青空	푸른 하늘, 창공	≒ 晴天	맑은 하늘
☐ あがる	끝나다	≒ おわる	끝나다
☐ あきらめる	단념하다 N3유의	≒ やめる	그만두다 N3유의
☐ 明ける	(기간이) 끝나다 N3유의	≒ 終わる	끝나다 N3유의
☐ あたりまえ	당연함	≒ 当然	당연함 N3유의 / もちろん 물론 N3문규·유의
☐ あちこち	이곳저곳	≒ ほうぼう	여기저기 N3유의
☐ アドバイス	어드바이스, 조언 N3문규	≒ 助言	조언
☐ あぶら	기름 N3유의	≒ オイル	오일 N3유의
☐ あまりました	남았습니다 N3유의	≒ 多すぎて残りました	너무 많이 남았습니다 N3유의
☐ あやうい	위험하다 N3유의	≒ あぶない	위험하다 N3유의
☐ あらゆる	모든 N3유의	≒ すべての	모든 N3유의
☐ あわてる	허둥대다 N3유의	≒ 急ぐ	서두르다 N3유의

☐	案 안 N3유의	≒	アイデア・アイディア 아이디어 N3유의
☐	案外 뜻밖에도 N3읽기	≒	意外に 의외로
☐	安心する 안심하다	≒	ほっとする 안심하다 N3유의
☐	言い分 할 말, 주장	≒	主張 주장 N3문규
☐	行き先・行き先 행선지, 목적지	≒	目的地 목적지
☐	いきなり 갑자기 N3문규・유의	≒	突然 돌연, 갑자기 N3문규・유의 / 急に 갑자기 N3용법
☐	位置 위치 N3표기・유의	≒	場所 장소 N3표기・유의
☐	一切 일체, 일절	≒	すべて 모두
☐	一切 전연, 전혀	≒	全く 전혀 N3유의 / 全然 전연, 전혀 N3유의
			まるで 전혀
☐	入れ物 용기, 그릇	≒	容器 용기 / 器 그릇
☐	祝う 축하하다	≒	記念する 기념하다
☐	宇宙 우주	≒	コスモス 우주
☐	奪う 빼앗다 N3유의	≒	取る 빼앗다 N3유의
☐	うまい 솜씨가 좋다	≒	上手だ 능숙하다
☐	裏切る (예상에) 어긋나다	≒	がっかりさせる 실망시키다
☐	売り切れた 다 팔렸다 N3유의	≒	全部売れた 전부 팔렸다 N3유의
			すべて売れた 모두 팔렸다 N3유의
☐	選ぶ 고르다	≒	取る 택하다
☐	延期になった 연기되었다 N3유의	≒	後の別の日にやることになった 나중의 다른 날에 하게 되었다 N3유의
☐	横断禁止 횡단금지 N3유의	≒	渡ってはいけません 건너서는 안 됩니다 N3유의
☐	横断する 횡단하다	≒	渡る 건너다
☐	オープン 오픈	≒	開店 개점
☐	おかしな 우스운, 이상한 N3유의	≒	変な 이상한 N3유의
☐	起きる・起こる 일어나다	≒	発生する 발생하다
☐	おしゃべりな 수다스러운 N3유의	≒	よく話す 잘 말하는 N3유의

☐ おそらく 아마 N3유의	≒	たぶん 아마 N3유의
☐ おそろしい(経験) 무서운 (경험) N3문규·유의	≒	こわい(経験) 무서운 (경험) N3유의
☐ おそわる 배우다	≒	ならう 배우다
☐ 覚える 외우다, 익히다 N3유의	≒	暗記する 암기하다 N3유의·용법 習得する 습득하다 / 記憶する 기억하다

 か

☐ カーブする 굽다, 구부러지다 N3문규·유의	≒	曲がる 굽다, 구부러지다 N3유의·용법
☐ 回収する 회수하다 N3유의·용법	≒	集める 모으다 N3유의
☐ かえる 바꾸다	≒	交換する 교환하다
☐ 顔出し 얼굴을 내밂, 참석함	≒	参加 참가
☐ かがやく 빛나다 N3유의	≒	光る 빛나다 N3유의
☐ 確認して 확인하여	≒	調べて 점검하여 / 確かめて 확인하여 N3문규·유의 チェックして 체크하여 N3유의
☐ がっかりする 실망하다	≒	失望する 실망하다
☐ がっかりする・がっかりだ 유감이다 N3유의	≒	残念だ(と思う) 유감스럽다 N3유의
☐ 家内 아내, 집사람	≒	妻 처, 아내
☐ かまわない 상관없다	≒	さしつかえない 지장이 없다 N3유의
☐ がんばる 분발하다	≒	努力する 노력하다
☐ きず 상처 N3문규	≒	けが 부상
☐ きつい 고되다 N3유의	≒	大変だ 무척 힘들다 N3유의
☐ 喫煙 흡연	≒	たばこを吸ってもいいです 담배를 피워도 됩니다
☐ きっかけ 계기 N3문규·유의	≒	契機 계기 N3문규·유의
☐ キッチン 키친 N3유의	≒	台所 부엌 N3유의
☐ 気に入っている 마음에 드는 N3유의	≒	好きな 좋아하는 N3유의
☐ 決まり 규칙 N3유의	≒	規則 규칙 N3유의 / ルール 룰, 규칙

□ キャンセルする 캔슬하다	≒	取り消す 취소하다	
□ 教科書(きょうかしょ) 교과서	≒	テキスト 텍스트, 교과서	
□ 共通点(きょうつうてん) 공통점 N3유의	≒	同じところ 같은 점 N3유의	
□ 気をつける 조심하다	≒	注意する 주의하다	
□ 禁煙(きんえん) 금연	≒	たばこを吸ってはいけません 담배를 피워서는 안 됩니다	
□ くたびれた 지쳤다 N3유의	≒	疲れた 피곤하다 N3표기, N3유의	
□ 暮らし 살림, 생계, 일상생활	≒	生活 생활	
□ 暮らす 보내다, 살다	≒	生活する 생활하다	
□ 苦しい 난처하다	≒	困難だ 곤란하다 / 苦痛だ 고통스럽다	
□ ケース 케이스	≒	容器 용기	
□ 欠点(けってん) 결점 N3읽기·표기·유의	≒	悪いところ 나쁜 점 N3유의	
□ げんに 실제로	≒	実際に 실제로	
□ 購読する(こうどく) 구독하다	≒	取る 구독하다, 보다	
□ コスト 코스트, 원가, 가격	≒	値段 값 / 価格 가격 N3읽기 / 費用 비용 N3문규	
□ ことなる 다르다	≒	違う 다르다	
□ このあいだ 전날	≒	先日 전날 / この前 전번, 요전에	
□ このごろ 요즘 N3유의	≒	最近 최근 N3유의 / 近ごろ 최근, 요즘	
□ こまかい 자세하다	≒	くわしい 상세하다	
□ ころす 죽이다	≒	取る 죽이다	
□ 混雑している(こんざつ) 혼잡하다 N3유의	≒	客がたくさんいる 손님이 많이 있다 N3유의	

さ

□ サイズ 크기 N3유의	≒	大きさ 크기 N3유의	
□ 採用する(さいよう) 채용하다	≒	採る 뽑다, 채용하다	
□ サイン 사인	≒	署名 서명	
□ 盛んに(さか) 계속적으로	≒	しきりに 계속적으로, 끊임없이	

□ 差し支え 지장, 장애 N3유의	≒	問題 문제 N3유의
□ さっき 조금 전 N3유의	≒	少し前(に) 조금 전(에) N3유의
□ さっそく 당장, 즉시	≒	すぐに 바로
□ 参加する 참가하다	≒	加わる 참가하다
□ シークレット 시크릿, 비밀	≒	内緒 비밀 N3문규·유의 / 秘密 비밀
□ シーズン 시즌, 시기, 계절	≒	季節 계절 / 時期 시기
□ シーン 신, 장면	≒	場面 장면
□ 事件 사건	≒	できごと 사건, 일
□ 自然に・自然と 자연히	≒	ひとりでに 저절로
□ 次第に 점차, 차차 N3유의	≒	少しずつ 조금씩 N3유의 / だんだん 점점, 점차
□ したしい 친하다	≒	なかがいい 사이가 좋다
□ 実に 실로 N3용법	≒	本当に 실로, 참으로
□ 実は 사실은	≒	本当は 사실은
□ 指導している 지도하고 있다 N3유의	≒	教えている 가르치고 있다 N3유의
□ 若干 약간	≒	多少 다소, 약간
□ しゃべって 말하고 N3문규·유의	≒	話して 이야기하고 N3문규·유의
□ 手段 수단 N3표기·유의	≒	やり方 방법 N3유의
□ 正直だ 정직하다	≒	うそをつかない 거짓말을 하지 않다
□ ジョーク 조크, 농담	≒	冗談 농담
□ 徐々に 서서히	≒	少しずつ 조금씩 / ゆっくりと 천천히 だんだん 점점 / 次第に 점차 N3유의
□ しるす 기록하다	≒	取る 필기하다
□ 親身になって 정성껏	≒	愛情を持って 애정을 가지고
□ スケジュール 스케줄 N3문규·유의	≒	予定 예정 N3유의
□ すごく 대단히, 무척	≒	ひじょうに 매우, 몹시
□ スタートする 시작하다 N3문규	≒	出発する 출발하다 / 開始する 개시하다

- [ ] すでに 이미, 벌써 ≒ もう 이미, 벌써
- [ ] すべて 모두 N3유의 ≒ 全部(ぜんぶ) 전부 N3읽기·유의
- [ ] スペース 스페이스 ≒ 空間(くうかん) 공간
- [ ] スポーツ 스포츠, 운동 ≒ 運動(うんどう) 운동
- [ ] 正解(せいかい) 정해, 정답 ≒ 答(こた)え 답
- [ ] 正解(せいかい)だった 정답이었다 N3표기 ≒ よかった 다행이었다
- [ ] 清潔(せいけつ)に 청결하게 ≒ きれいに 깨끗하게
- [ ] 整理(せいり)する 정리하다 N3유의 ≒ 片(かた)づける 정리하다 N3유의
- [ ] 絶対(ぜったい)に 절대로, 반드시 N3유의 ≒ かならず 반드시 N3유의
- [ ] 相互(そうご) 상호 N3유의 ≒ たがい・(お)互(たが)いに 서로, 상호 N3표기·유의
- [ ] そっくりだ 꼭 닮다 N3유의 ≒ 似(に)ている 닮다 N3유의·용법
- [ ] そっと・そうっと 살짝, 가만히, 몰래 ≒ 静(しず)かに 조용히 N3유의

た

- [ ] たいして 그다지, 별로 ≒ あまり 그다지, 별로
- [ ] 体調(たいちょう) 몸의 상태 / 調子(ちょうし) 상태 / 状態(じょうたい) 상태 ≒ コンディション 컨디션
- [ ] だいぶ 꽤, 어지간히 ≒ かなり 꽤, 제법 / 相当(そうとう) 상당히
- [ ] ただ 무료, 공짜 ≒ 無料(むりょう) 무료
- [ ] ただちに 곧, 즉시 ≒ すぐに 곧
- [ ] 立入禁止(たちいりきんし) 출입금지 ≒ 入(はい)ってはいけません 들어가서는 안 됩니다
- [ ] 経(た)つ (시간이) 지나다 N3문규·유의 ≒ 過(す)ぎる 지나다 N3유의
- [ ] 食(た)べる 먹다 ≒ 取(と)る 먹다
- [ ] だまって 말을 하지 않고 N3유의 ≒ 何(なに)も言(い)わずに 아무말도 하지 않고 N3유의
- [ ] たまっている 쌓여 있다 N3유의 ≒ たくさん残(のこ)っている 많이 남아 있다 N3유의
- [ ] たりない 부족하다 ≒ 不足(ふそく)だ 부족하다
- [ ] 短気(たんき)だ 성미가 급하다 N3유의 ≒ すぐ怒(おこ)る 바로 화내다 N3유의

☐ 単純(たんじゅん)だ 단순하다 N3유의	≒	わかりやすい 알기 쉽다 N3유의	
☐ 旦那(だんな) 남편	≒	主人(しゅじん) 남편 / 夫(おっと) 남편	
☐ チケット 티켓	≒	きっぷ 표	
☐ チャンス 찬스 N3유의	≒	機会(きかい) 기회 N3유의	
☐ 注文(ちゅうもん)する 주문하다	≒	頼(たの)む 부탁하다, 의뢰하다 N3유의	
		オーダーする 오더하다	
☐ 通勤(つうきん)して 통근하고 N3유의	≒	仕事(しごと)に行(い)って 일하러 가고 N3유의	
☐ 使(つか)う 쓰다, 사용하다	≒	用(もち)いる 쓰다, 이용하다	
☐ つきあう 교제하다	≒	交際(こうさい)する 교제하다	
☐ 次々(つぎつぎ) 잇따라 N3유의	≒	どんどん 자꾸 N3유의	
☐ 手(て) 방법, 수단	≒	方法(ほうほう) 방법 N3표기·문규 / 手段(しゅだん) 수단 N3표기·유의	
☐ できている 만들어져 있다	≒	作(つく)られている 만들어져 있다	
☐ テスト 시험, 검사	≒	検査(けんさ) 검사 / 試験(しけん) 시험	
☐ どうしても 꼭 N3문규	≒	ぜひ 꼭 / 必(かなら)ず 반드시 N3표기	
☐ 得意(とくい)だ 특히 잘하다 N3유의	≒	上手(じょうず)にできる 능숙하게 할 수 있다 N3유의	
☐ 突然(とつぜん) 돌연, 갑자기 N3문규·유의	≒	いきなり 갑자기 N3문규·유의	
		急(きゅう)に 갑자기 N3유의·용법	
☐ とても 무척, 몹시	≒	相当(そうとう) 상당히 / たいへん 몹시, 대단히	
		非常(ひじょう)に 대단히, 몹시	
☐ とても 도저히	≒	とうてい 도저히	
☐ どなる 호통치다, 야단치다	≒	しかる 혼내다 / 怒(おこ)る 노하다, 꾸짖다 N3유의	
		怒(いか)る 노하다	
☐ とらえる 잡다	≒	取(と)る 쥐다	
☐ トラブル 트러블, 문제	≒	問題(もんだい) 문제 N3유의	
☐ とりけす 취소하다	≒	キャンセルする 캔슬하다, 취소하다	
☐ トレーニング 트레이닝, 훈련, 연습	≒	訓練(くんれん) 훈련 N3읽기 / 練習(れんしゅう) 연습	

な

□ 内緒で 비밀로 N3문규·유의	≒	こっそり 몰래 / 知らせずに 알리지 않고
□ 内緒にして 비밀로 하고 N3문규·유의	≒	だれにも話さないで 아무에게도 말하지 않고 N3유의·문규
□ 流れる 중지되다, 취소되다	≒	中止する 중지되다
□ なるべく 되도록	≒	できるだけ 가능한 한
		できるかぎり 가능한 한
□ 日中 주간	≒	昼間 주간
□ ぬぐ (모자 등을) 벗다	≒	取る 벗다, 풀다
□ 年中 항상, 늘, 일 년 내내 N3유의	≒	いつも 항상, 늘 N3유의
□ 残らず 남김없이, 죄다	≒	全部 전부
□ のぞく 제거하다	≒	取る 없애다
□ 延ばす 연장시키다	≒	延長させる 연장시키다

は

□ 配達する 배달하다 N3유의	≒	届ける 보내다 N3유의
□ はかる 재다	≒	取る 재다
□ パスした 패스했다	≒	合格した 합격했다 / 通った 합격했다
□ はやる 유행하다	≒	流行する 유행하다 N3문규
		人気がある 인기가 있다
□ 引き受ける 떠맡다	≒	担当する 담당하다
□ ピクニック 피크닉, 소풍	≒	遠足 소풍
□ ひびき 영향	≒	影響 영향
□ ヒント 힌트, 암시, 시사	≒	手がかり 단서
□ 不安だ 불안하다 N3문규·유의·용법	≒	心配だ 걱정스럽다 N3표기·유의
□ 不明だ 분명하지 않다	≒	明らかではない 분명하지 않다 N3용법
□ プラス 플러스, 이익	≒	たすけ 도움, 구원

☐ プラン 플랜, 계획	≒	計画 계획
☐ ふるさと 고향	≒	故郷 고향 / 郷里 고향
☐ へった 줄었다 N3읽기·유의	≒	少なくなった 적어졌다 N3유의
☐ 辺 부근, 근처	≒	あたり 부근, 근처
☐ ほぼ 거의, 대강	≒	だいたい 대강, 대개

ま

☐ マーク 마크	≒	しるし 표, 표시
☐ 孫 손자	≒	娘の息子 딸의 아들 N3유의
☐ 町 도회, 도시	≒	都会 도회 / 都市 도시
☐ まったく 전혀 N3유의	≒	ぜんぜん 전혀 N3유의
☐ まなぶ 배우다 N3유의	≒	勉強する 공부하다 N3유의
☐ まぶしい 눈부시다 N3유의	≒	明るすぎる 너무 밝다 N3유의
☐ まもなく 머지않아 N3유의	≒	もうすぐ 이제 곧 N3유의
☐ 見事だ 훌륭하다 N3유의	≒	すばらしい 훌륭하다 N3유의 / 立派だ 훌륭하다 N3문규
☐ ミス 미스, 실패, 잘못	≒	失敗 실패 / 間違い 잘못
☐ 見本 견본 N3유의	≒	サンプル 샘플, 견본 N3유의
☐ 目に見えて 눈에 띄게	≒	際立って 두드러지게 / 目立って 눈에 띄게
☐ メリット 메리트, 장점	≒	利点 이점 / 長所 장점
☐ もうしこみ 신청	≒	申請 신청
☐ もうしわけない 미안하다 N3유의	≒	すまない 미안하다 N3유의
☐ もし 만일	≒	万一 만일
☐ もっとも 가장 N3유의	≒	一番 가장 N3유의
☐ もらう 얻다, 받다	≒	取る 얻다
☐ 文句 불평	≒	不平 불평

☐ 約(やく) 약 N3유의	≒	大体(だいたい) 대략, 대개 N3유의 / たいてい 대개
☐ 宿(やど) 숙소, 여관, 숙박	≒	旅館(りょかん) 여관 / 宿泊(しゅくはく) 숙박
☐ やぶる 어기다, 깨다	≒	守(まも)らない 지키지 않다
☐ やりなおした 다시 했다 N3유의	≒	もう一度(いちど)やった 한번 더 했다 N3유의
☐ 用意(ようい) 용의, 준비	≒	準備(じゅんび) 준비 / 支度(したく) 채비, 준비 / 備(そな)え 준비, 대비
☐ 用心(ようじん)する 조심하다, 주의하다 N3유의	≒	注意(ちゅうい)する 주의하다 N3유의 気(き)をつける 조심하다 N3유의
☐ 翌年(よくねん)・翌年(よくとし) 익년, 다음 해 N3유의	≒	次(つぎ)の年(とし) 다음 해 N3유의
☐ 予約(よやく)する 예약하다	≒	取(と)る 예약하다
☐ 弱(よわ)っている 난처해 하고 있다	≒	困(こま)っている 난처해 하고 있다

☐ ライト 라이트, 빛	≒	光(ひかり) 빛
☐ 楽(らく)だ 편하다, 쉽다 N3유의	≒	簡単(かんたん)だ 간단하다 N3유의 / 容易(ようい)だ 용이하다, 손쉽다
☐ 料金(りょうきん) 요금	≒	ねだん 값, 가격
☐ レンタルする 임대하다	≒	かりる 빌리다

わ

☐ わけ 이유 N3유의	≒	理由(りゆう) 이유 N3유의

⑩ 출제 예상 접속사

- □ あるいは 또는, 혹은
- □ および 및
- □ しかも 게다가 N3 문규
- □ したがって 따라서 N3문규
- □ そこで 그래서 N3문규
- □ そのうえ 게다가
- □ それでも 그런데도, 그래도 N3문규
- □ それとも 그렇지 않으면 N3용법
- □ それなのに 그런데도
- □ それなら 그렇다면
- □ だが 그러나, 그렇지만
- □ ただし 단, 다만 N2문법
- □ ですから 그러니까
- □ ところが 그런데, 그러나
- □ ところで 그런데, 그건 그렇고
- □ なぜなら 왜냐하면
- □ または 또는

⑪ 출제 예상 관용구

- □ お世話になる 신세를 지다 N3문규
- □ おなかがすく 배가 고프다
- □ 顔が広い 발이 넓다 N3문규
- □ 気が重い 마음이 무겁다
- □ 気がする 느낌이 들다 N3문규
- □ 気がつく 깨닫다, 생각이 나다
- □ 気が長い 성미가 느긋하다 N3문규
- □ 気が短い 성질이 급하다
- □ 気に入る 마음에 들다 N3유의
- □ 気にする 걱정하다, 신경쓰다
- □ 気になる 신경쓰이다
- □ 気をつける 조심하다 N3유의
- □ 口が重い 과묵하다
- □ 口がかたい 입이 무겁다 N3문규
- □ 口が軽い 입이 가볍다
- □ 習慣をつける 습관을 들이다 N3문규
- □ 手にする 손에 넣다, 손에 들다
- □ 手を出す 손을 대다
- □ 身につける 습득하다, 배워 익히다 N3용법
- □ 目に見える 눈에 띄다
- □ 面倒を見る 돌봐 주다 N1문규

⑫ 기타

- □ いろいろな・いろんな 여러 (가지)
- □ 遠慮(えんりょ)なく 사양하지 않고
- □ おかまいなく 걱정마시고 (마음대로 하십시오)
- □ お疲(つか)れ様(さま)(でした) 수고하셨습니다
- □ お目(め)にかかる 만나 뵙다
- □ ごめんなさい 죄송합니다
- □ そのまま (그냥) 그대로
- □ 単(たん)なる 단순한 N3유의
- □ 何(なに)も 별로, 일부러, 특히
- □ なんて 뭐라고 (하는), 어쩌면 이토록
- □ ほんの～ 그저, 단지
- □ やむをえない 어쩔 수 없다
- □ うまくいく 일이 잘돼 가다
- □ おかけください (의자 등에) 앉으십시오
- □ おじゃまします 실례(방문)하겠습니다
- □ おまちどおさま(でした) 오래 기다리셨습니다
- □ ご苦労様(くろうさま) 수고하셨습니다
- □ そのほか 그 외
- □ ～たらけ ～투성이 N3용법
- □ 何(なに)か 뭔가
- □ なにもかも 무엇이든, 모두
- □ なんという 뭐라고 하는, 이렇다 할
- □ 皆様(みなさま) 여러분

콕콕 예상 문제 01 한자읽기　　　　　　　　　　　　　　　　　　/ 10

問題 1 ＿＿＿ のことばの読み方として最もよいものを、1・2・3・4から一つえらびなさい。

1 よい製品(せいひん)を安く作ろうと苦心しているところです。
　1　くじん　　　　2　くしん　　　　3　こじん　　　　4　こしん

2 会議の主要(しゅよう)な議題(ぎだい)は地球温暖化(ちきゅうおんだんか)についてだ。
　1　しゅよう　　　2　しゅよ　　　　3　しゅうよう　　4　しゅうよ

3 当社(とうしゃ)訪問の方(かた)は正門からお入りください。
　1　せいむん　　　2　せいもん　　　3　しょうむん　　4　しょうもん

4 若者(わかもの)の体力が低下(ていか)している。
　1　たいりき　　　2　だいりき　　　3　たいりょく　　4　だいりょく

5 ピアノの運送にはけっこう費用(ひよう)がかかります。
　1　うんそう　　　2　ゆそう　　　　3　てんそう　　　4　りんそう

6 学歴(がくれき)によって社員を差別する職場(しょくば)は減(へ)ってきている。
　1　ざへつ　　　　2　ざべつ　　　　3　さへつ　　　　4　さべつ

7 この店はきのう、開店以来最高の売り上げを記録(きろく)した。
　1　かいみせ　　　2　かいてん　　　3　がいみせ　　　4　がいてん

8 このドアは自動だから、手で開けなくてもいい。
　1　じどう　　　　2　じとう　　　　3　しどう　　　　4　しとう

9 現代(げんだい)社会では個人のプライバシーが守られないことが多い。
　1　かじん　　　　2　かにん　　　　3　こじん　　　　4　こにん

10 クリスマスの夜は、レストランの料金(りょうきん)が倍になります。
　1　ひき　　　　　2　びき　　　　　3　はい　　　　　4　ばい

답　1②　2①　3②　4③　5①　6④　7②　8①　9③　10④

콕콕 예상 문제 02 한자읽기   / 10

問題1 ＿＿＿のことばの読み方として最もよいものを、1・2・3・4から一つえらびなさい。

1　岩や小石の多い山道を歩いた。
　　1　いわ　　　　2　すな　　　　3　なみ　　　　4　かい

2　わたしは列車の旅が好きです。
　　1　のび　　　　2　のり　　　　3　たび　　　　4　たに

3　家族を日本に残して彼はアメリカへ行った。
　　1　かえして　　2　はなして　　3　もどして　　4　のこして

4　この映画の最後の場面はとても感動的です。
　　1　じょうめん　2　ばめん　　　3　じょうあい　4　ばあい

5　さっき虫をたたいてころした。
　　1　むし　　　　2　たに　　　　3　くさ　　　　4　えだ

6　係員の指示があるまで、この問題用紙を開かないこと。
　　1　けいいん　　2　かかりいん　3　げいいん　　4　がかりいん

7　子どもに必要なのは、親の温かい愛情です。
　　1　みじかい　　2　こまかい　　3　やわらかい　4　あたたかい

8　彼はわかいときから苦労を重ねてきました。
　　1　かさねて　　2　たずねて　　3　そこねて　　4　つらねて

9　親は子どもが元気に育つのをのぞんでいる。
　　1　やくだつ　　2　いらだつ　　3　めだつ　　　4　そだつ

10　母親は子どものひたいに手を当てて熱がないか確かめた。
　　1　たてて　　　2　すてて　　　3　あてて　　　4　あわてて

답 1① 2③ 3④ 4② 5① 6② 7④ 8① 9④ 10③

콕콕 예상 문제 03 한자읽기 / 10

問題 1 ＿＿＿のことばの読み方として最もよいものを、1・2・3・4から一つえらびなさい。

① 早く結婚(けっこん)して、あたたかい家庭を持ちたい。
　1　かぞく　　　　2　かそく　　　　3　かでい　　　　4　かてい

② わたしは精神科医(せいしんかい)として10年の経験がある。
　1　けいげん　　　2　けいけん　　　3　かいげん　　　4　かいけん

③ 日本に来たばかりのころ、最初は何もわからなかった。
　1　ざいしょ　　　2　ざいしょう　　3　さいしょ　　　4　さいしょう

④ 妹は算数につよいが、ぼくはよわい。
　1　ざんずう　　　2　ざんすう　　　3　さんずう　　　4　さんすう

⑤ きょうは午後から重要なかいぎがあります。
　1　しゅうよう　　2　しゅよう　　　3　じゅうよう　　4　じゅよう

⑥ オリンピックの代表選手(せんしゅ)にインタビューする。
　1　だいひょ　　　2　だいひょう　　3　たいひょ　　　4　たいひょう

⑦ この商品(しょうひん)の注文がだんだん増(ふ)えてきている。
　1　ちゅうもん　　2　ちゅもん　　　3　ちゅうぶん　　4　ちゅぶん

⑧ あの人は適当(てきとう)な人だから、あまり信用しないほうがいいよ。
　1　じんよ　　　　2　じんよう　　　3　しんよ　　　　4　しんよう

⑨ 解決しなければならない問題がたくさんある。
　1　かいけつ　　　2　かいげつ　　　3　がいけつ　　　4　がいげつ

⑩ 目的のためには手段(しゅだん)を選ばない。
　1　ぼくてき　　　2　ぼくでき　　　3　もくてき　　　4　もくでき

답　1④　2②　3③　4④　5③　6②　7①　8④　9①　10③

콕콕 예상 문제 04 한자읽기　　　　　　　　　　　　　/ 10

問題 1　＿＿＿のことばの読み方として最もよいものを、1・2・3・4から一つえらびなさい。

1　昔は身分(どうし)が違う者同士は結婚(けっこん)できなかった。
　　1　しんぶん　　2　しんふん　　3　みぶん　　4　みふん

2　ふかい思想(しそう)をやさしいことばで表す。
　　1　あらわす　　2　しめす　　3　うごかす　　4　ふやす

3　黒板(こくばん)の字が見えにくかったので、前の席に移った。
　　1　うった　　2　うつった　　3　つった　　4　つづった

4　卵をわってボールに入れた。
　　1　たまご　　2　おもて　　3　かたち　　4　くすり

5　彼女は彼にとっていい妻になるだろう。
　　1　かない　　2　つま　　3　けらい　　4　しま

6　父は工場で働いています。
　　1　つづいて　　2　うごいて　　3　はたらいて　　4　おどろいて

7　わかいころの夢をついに実現(じつげん)することができた。
　　1　かみ　　2　かめ　　3　ゆみ　　4　ゆめ

8　家庭生活は夫と妻の共同作業(きょうどうさぎょう)で作りあげていくものです。
　　1　おとうと　　2　おっと　　3　むすめ　　4　みな

9　彼女は肩までのまっすぐな髪(かみ)をしていた。
　　1　かお　　2　がお　　3　かた　　4　がた

10　結婚式は3月10日に決まった。
　　1　こまった　　2　あまった　　3　しまった　　4　きまった

답　1③　2①　3②　4①　5②　6③　7④　8②　9③　10④

콕콕 예상 문제 05 한자읽기 / 10

問題1 ＿＿＿のことばの読み方として最もよいものを、1・2・3・4から一つえらびなさい。

1 わたしは毎日 1時間かけて通勤している。
　1　つうやく　　　2　つうしん　　　3　つうきん　　　4　つうか

2 1か月でこの実験を終わらせるのは不可能だ。
　1　じっけん　　　2　じつけん　　　3　じっげん　　　4　じつげん

3 物理はもっとも得意な科目です。
　1　どおくい　　　2　どくい　　　　3　とおくい　　　4　とくい

4 この作家の文章は意味がわかりにくい。
　1　さか　　　　　2　さっか　　　　3　さくか　　　　4　さきか

5 このレストランは新鮮な材料しか使わないことで有名だ。
　1　さいりょ　　　2　さいりょう　　3　ざいりょ　　　4　ざいりょう

6 パソコンの画面をずっと見ていると、目が疲れる。
　1　かめん　　　　2　がめん　　　　3　かくめん　　　4　がくめん

7 山田さんは学生時代の友人です。
　1　ともにん　　　2　ともじん　　　3　ゆうにん　　　4　ゆうじん

8 今晩は各クラブ代表者の会合があります。
　1　かいごう　　　2　かいあい　　　3　あいごう　　　4　あいあい

9 大きい商品から順番にならべる。
　1　しゅんばん　　2　じゅんばん　　3　すんばん　　　4　ずんばん

10 日ごとにすずしくなる風に秋の気配を感じる。
　1　けいはい　　　2　きはい　　　　3　けはい　　　　4　きばい

답　1 ③　2 ①　3 ④　4 ②　5 ④　6 ②　7 ④　8 ①　9 ②　10 ③

콕콕 예상 문제 06 한자읽기 / 10

問題 1 ＿＿＿＿のことばの読み方として最もよいものを、1・2・3・4から一つえらびなさい。

1 わがクラスは合唱(がっしょう)コンクールで優秀賞(ゆうしゅうしょう)を受けた。
　　1 うけた　　2 ぬけた　　3 わけた　　4 つけた

2 その冊子(さっし)の表紙(ひょうし)には「見本」と書かれてあった。
　　1 けんほん　　2 けんぽん　　3 みほん　　4 みぽん

3 これらの本を小包で送りましょう。
　　1 おつつみ　　2 おづつみ　　3 こつつみ　　4 こづつみ

4 その家の主人は客の一人一人に握手(あくしゅ)をして迎えた。
　　1 むかえた　　2 ささえた　　3 あたえた　　4 こたえた

5 昨夜(さくや)は暑くて、夜中に何度も目がさめた。
　　1 やちゅう　　2 やなか　　3 よちゅう　　4 よなか

6 つよい風で枝が折(お)れた。
　　1 ほね　　2 えだ　　3 こし　　4 くさ

7 このしきものはどちらが表か裏(うら)かわからない。
　　1 あらわし　　2 おもて　　3 まえ　　4 ひょう

8 先生は試験の問題用紙を配った。
　　1 しまった　　2 だまった　　3 くばった　　4 にぎった

9 かゆいところをかいたら血が出てきた。
　　1 ち　　2 ちち　　3 は　　4 はは

10 今夜は星がたくさん出ています。
　　1 つき　　2 ほし　　3 いわ　　4 ゆめ

답 1① 2③ 3④ 4① 5④ 6② 7② 8③ 9① 10②

콕콕 예상 문제 07 한자읽기 / 10

問題 1 ＿＿＿＿のことばの読み方として最もよいものを、1・2・3・4から一つえらびなさい。

1　このレポートは内容はよいが、形式(けいしき)は少し直したほうがいい。
　　1　だいよう　　　2　だいよ　　　3　ないよう　　　4　ないよ

2　彼は上司に新商品の開発(かいはつ)を提案(ていあん)した。
　　1　じょうし　　　2　じょし　　　3　じょうじ　　　4　じょじ

3　すべて契約(けいやく)どおり実行できれば何の問題もない。
　　1　じっぎょう　　2　じっぎょ　　3　じっこ　　　　4　じっこう

4　この件につきましてはもう少し検討(けんとう)させてください。
　　1　あん　　　　　2　ほう　　　　3　けん　　　　　4　よう

5　彼は事業(じぎょう)を成功(せいこう)させるために努力している。
　　1　とりょく　　　2　どりょく　　3　とうりょく　　4　どうりょく

6　わたしは過去何年も風邪(かぜ)をひいたことがない。
　　1　かこ　　　　　2　かこう　　　3　かきょ　　　　4　かきょう

7　おぼんにはふるさとに帰省する日本人が多い。
　　1　きぜい　　　　2　きせい　　　3　きじょう　　　4　きしょう

8　兄は2週間、母校(ぼこう)で教育実習をおこなった。
　　1　じっしゅう　　2　じっせき　　3　じつよう　　　4　じつれき

9　このデザインは左右のバランスが悪い。
　　1　さいう　　　　2　さう　　　　3　さゆう　　　　4　さゆ

10　流行遅(おく)れでもまだ着られる服をすてるのはもったいない。
　　1　りゅうぎょ　　2　りゅうぎょう　3　りゅうこ　　　4　りゅうこう

답　1③　2①　3④　4③　5②　6①　7②　8①　9③　10④

콕콕 예상 문제 08 한자읽기   / 10

問題 1 ＿＿＿のことばの読み方として最もよいものを、1・2・3・4から一つえらびなさい。

[1] 父とわたしは同じ形の鼻をしている。
　　1　かた　　　　2　かたち　　　　3　がた　　　　4　がたち

[2] この２つのカメラを比べてみましょう。
　　1　しらべて　　2　うかべて　　　3　ならべて　　　4　くらべて

[3] 大きな船が港に入ってきた。
　　1　かがみ　　　2　みなと　　　　3　しみず　　　　4　おもて

[4] デパートの客は女性の割合が高い。
　　1　かつごう　　2　かつあい　　　3　わりごう　　　4　わりあい

[5] その日から犬の世話はわたしの役目になった。
　　1　やきめ　　　2　やくもく　　　3　やくめ　　　　4　やきもく

[6] 自分の影が後ろのかべに映っていた。
　　1　はかって　　2　まよって　　　3　ひかって　　　4　うつって

[7] 銀行の預金残高がほとんどありません。
　　1　ざんだか　　2　ざんごう　　　3　ざんたか　　　4　ざんこう

[8] 書類を渡す前によくチェックしてください。
　　1　かえす　　　2　くずす　　　　3　わたす　　　　4　はなす

[9] 残ったお菓子を包んで持って帰る。
　　1　つつんで　　2　つづんで　　　3　つうつんで　　4　つうづんで

[10] 子どもが川に落ちたので、助けを呼んだ。
　　1　みちた　　　2　らくちた　　　3　おちた　　　　4　くちた

답　1② 2④ 3② 4④ 5③ 6④ 7① 8③ 9① 10③

콕콕 예상 문제 09 한자읽기 / 10

問題1 ＿＿＿＿のことばの読み方として最もよいものを、1・2・3・4から一つえらびなさい。

1　彼は死体となって森の中で発見された。
　　1　はけん　　　2　はつけん　　　3　はっけん　　　4　ぱっけん

2　ゲームと現実を混同する子どもが増えている。
　　1　げんしつ　　2　げんじつ　　　3　けんしつ　　　4　けんじつ

3　水泳は全身を活動させるので体に良い。
　　1　かっとう　　2　かっどう　　　3　かつとう　　　4　かつどう

4　主任から指示を受けてから仕事にかかってください。
　　1　しじ　　　　2　しし　　　　　3　じし　　　　　4　じじ

5　少子化や高齢化は先進国に共通する問題である。
　　1　こうつう　　2　こうづう　　　3　きょうつう　　4　きょうづう

6　彼女の上品な話し方にわたしは好感を持った。
　　1　じょうひん　2　じょうぴん　　3　じょうしな　　4　じょうじな

7　きょうは今までの人生で最高の日です。
　　1　じんしょう　2　じんせい　　　3　にんしょう　　4　にんせい

8　あのビルは表面にタイルがはってあります。
　　1　ぴょめん　　2　ぴょうめん　　3　ひょめん　　　4　ひょうめん

9　日曜日と祝日が重なると、つぎの月曜日が休みになる。
　　1　しゅくじつ　2　しゅくにち　　3　しゅくひ　　　4　しゅくび

10　この国の経済は10年で大きく成長した。
　　1　せいちょ　　2　せいちょう　　3　じょうちょ　　4　じょうちょう

답　1③　2②　3④　4①　5③　6①　7②　8④　9①　10②

콕콕 예상 문제 10 한자읽기   / 10

問題 1 ＿＿＿のことばの読み方として最もよいものを、1・2・3・4から一つえらびなさい。

1. その知らせを聞いてわれわれは腹をかかえて笑った。
   1 わらった   2 さそった   3 ならった   4 ねがった

2. アメリカの主な都市はほとんどすべて回った。
   1 あらたな   2 おもな   3 ゆたかな   4 まれな

3. バナナの皮をふんでころんでしまいました。
   1 かね   2 いね   3 かわ   4 いわ

4. わたしは毎月5万円の家賃を払っています。
   1 やぢん   2 やちん   3 いえぢん   4 いえちん

5. 新聞の記事から卒論のヒントを得た。
   1 えた   2 へた   3 みた   4 にた

6. うちの近所には有名な寺がある。
   1 うら   2 てら   3 しわ   4 いわ

7. その質問に何と答えていいかわからなかった。
   1 おしえて   2 ささえて   3 かかえて   4 こたえて

8. この装置は注文者の特別仕様に従って製作されました。
   1 しさま   2 しかた   3 しごと   4 しよう

9. この手続きには本人の写真が必要です。
   1 しゅつづき   2 しゅづづき   3 てつづき   4 てづづき

10. 手がすべってコップを割ってしまった。
    1 わって   2 おって   3 うって   4 きって

답 1① 2② 3③ 4② 5① 6② 7④ 8④ 9③ 10①

콕콕 예상 문제 11 한자읽기   / 10

問題 1　＿＿＿＿のことばの読み方として最もよいものを、1・2・3・4から一つえらびなさい。

1 頭痛の薬を飲んだら、30分ぐらいでかなりよくなった。
　1　とうづう　　　2　とうつう　　　3　ずづう　　　4　ずつう

2 オリンピックへの出場が決まった。
　1　しゅつじょう　2　しゅつば　　　3　しゅっしょう　4　しゅっぱ

3 子どもたちの未来を守らねばなりません。
　1　しょうらい　　2　しょらい　　　3　みいらい　　　4　みらい

4 両国はあらゆる点で合意に達した。
　1　だん　　　　　2　てん　　　　　3　けん　　　　　4　めん

5 子どもは遊び感覚で英語を学習するのがいい。
　1　がっしゅ　　　2　がくしゅ　　　3　がっしゅう　　4　がくしゅう

6 アンケート調査にご協力ください。
　1　きょりょく　　2　きょりき　　　3　きょうりょく　4　きょうりき

7 彼は今世紀の最も偉大な人物の一人であった。
　1　じんぶつ　　　2　じんもの　　　3　にんぶつ　　　4　にんもの

8 体力があるので、10キロぐらい歩くのは平気だ。
　1　ひょうき　　　2　ひょうけ　　　3　へいき　　　　4　へいけ

9 美しい光景が窓の外に広がっていた。
　1　ごうけい　　　2　ごうけ　　　　3　こうけい　　　4　こうけ

10 うちの会社には東京大学出身の人がいっぱいいる。
　1　しゅつしん　　2　しゅっしん　　3　しゅつみ　　　4　しゅっせ

답　1 ④　2 ①　3 ④　4 ②　5 ④　6 ③　7 ①　8 ③　9 ③　10 ②

콕콕 예상 문제 12 한자읽기   / 10

問題 1 　　　　のことばの読み方として最もよいものを、1・2・3・4から一つえらびなさい。

① 彼は紙を上手に折ってふねを作った。
　1　きって　　　2　わって　　　3　うって　　　4　おって

② わたしの苦手な教科は数学です。
　1　くで　　　　2　くて　　　　3　にがで　　　4　にがて

③ 1万円を両替してもらえますか。
　1　りょうだい　2　りょうたい　3　りょうがえ　4　りょうかえ

④ がんばれば夢は実現すると固く信じています。
　1　うすく　　　2　あさく　　　3　かたく　　　4　おもく

⑤ 10時の時報を合図にパレードが出発した。
　1　あいず　　　2　あいと　　　3　ごうず　　　4　ごうと

⑥ あなたがわたしの立場なら同じことをするだろう。
　1　たちじょう　2　たちば　　　3　りつじょう　4　りつば

⑦ 日本の美しい自然を守っていかねばならない。
　1　まぶしい　　2　めずらしい　3　うつくしい　4　すばらしい

⑧ 牛が牧場で草を食べているのが見えた。
　1　ね　　　　　2　は　　　　　3　くき　　　　4　くさ

⑨ うちの高校の3分の2は女子が占めている。
　1　しめて　　　2　うめて　　　3　つめて　　　4　はめて

⑩ 彼女は誕生祝いの包みをていねいに解いた。
　1　つつみ　　　2　つづみ　　　3　のそみ　　　4　のぞみ

답 1④ 2④ 3③ 4③ 5① 6② 7③ 8④ 9① 10①

콕콕 예상 문제 13 표기　　　　　　　　　　　　　　/ 10

問題2　＿＿＿＿のことばを漢字で書くとき、最もよいものを、1・2・3・4から一つえらびなさい。

1　アンケートをして学生のせいかつを調べる。
　　1　生括　　　2　生活　　　3　省括　　　4　省活

2　入学祝いのおれいにお菓子を送った。
　　1　お礼　　　2　お札　　　3　お列　　　4　お例

3　あの店員はお客のおうたいが親切です。
　　1　接待　　　2　接対　　　3　応待　　　4　応対

4　これは昨年度より2千トンのぞうかです。
　　1　層加　　　2　層可　　　3　増加　　　4　増可

5　そのコンサートのチケットは、はつばいと同時に売り切れた。
　　1　販買　　　2　販売　　　3　発買　　　4　発売

6　かいがいの仕事でパスポートが必要になった。
　　1　海街　　　2　海外　　　3　解街　　　4　解外

7　何度やり直してもけいさんが合わない。
　　1　系算　　　2　系産　　　3　計算　　　4　計産

8　留学したいという彼女のけっしんはとても固かった。
　　1　訣必　　　2　訣心　　　3　決必　　　4　決心

9　計画が中止になったのはたいへんざんねんだ。
　　1　残念　　　2　残然　　　3　銭念　　　4　銭然

10　けいかんにしやくしょまでの道をたずねました。
　　1　区役処　　　2　区役所　　　3　市役処　　　4　市役所

답　1② 2① 3④ 4③ 5④ 6② 7③ 8④ 9① 10④

콕콕 예상 문제 14 표기　　　　　　　　　　　　　　　　　　　　　　　　／10

問題2 ＿＿＿のことばを漢字で書くとき、最もよいものを、1・2・3・4から一つえらびなさい。

1 彼女とわかれてからもう5年になります。
　1　離れて　　　2　去れて　　　3　忘れて　　　4　別れて

2 お年よりがバスをおりるのをたすけてあげた。
　1　降る　　　　2　降りる　　　3　移る　　　　4　移りる

3 彼女は自分がかならず成功(せいこう)すると信じている。
　1　要ず　　　　2　委ず　　　　3　必ず　　　　4　心ず

4 にもつが多いので、タクシーを呼んだ。
　1　何物　　　　2　筒物　　　　3　荷物　　　　4　苛物

5 父親は子どもの手をにぎって、道路をわたった。
　1　渡った　　　2　濃った　　　3　凍った　　　4　浸った

6 彼女は10代のわかもののアイドルです。
　1　青者　　　　2　若者　　　　3　青物　　　　4　若物

7 家族(かぞく)みんなでごちそうを食べて、祖父の誕生日をいわった。
　1　願った　　　2　祝った　　　3　福った　　　4　祈った

8 5月になるとたくさんの花がさく。
　1　除く　　　　2　引く　　　　3　吹く　　　　4　咲く

9 日曜日は家でテレビを見てすごすことが多い。
　1　募ごす　　　2　経ごす　　　3　暮ごす　　　4　過ごす

10 あいての名前をなかなか思い出すことができなくて困(こま)った。
　1　相手　　　　2　対手　　　　3　代手　　　　4　合手

답　1④　2②　3③　4③　5①　6②　7②　8④　9④　10①

콕콕 예상 문제 15 표기 / 10

問題2 ＿＿＿＿のことばを漢字で書くとき、最もよいものを、1・2・3・4から一つえらびなさい。

1 いま、けいさつが事故のげんいんを調べている。
　1 源因　　　　2 源困　　　　3 原因　　　　4 原困

2 その本はこくさい関係への理解を深めるのに役立つ。
　1 国菜　　　　2 国債　　　　3 国祭　　　　4 国際

3 このパソコンを買ったのはしっぱいだった。
　1 失敗　　　　2 失配　　　　3 矢敗　　　　4 矢配

4 結婚するならまず生活のあんていを得なくてはいけない。
　1 安定　　　　2 安静　　　　3 安正　　　　4 安庭

5 帰国するので、かぐを友だちに安くゆずった。
　1 家貝　　　　2 家具　　　　3 器具　　　　4 器貝

6 それはこの事件にはちょくせつの関連はない。
　1 触接　　　　2 触説　　　　3 直接　　　　4 直説

7 野球の試合にかんきゃくがたくさん集まった。
　1 観客　　　　2 見客　　　　3 診客　　　　4 覧客

8 真に平和な国際社会のじつげんは困難だ。
　1 実玄　　　　2 実現　　　　3 美玄　　　　4 美現

9 人は持って生まれたせいしつをなかなか変えられない。
　1 省質　　　　2 省秩　　　　3 性質　　　　4 性秩

10 直接さわるのはひじょうに危険です。
　1 否情　　　　2 否常　　　　3 非情　　　　4 非常

답 1③ 2④ 3① 4① 5② 6③ 7① 8② 9③ 10④

콕콕 예상 문제 16 표기   / 10

問題 2 ＿＿＿ のことばを漢字で書くとき、最もよいものを、1・2・3・4から一つえらびなさい。

1 あの会社は人材をそだてるのがじょうずだ。
1 最手　　　2 上手　　　3 最芋　　　4 上芋

2 ふろのゆが少なくなったので、たしておいた。
1 出して　　2 足して　　3 補して　　4 充して

3 いずみが勢いよくわき出ています。
1 泉　　　　2 湖　　　　3 沓　　　　4 潮

4 けがをした選手は、チームのメンバーからはずれた。
1 離れた　　2 脱れた　　3 外れた　　4 除れた

5 英語の勉強のしかたがわかりません。
1 仕方　　　2 仕様　　　3 仕事　　　4 仕業

6 そのグループはたちまち２つにわれた。
1 別れた　　2 分れた　　3 壊れた　　4 割れた

7 最近、こむぎの輸入が増加している。
1 香麦　　　2 黄麦　　　3 小麦　　　4 粉麦

8 正確なかずはわからないが、この観客は１万人ぐらいだろう。
1 個　　　　2 額　　　　3 数　　　　4 倍

9 太いコンクリートの柱が屋根をささえています。
1 与えて　　2 備えて　　3 構えて　　4 支えて

10 すりをおってデパートの外に出たが見失ってしまった。
1 追って　　2 送って　　3 折って　　4 押って

답　1② 2② 3① 4③ 5① 6④ 7③ 8③ 9④ 10①

콕콕 예상 문제 17 표기 　　　　　　　　　　　　　　　　/ 10

問題2 ＿＿＿＿のことばを漢字で書くとき、最もよいものを、1・2・3・4から一つえらびなさい。

1 さいきん、公衆(こうしゅう)電話を見かけなくなった。
　　1　最近　　　　　2　最斤　　　　　3　際近　　　　　4　際斤

2 退院後(たいいんご)、父はつうじょうの生活にもどりました。
　　1　通情　　　　　2　通常　　　　　3　通状　　　　　4　通定

3 小学校で英語を教(おし)えるひつようがあるのだろうか。
　　1　必要　　　　　2　必用　　　　　3　心要　　　　　4　心用

4 暑(あつ)い夏の夜のつめたいビールはさいこうだ。
　　1　最後　　　　　2　最低　　　　　3　最多　　　　　4　最高

5 日本では満二十歳(まんはたち)以上の人をせいじんといいます。
　　1　成者　　　　　2　成人　　　　　3　成員　　　　　4　成仁

6 ただいま、各列車(かくれっしゃ)ともせいじょうに運行(うんこう)しています。
　　1　成常　　　　　2　成情　　　　　3　正常　　　　　4　正情

7 今日(こんにち)では船のいちを知るのにレーダーを用(もち)いる。
　　1　位治　　　　　2　位地　　　　　3　位値　　　　　4　位置

8 山田(やまだ)先生の授業では、毎週かだいが出される。
　　1　過題　　　　　2　過弟　　　　　3　課題　　　　　4　課弟

9 問題を解決(かいけつ)するために必要なしゅだんをとる。
　　1　取断　　　　　2　取段　　　　　3　手断　　　　　4　手段

10 彼が一日も学校を休まなかったのにはかんしんする。
　　1　感激　　　　　2　感心　　　　　3　関激　　　　　4　関心

답　1①　2②　3①　4④　5②　6③　7④　8③　9④　10②

콕콕 예상 문제 18 표기   / 10

問題2 _____のことばを漢字で書くとき、最もよいものを、1・2・3・4から一つえらびなさい。

1 むすこは新しいおもちゃをすぐにこわしてしまう。
　1　息子　　　　2　娘　　　　3　妹　　　　4　弟

2 わたしはあまいものはだめです。
　1　甘い　　　　2　塩い　　　　3　辛い　　　　4　苦い

3 ふろで父にせなかを洗ってもらった。
　1　肯中　　　　2　肯仲　　　　3　背仲　　　　4　背中

4 住所が変わったばあいは、すぐに学校にとどけてください。
　1　湯合　　　　2　湯会　　　　3　場合　　　　4　場会

5 この寺は、日本で最も古い寺の一つにかぞえられている。
　1　教えられて　　2　数えられて　　3　親えられて　　4　覚えられて

6 ぼくがたすかったのはほんとうに幸運だった。
　1　支かった　　2　協かった　　3　助かった　　4　守かった

7 この問題が解けなくてこまっています。
　1　困って　　　2　囚って　　　3　固って　　　4　因って

8 会社が倒産して、仕事をうしなってしまった。
　1　亡って　　　2　失って　　　3　損って　　　4　絶って

9 コンサートのきっぷは郵便でおくってください。
　1　打って　　　2　追って　　　3　送って　　　4　折って

10 このくすりを6時間おきに飲んでください。
　1　麦　　　　2　粉　　　　3　約　　　　4　薬

답　1①　2①　3④　4③　5②　6③　7①　8②　9③　10④

콕콕 예상 문제 19 표기   / 10

問題2 ＿＿＿のことばを漢字で書くとき、最もよいものを、1・2・3・4から一つえらびなさい。

1 コーヒーを<u>いっぱい</u>いかがですか。
　1　一杯　　　　2　一匹　　　　3　一枚　　　　4　一台

2 わたしの理論(りろん)を<u>しき</u>にするとこんな具合になる。
　1　直　　　　　2　段　　　　　3　点　　　　　4　式

3 日本の中学校には<u>せいふく</u>のある学校が多い。
　1　製服　　　　2　製衣　　　　3　制服　　　　4　制衣

4 <u>もくてきち</u>へ行く方法はいろいろある。
　1　目適池　　　2　目適地　　　3　目的池　　　4　目的地

5 あのスーパーは<u>しょうひん</u>の種類(しゅるい)が多い。
　1　商品　　　　2　商物　　　　3　小品　　　　4　小物

6 このへんは<u>ぶっか</u>が安くてとても助(たす)かる。
　1　物値　　　　2　物科　　　　3　物価　　　　4　物貨

7 その漫画(まんが)は小学校のせいとに人気(にんき)がある。
　1　生度　　　　2　生徒　　　　3　正度　　　　4　正徒

8 部長は不正事件(ふせいじけん)に<u>かんけい</u>して、会社をやめさせられた。
　1　関係　　　　2　関経　　　　3　関径　　　　4　関系

9 この報告書(ほうこくしょ)を<u>きげん</u>どおりにしあげるために懸命(けんめい)に努力した。
　1　期間　　　　2　期限　　　　3　時間　　　　4　時限

10 店で<u>さいふ</u>が見つからなくてあわてた。
　1　財袋　　　　2　材布　　　　3　財布　　　　4　材袋

답 1① 2④ 3③ 4④ 5① 6③ 7② 8① 9② 10③

콕콕 예상 문제 20 **표기**　　　　　　　　　　　　　　　　　　　　　　　　／ 10

問題2 ＿＿＿＿のことばを漢字で書くとき、最もよいものを、1・2・3・4から一つえらびなさい。

1 彼女は家の中をいそがしく動き回っていた。
　　1 忙しく　　　　2 速しく　　　　3 急しく　　　　4 難しく

2 待ち合わせは公園のいりぐちにしましょう。
　　1 人り口　　　　2 入り口　　　　3 出り口　　　　4 居り口

3 いっしょに働いているあいだに、彼女とこころが通うようになった。
　　1 道　　　　　　2 足　　　　　　3 胸　　　　　　4 心

4 このカメラは暗いところでもよくうつる。
　　1 動る　　　　　2 真る　　　　　3 写る　　　　　4 移る

5 この川でおよぐのはとても危険です。
　　1 泳ぐ　　　　　2 涼ぐ　　　　　3 渡ぐ　　　　　4 溶ぐ

6 荷物のひもをといてください。
　　1 説いて　　　　2 解いて　　　　3 得いて　　　　4 溶いて

7 ボールがとんできて、頭にあたった。
　　1 羽んで　　　　2 離んで　　　　3 飛んで　　　　4 昇んで

8 そのバッグには50万円のねだんがついていた。
　　1 価賃　　　　　2 価段　　　　　3 値賃　　　　　4 値段

9 山をこえたにをこえて行く。
　　1 谷　　　　　　2 俗　　　　　　3 浴　　　　　　4 容

10 この角を右にまがって30メートルほど行くと、銀行があります。
　　1 折がって　　　2 落がって　　　3 切がって　　　4 曲がって

답　1① 2② 3④ 4③ 5① 6② 7③ 8④ 9① 10④

콕콕 예상 문제 21 표기　　　　　　　　　　　　　　　/ 10

問題 2 ＿＿＿＿のことばを漢字で書くとき、最もよいものを、1・2・3・4から一つえらびなさい。

1　新聞は確かなじじつだけを伝えなければならない。
　1　事実　　　　　2　事失　　　　　3　史実　　　　　4　史失

2　博物館でだんたいのチケットを買った。
　1　団休　　　　　2　団体　　　　　3　段休　　　　　4　段体

3　山田教授の授業は楽しくてりかいしやすい。
　1　利説　　　　　2　利解　　　　　3　理説　　　　　4　理解

4　筆記試験は大丈夫だと思うが、めんせつが心配だ。
　1　両接　　　　　2　両投　　　　　3　面接　　　　　4　面投

5　昔に比べずいぶんエンジンのせいのうがよくなった。
　1　性納　　　　　2　性能　　　　　3　姓納　　　　　4　姓能

6　ここは通行のじゃまになりますので車をいどうさせてください。
　1　移動　　　　　2　移働　　　　　3　異動　　　　　4　異働

7　実験はかんぜんに失敗してしまった。
　1　完欠　　　　　2　完全　　　　　3　巻欠　　　　　4　巻全

8　その児童相談所は開設以来、十分にきのうしてきた。
　1　帰応　　　　　2　帰能　　　　　3　機応　　　　　4　機能

9　オリンピックには多くの国がさんかする。
　1　参可　　　　　2　参度　　　　　3　参加　　　　　4　参席

10　息子は去年に比べてしんちょうがずいぶん伸びた。
　1　身張　　　　　2　身長　　　　　3　背張　　　　　4　背長

답　1①　2②　3④　4③　5②　6①　7②　8④　9③　10②

콕콕 예상 문제 22 문맥규정 / 10

問題3 （　　　）に入れるのに最もよいものを、1・2・3・4から一つえらびなさい。

1 彼女と初めて会ったとき、やさしそうな人だという（　　　）を受けた。
　1 印象　　　2 愛情　　　3 現象　　　4 人情

2 みんなの意見がばらばらで、なかなか（　　　）が出ない。
　1 世論　　　2 理論　　　3 卒論　　　4 結論

3 自分の実力を（　　　）ために、テストを受けた。
　1 まよう　　2 こわす　　3 ためす　　4 もらう

4 この前のスピーチコンテストでは、とても（　　　）話せた。
　1 いたく　　2 かゆく　　3 うまく　　4 あさく

5 この国のおもな産業は農業で、とくに米作りが（　　　）です。
　1 ゆたか　　2 さかん　　3 じゅうぶん　4 じょうぶ

6 駅までは（　　　）あるからタクシーで行ったほうがいい。
　1 いきなり　2 かなり　　3 それでも　4 なんでも

7 買い物に行くのに、（　　　）財布をわすれて出かけてしまった。
　1 ぐっすり　2 がっかり　3 うっかり　4 ぴったり

8 （　　　）で見た物と実物とではまるで印象が違った。
　1 カタログ　2 オーダー　3 レシート　4 セール

9 父は短気なのに対して、母の方は気が（　　　）。
　1 遠い　　　2 長い　　　3 細い　　　4 遅い

10 アメリカの大統領が（　　　）公式に来日された。
　1 非　　　　2 未　　　　3 無　　　　4 不

답 1① 2④ 3③ 4③ 5② 6② 7③ 8① 9② 10①

콕콕 예상 문제 23 문맥규정

/ 10

問題3 （　　　）に入れるのに最もよいものを、1・2・3・4から一つえらびなさい。

1 わたしの言うことを（　　　）しないでください。
  1 誤解　　　　2 見解　　　　3 注解　　　　4 分解

2 近所で子どもが次々といなくなるという（　　　）があった。
  1 最新　　　　2 事件　　　　3 最近　　　　4 与件

3 何度も謝罪の気持ちを（　　　）が、彼女は許してくれなかった。
  1 あたえた　　2 おもえた　　3 かぞえた　　4 つたえた

4 ふたりの女性と同時につきあっていたなんて、（　　　）男だ。
  1 よわい　　　2 ひどい　　　3 くさい　　　4 きつい

5 落ちるとわかっているのに試験を受けるのは（　　　）ことだ。
  1 へいきな　　2 とくいな　　3 はでな　　　4 むだな

6 悲しいことがあったら（　　　）泣くのが心のケアにいいそうだ。
  1 しめきり　　2 おもいきり　3 つめきり　　4 ふみきり

7 運動会で、（　　　）走ったけれど、1番にはなれなかった。
  1 できるだけ　2 いつのまにか　3 かならずしも　4 いっしょうけんめい

8 この喫茶店はいつも（　　　）音楽を流している。
  1 テクニック　2 クラシック　3 ショック　　4 ガイドブック

9 山田さんは口が（　　　）から、ほかの人には言えない話をしてもだいじょうぶだ。
  1 きつい　　　2 かたい　　　3 すくない　　4 おそい

10 彼の教育（　　　）は特色があると言われている。
  1 上　　　　　2 制　　　　　3 論　　　　　4 家

답　1① 2② 3④ 4② 5④ 6② 7④ 8② 9② 10③

콕콕 예상 문제 24 문맥규정 / 10

問題3 （　　　）に入れるのに最もよいものを、1・2・3・4から一つえらびなさい。

1　パスポートの申請には1週間ぐらいかかるのが（　　　）だ。
　　1　開通　　　　2　流通　　　　3　共通　　　　4　普通

2　ナイフで刺されたが、（　　　）があさく、命は助かった。
　　1　ほこり　　　2　こし　　　　3　きず　　　　4　あじ

3　このアパートでは、犬やねこを（　　　）ことはできない。
　　1　かう　　　　2　おう　　　　3　いう　　　　4　すう

4　彼は、授業中にいつも（　　　）ことを言ってみんなを笑わせる。
　　1　つめたい　　2　みじかい　　3　するどい　　4　おかしい

5　好きな人といっしょにいたいと思うのは、（　　　）なことだ。
　　1　天然　　　　2　依然　　　　3　自然　　　　4　未然

6　いつも遅刻する山田さんは、きょうも（　　　）おくれてきた。
　　1　やはり　　　2　すっかり　　3　びっくり　　4　はっきり

7　その件についての彼の解釈はわたしの解釈とは（　　　）反対だった。
　　1　とやかく　　2　まったく　　3　ますます　　4　しだいに

8　わたしは頭がかたいから、いい（　　　）がなかなか浮かばない。
　　1　アイデア　　2　オフィス　　3　ダイエット　4　マニュアル

9　突然の（　　　）に降られて寒いと思いながら帰宅したらやはり風邪をひいた。
　　1　氷　　　　　2　犬　　　　　3　人　　　　　4　雨

10　わたしはクラスの図書（　　　）です。
　　1　界　　　　　2　堂　　　　　3　係　　　　　4　館

답　1④　2③　3①　4④　5③　6①　7②　8①　9④　10③

콕콕 예상 문제 25 문맥규정 / 10

問題3 （　　）に入れるのに最もよいものを、1・2・3・4から一つえらびなさい。

① 駅から近いアパートは便利だが、同時に（　　）が高い。
　1　家賃　　　2　価値　　　3　代金　　　4　会費

② 東京では電車が（　　）の足として主要な役割をになっている。
　1　通訳　　　2　通信　　　3　通勤　　　4　通過

③ 試験を始めますから、辞書はかばんの中に（　　）ください。
　1　とじて　　2　たたんで　3　しまって　4　ためて

④ 親が結婚しろと（　　）、そのたびに適当に返事をしている。
　1　まぶしくて　2　あぶなくて　3　かなしくて　4　うるさくて

⑤ その大学には日本全国から（　　）な運動選手が集まった。
　1　残念　　　2　簡単　　　3　優秀　　　4　短気

⑥ 故郷のつちをふむのは（　　）40年ぶりのことです。
　1　じつに　　2　なにも　　3　なんでも　4　まもなく

⑦ ぼくが家に着いたときは（　　）11時を過ぎていました。
　1　どうか　　2　どっと　　3　おもに　　4　すでに

⑧ わたしの（　　）で試合に負けてしまい、責任を感じている。
　1　パン　　　2　メモ　　　3　エコ　　　4　ミス

⑨ 急いで仕上げてもらいたいんです。（　　）大切なお客様用なので。
　1　ところが　2　ならびに　3　なぜなら　4　あるいは

⑩ 教師は各生徒の実態に即した指導（　　）を追求すべきだ。
　1　説　　　　2　法　　　　3　団　　　　4　通

답 1① 2③ 3③ 4④ 5③ 6① 7④ 8④ 9③ 10②

콕콕 예상 문제 26 문맥규정   / 10

問題 3 （　　　）に入れるのに最もよいものを、1・2・3・4から一つえらびなさい。

① わたしはピカソの絵に（　　　）して、自分も画家になりたいと思った。
　　1　歓迎　　　　2　感動　　　　3　期待　　　　4　応援

② うちの会社は、基本的に9時から18時までが（　　　）時間だ。
　　1　事務　　　　2　勤勉　　　　3　勤務　　　　4　通勤

③ きのうは2つの事故が（　　　）ダイヤは一日中混乱した。
　　1　ひろがって　2　あつまって　3　てつだって　4　かさなって

④ 納豆は（　　　）からきらいだという日本人も多い。
　　1　つよい　　　2　くさい　　　3　ふかい　　　4　あつい

⑤ 相手のチームはあまり強くないから、（　　　）勝てるだろう。
　　1　ほがらかに　2　丈夫に　　　3　元気に　　　4　楽に

⑥ 桜が咲き始めると、その公園にはお花見の人が（　　　）つめかけた。
　　1　着々　　　　2　別々　　　　3　続々　　　　4　点々

⑦ 入る前には（　　　）ノックぐらいはしてください。
　　1　なんでも　　2　おそらく　　3　せめて　　　4　たしか

⑧ わたしたちのクラブは（　　　）への参加をみとめられた。
　　1　コンビニ　　2　リポート　　3　コンテスト　4　リーダー

⑨ あんな悪人だが（　　　）少しは良心があると見える。
　　1　それなら　　2　それでも　　3　ならびに　　4　すなわち

⑩ 将来の夢は外交（　　　）になり、いずれは大使になることです。
　　1　官　　　　　2　計　　　　　3　力　　　　　4　工

답 1② 2③ 3④ 4② 5④ 6③ 7③ 8③ 9② 10①

콕콕 예상 문제 27 문맥규정

問題3 （　　）に入れるのに最もよいものを、1・2・3・4から一つえらびなさい。

① 最近大学では公開（　　）がさかんに開かれるようになった。
　1　正座（せいざ）　　2　具合（ぐあい）　　3　講座（こうざ）　　4　約束（やくそく）

② あきらめずに勉強すれば、合格の（　　）がある。
　1　むかい　　　　2　うわさ　　　　3　のぞみ　　　　4　みかけ

③ あの医者と（　　）いなかったら、わたしは死んでいたと思います。
　1　であって　　　2　かたづけて　　3　とりかえて　　4　やくだって

④ この川は（　　）ので、子どもが泳いでもあぶなくありません。
　1　よわい　　　　2　あさい　　　　3　あわい　　　　4　かゆい

⑤ 青年は（　　）顔ひとつしないで駅までの地図をかいてくれた。
　1　いやな　　　　2　だめな　　　　3　じゃまな　　　4　おもな

⑥ このままで行くと失業率（しつぎょうりつ）は（　　）5パーセントは上がるだろう。
　1　おそらく　　　2　たいして　　　3　できれば　　　4　もっとも

⑦ 半年ほどとてもいそがしかった。温泉（おんせん）へでも行って（　　）したい。
　1　あんまり　　　2　わくわく　　　3　のんびり　　　4　いらいら

⑧ この（　　）は時間をかけてゆっくりにこんだほうがおいしい。
　1　テーマ　　　　2　カード　　　　3　チーム　　　　4　スープ

⑨ 徹夜で勉強したんだよ。（　　）30点とはがっかりだ。
　1　それしか　　　2　それで　　　　3　それとも　　　4　それなのに

⑩ テーマに（　　）関係な発言はひかえてください。
　1　未　　　　　　2　無　　　　　　3　不　　　　　　4　非

답　1③　2③　3①　4②　5①　6①　7③　8④　9④　10②

콕콕 예상 문제 28 문맥규정   / 10

問題 3 （　　）に入れるのに最もよいものを、1・2・3・4から一つえらびなさい。

1. スピーチコンテストはクリスマス直前に開催される（　　）だ。
   1 合計　　　2 計画　　　3 予算　　　4 計算

2. この絵はピカソのわかいころの（　　）です。
   1 商品　　　2 製品　　　3 品物　　　4 作品

3. どろぼうに入られたので、けいさつに（　　）。
   1 あらわれた　2 とどけた　3 わかれた　4 みつけた

4. 友人の会社は給料がよくて休みも多いそうで、（　　）。
   1 うらやましい　2 あさましい　3 すばらしい　4 わずらわしい

5. エンジンの構造を（　　）に説明してくれませんか。
   1 複雑　　　2 必要　　　3 簡単　　　4 安全

6. あの子は母親に（　　）くっついて離れようとしない。
   1 ぐっすり　2 うっかり　3 たっぷり　4 ぴったり

7. 今日テストがあることを（　　）わすれていました。
   1 すっかり　2 かならず　3 すこしも　4 ちゃんと

8. 皆さん、ダンスが始まりますから（　　）を選んでください。
   1 デザート　2 パートナー　3 バランス　4 アイデア

9. 鈴木さんなら顔が（　　）から、きっといい人を見つけてくださるよ。
   1 多い　　　2 大きい　　3 広い　　　4 太い

10. その子どもたちは物質的には恵まれているが、精神（　　）はまずしい。
    1 家　　　　2 病　　　　3 薬　　　　4 面

답 1② 2④ 3② 4① 5③ 6④ 7① 8② 9③ 10④

콕콕 예상 문제 29 문맥규정   / 10

問題3 （　　　）に入れるのに最もよいものを、1・2・3・4から一つえらびなさい。

1　きのうの雨量(うりょう)は（　　　）最高(さいこう)を記録(きろく)したそうです。
　　1　過去(かこ)　　　2　一度(いちど)　　　3　記入(きにゅう)　　　4　中心(ちゅうしん)

2　こんな（　　　）では希望(きぼう)の大学に合格することは不可能だ。
　　1　成績(せいせき)　　　2　通信(つうしん)　　　3　容積(ようせき)　　　4　苦労(くろう)

3　風が強かったので、外に（　　　）洗濯物(せんたくもの)はすぐに乾(かわ)いた。
　　1　かくした　　　2　さがした　　　3　かした　　　4　ほした

4　こんなつまらない会議ばかりしていては、時間が（　　　）。
　　1　もうしわけない　2　うらやましい　3　もったいない　4　やむをえない

5　新しい仕事がなかなか見つからず、（　　　）毎日を過ごしている。
　　1　完全(かんぜん)な　　　2　不安(ふあん)な　　　3　簡易(かんい)な　　　4　熱心(ねっしん)な

6　ジョギングの前に、くつのひもは（　　　）むすんでおいたほうがいい。
　　1　そっくり　　　2　びっくり　　　3　がっかり　　　4　しっかり

7　うちで（　　　）背が高いのは兄で、2番目が父です。
　　1　いちばん　　　2　だんだん　　　3　とつぜん　　　4　ぜんぜん

8　この仕事には、コンピューターの知識(ちしき)が（　　　）になります。
　　1　カット　　　2　ユーモア　　　3　プラス　　　4　ブレーキ

9　それはくりかえし使うことができ、（　　　）環境(かんきょう)によりやさしい。
　　1　したがって　　　2　それでも　　　3　なぜなら　　　4　ところが

10　市の中心（　　　）に大型(おおがた)ショッピングセンターが建設(けんせつ)された。
　　1　集　　　2　州　　　3　部　　　4　産

답　1① 2① 3④ 4③ 5② 6④ 7① 8③ 9① 10③

콕콕 예상 문제 30 문맥규정   / 10

問題3 （　　　）に入れるのに最もよいものを、1・2・3・4から一つえらびなさい。

1 家へ帰る（　　　）、コンビニによって雑誌を買った。
　1　集中　　　　2　途中　　　　3　夢中　　　　4　日中

2 予約の（　　　）は電話でもファックスでも受け付けます。
　1　思い切り　　2　割り込み　　3　締め切り　　4　申し込み

3 経済の悪化が原因で、多くの会社が倒産する（　　　）になった。
　1　結構　　　　2　結果　　　　3　結局　　　　4　結論

4 日本で就職するか、国に帰るか、（　　　）います。
　1　つかって　　2　つまって　　3　まよって　　4　しばって

5 経営がうまくいかず、社長は（　　　）立場に置かれた。
　1　くるしい　　2　うるさい　　3　よろしい　　4　くわしい

6 夫は（　　　）でささいなことですぐに怒り出します。
　1　短気　　　　2　心配　　　　3　平和　　　　4　安易

7 夜間に店内の商品を（　　　）ぬすまれてしまった。
　1　ぐっすり　　2　しっかり　　3　そっくり　　4　あるいは

8 山田先生の話す（　　　）が速すぎて理解できない。
　1　デパート　　2　キャンセル　3　デザート　　4　スピード

9 わたしか（　　　）妹が父の世話をしなければなりません。
　1　すなわち　　2　そのうえ　　3　あるいは　　4　ですから

10 往年の大選手が必ずしも（　　　）監督になるわけではない。
　1　小　　　　　2　真　　　　　3　良　　　　　4　名

답　1② 2④ 3② 4③ 5① 6① 7③ 8④ 9③ 10④

콕콕 예상 문제 31 문맥규정 　　　　　　　　　　　　　　　　　　　/ 10

問題3 （　　　）に入れるのに最もよいものを、1・2・3・4から一つえらびなさい。

① 銀行口座を開くときには、（　　　）を証明するものが必要だ。
　　1　成分　　　　　2　部分　　　　　3　区分　　　　　4　身分

② 家庭（　　　）をさがしているが、適当な人がなかなかいない。
　　1　通信　　　　　2　下宿　　　　　3　教師　　　　　4　訪問

③ 財産といってもねこの（　　　）ほどの土地しかありません。
　　1　ほこり　　　　2　なみだ　　　　3　ひたい　　　　4　かたち

④ 料理を作ろうとして、塩が（　　　）いることに気がついた。
　　1　なおって　　　2　きれて　　　　3　はずれて　　　4　きいて

⑤ わたしが買い物をしているあいだ、子どもは（　　　）待っていた。
　　1　おしく　　　　2　くやしく　　　3　おとなしく　　4　したしく

⑥ 山田さんは時間に（　　　）、約束した時間に絶対遅れない。
　　1　確かで　　　　2　正しくて　　　3　確実で　　　　4　正確で

⑦ ぼくは彼の意見に（　　　）賛成というわけではない。
　　1　まさか　　　　2　さすがに　　　3　かならずしも　4　なんとかして

⑧ 子どもは（　　　）、わたしより背が高くなっていた。
　　1　ようやく　　　2　いつのまにか　3　だんだん　　　4　そろそろ

⑨ コンテストで優勝して、歌手になる（　　　）をつかんだ。
　　1　チャンス　　　2　パートナー　　3　ガイド　　　　4　チケット

⑩ 道に（　　　）しまいました。駅はどこでしょうか。
　　1　こまって　　　2　あまって　　　3　かよって　　　4　まよって

답　1④　2③　3③　4②　5③　6④　7③　8②　9①　10④

콕콕 예상 문제 32 문맥규정   / 10

問題3 （　　）に入れるのに最もよいものを、1・2・3・4から一つえらびなさい。

1 このレポートは（　　）はいいが、表現の仕方が適切でないところが何か所かある。
　1　費用　　　　2　希望　　　　3　内容　　　　4　配達

2 この運動の（　　）はうでの力を強くすることです。
　1　方法　　　　2　意味　　　　3　支度　　　　4　目的

3 試験中は、筆記用具の貸し借りは（　　）されている。
　1　中断　　　　2　中止　　　　3　禁物　　　　4　禁止

4 先生が質問したが、だれも答えないで（　　）いる。
　1　つづいて　　2　だまって　　3　まなんで　　4　とまって

5 毎日運動をしていたら、とても（　　）になりました。
　1　本当　　　　2　無理　　　　3　正直　　　　4　健康

6 学生ビザを取得するための（　　）条件は次のとおりです。
　1　当然な　　　2　正常な　　　3　新鮮な　　　4　主要な

7 街を（　　）していたら、山田先生に会いました。
　1　ばらばら　　2　ぶらぶら　　3　がらがら　　4　ぐらぐら

8 人の言うことを（　　）気にしていたら何もできません。
　1　いちいち　　2　わくわく　　3　にこにこ　　4　そろそろ

9 転職にはあまり興味がないというのが（　　）時点での正直な気持ちです。
　1　実　　　　　2　別　　　　　3　自　　　　　4　現

10 この団体旅行の参加（　　）の3割は男性だ。
　1　者　　　　　2　下　　　　　3　会　　　　　4　足

답 1③ 2④ 3④ 4② 5④ 6④ 7② 8① 9④ 10①

콕콕 예상 문제 33 문맥규정　　　　　　　　　　　/ 10

問題3　（　　　）に入れるのに最もよいものを、1・2・3・4から一つえらびなさい。

1　山本さんは、自分でいいと思ったらすぐ（　　　）にうつす人です。
　　1　行動　　　　　2　運動　　　　　3　作動　　　　　4　自動

2　素材が天然木のため、（　　　）は見本と多少ことなる場合があります。
　　1　感動　　　　　2　商品　　　　　3　営業　　　　　4　共通

3　肉が変なにおいがしたので、買った店に（　　　）を言った。
　　1　失敗　　　　　2　通訳　　　　　3　失礼　　　　　4　文句

4　かばんにたくさん荷物が（　　　）いてとても重い。
　　1　とどいて　　　2　ならんで　　　3　つまって　　　4　ふせいで

5　社会人になったばかりで、毎日（　　　）で過ごしている。
　　1　上達　　　　　2　夢中　　　　　3　集中　　　　　4　熱心

6　近ごろ結婚式がどんどん（　　　）なってきています。
　　1　のんきに　　　2　むだに　　　　3　あらたに　　　4　はでに

7　つぎの水曜日までには（　　　）修理を終えます。
　　1　あしからず　　2　あいかわらず　3　かならず　　　4　たえず

8　日本へいらっしゃったら、（　　　）わたしのうちに泊まってください。
　　1　ぜひ　　　　　2　いきなり　　　3　そんなに　　　4　おそらく

9　あの会社と合併してどんなメリットがあるのか（　　　）検討だ。
　　1　愛　　　　　　2　全　　　　　　3　直　　　　　　4　要

10　（　　　）視聴者として意見を言わせてください。
　　1　上　　　　　　2　半　　　　　　3　一　　　　　　4　下

답　1① 2② 3④ 4③ 5② 6④ 7③ 8① 9④ 10③

콕콕 예상 문제 34 문맥규정   / 10

問題 3 （　　　）に入れるのに最もよいものを、1・2・3・4から一つえらびなさい。

1 むすめの部屋は南（　　　）です。
　　1 向き　　　　2 沿い　　　　3 込み　　　　4 建て

2 われわれは（　　　）でこのことを知っているだけです。
　　1 うまさ　　　2 うわさ　　　3 うらみ　　　4 うがい

3 きのうの台風で、九州ではかなりの（　　　）が出たそうだ。
　　1 被害　　　　2 発見　　　　3 作業　　　　4 発売

4 みんなの意見が（　　　）、なかなか決まらなかった。
　　1 うまれて　　2 かさねて　　3 つめて　　　4 われて

5 努力が（　　　）、国立大学に合格することができた。
　　1 つまって　　2 みのって　　3 そだって　　4 しめきって

6 （　　　）なところ、その計画には無理があると思います。
　　1 正直　　　　2 当然　　　　3 確実　　　　4 単純

7 あの子はおとなしそうですが、運動は（　　　）です。
　　1 得意　　　　2 敬意　　　　3 得点　　　　4 重点

8 中に何が入っているのだろうと思うと（　　　）します。
　　1 そろそろ　　2 いろいろ　　3 うとうと　　4 わくわく

9 何度も話し合ったが、（　　　）意見はまとまらなかった。
　　1 結局　　　　2 結論　　　　3 結果　　　　4 結構

10 彼女はキーボード入力の速さでは社内（　　　）です。
　　1 先　　　　　2 一　　　　　3 人　　　　　4 食

답 1① 2② 3① 4④ 5② 6① 7① 8④ 9① 10②

콕콕 예상 문제 35 문맥규정 / 10

問題 3 （　　　）に入れるのに最もよいものを、1・2・3・4から一つえらびなさい。

1 現在の日本には、高齢化、ごみ問題など、多くの（　　　）がある。
　1 日課　　　　2 目的　　　　3 課題　　　　4 題目

2 わたしたちの学校の（　　　）は、有名なデザイナーがデザインしたものだ。
　1 克服　　　　2 制服　　　　3 回復　　　　4 往復

3 みんなで話し合って、旅行の（　　　）は北海道に決まった。
　1 貸し借り　　2 知り合い　　3 贈り物　　　4 行き先

4 ぜんぜん掃除をしていないので、ほこりが（　　　）いる。
　1 つもって　　2 ちがって　　3 あやまって　4 がんばって

5 子どもがいつまで（　　　）帰ってこなくて心配だ。
　1 たっても　　2 にぎっても　3 のっても　　4 つもっても

6 彼女は（　　　）笑って「おどりましょう」と言いました。
　1 わずかに　　2 すこやかに　3 ほがらかに　4 なだらかに

7 山本先生がもどってくるのは（　　　）明日です。
　1 まず　　　　2 たしか　　　3 やはり　　　4 もし

8 電車で（　　　）うでをつかまれてびっくりした。
　1 大体　　　　2 結構　　　　3 突然　　　　4 相当

9 全力を出し（　　　）負けたんだから仕方がありません。
　1 きって　　　2 とって　　　3 うけて　　　4 なれて

10 職業（　　　）、瞬間的に判断をしなくてはならないことが多い。
　1 下　　　　　2 学　　　　　3 上　　　　　4 家

답 1③ 2② 3④ 4① 5① 6③ 7② 8③ 9① 10③

출제 예상 문자·어휘 **255**

콕콕 예상 문제 36 문맥규정   / 10

問題3 （　　　）に入れるのに最もよいものを、1・2・3・4から一つえらびなさい。

① どちらがいい成績をとるか、友だちと（　　　）した。
　1 急行　　　2 招待　　　3 競争　　　4 習慣

② （　　　）のある人ならその仕事を1週間以内で終えるだろう。
　1 反対　　　2 復習　　　3 予習　　　4 経験

③ 科学が（　　　）して、今まで不可能だったことも可能になった。
　1 進歩　　　2 進行　　　3 通行　　　4 流行

④ お金があれば幸せになれるというのは（　　　）考えだ。
　1 あこがれた　2 まちがった　3 つきあたった　4 とぎれた

⑤ この果物は（　　　）食べたほうがおいしい。
　1 ひやして　　2 ためして　　3 かえして　　4 はずして

⑥ 君も（　　　）大人なのだから、自分のことは自分で決めなさい。
　1 りっぱな　　2 さかんな　　3 しんせんな　　4 まんぞくな

⑦ 情報技術は、将来ますます（　　　）になるだろう。
　1 完全　　　2 正直　　　3 重要　　　4 短気

⑧ 睡眠は1日に（　　　）8時間は必要です。
　1 くれぐれも　2 あいかわらず　3 かならずしも　4 すくなくとも

⑨ 天気予報で言っていた台風が（　　　）上陸するらしい。
　1 にこにこ　　2 いよいよ　　3 どきどき　　4 なかなか

⑩ この映画には日本の映画（　　　）を代表する俳優たちが多く出演している。
　1 座　　　2 館　　　3 民　　　4 界

답 1③ 2④ 3① 4② 5① 6① 7③ 8④ 9② 10④

콕콕 예상 문제 37 문맥규정 / 10

問題3 （　　）に入れるのに最もよいものを、1・2・3・4から一つえらびなさい。

1　大学で留学生と日本人学生の（　　）がさかんに行われている。
　　1　交流（こうりゅう）　　2　主流（しゅりゅう）　　3　気流（きりゅう）　　4　合流（ごうりゅう）

2　彼は土日も休まず働きつづけ、ついに（　　）でたおれてしまった。
　　1　苦情（くじょう）　　2　情報（じょうほう）　　3　過労（かろう）　　4　通過（つうか）

3　病院に行ってから、足の（　　）がよくなりました。
　　1　調理（ちょうり）　　2　調子（ちょうし）　　3　体調（たいちょう）　　4　体力（たいりょく）

4　急用（きゅうよう）が（　　）ので、先生にことわって早退（そうたい）させてもらった。
　　1　みのった　　2　はじまった　　3　まいった　　4　できた

5　クラスでふたつのチームに（　　）サッカーをした。
　　1　めざめて　　2　さめて　　3　わかれて　　4　かれて

6　彼女は、どんなに悪口を言われても（　　）な顔をしている。
　　1　苦手（にがて）　　2　平気（へいき）　　3　自然（しぜん）　　4　順調（じゅんちょう）

7　友だちだと思って声をかけたら、（　　）別人だった。
　　1　びっくりな　　2　そっくりな　　3　さかんな　　4　じゃまな

8　疲（つか）れていたので、会議中に（　　）いねむりしてしまった。
　　1　ぜひ　　2　つい　　3　おそらく　　4　うっかり

9　彼らは（　　）期間（とうしきん）での投資金の回収（かいしゅう）を目的（もくてき）としている。
　　1　好　　2　小　　3　短　　4　低

10　このオレンジはフランス（　　）です。
　　1　製　　2　産　　3　作　　4　品

답　1① 2③ 3② 4④ 5③ 6② 7② 8② 9③ 10②

출제 예상 문자・어휘　**257**

콕콕 예상 문제 38 유의표현　　　　　　　　　　　　　　　　　/ 10

問題4 ＿＿＿＿に意味が最も近いものを、１・２・３・４から一つえらびなさい。

1 彼女とは小学校のときからのしたしい友だちです。
　　1　調子がいい　　　2　きげんがいい　　　3　なかがいい　　　4　頭がいい

2 このごろコンディションがとてもいい。
　　1　調節　　　　　　2　季節　　　　　　　3　体調　　　　　　4　液体

3 予約をとりけしたいのですが。
　　1　テレホンしたい　2　つたえたい　　　　3　やくそくしたい　4　キャンセルしたい

4 チケットをお持ちでない方は入場できません。
　　1　きって　　　　　2　かばん　　　　　　3　きっぷ　　　　　4　ぼうし

5 父は「ばか」がつくほど正直な人だった。
　　1　うそをつかない　2　うそをつく　　　　3　やくにたたない　4　やくにたつ

6 この携帯なら、お年よりでもらくに操作できます。
　　1　残念に　　　　　2　簡単に　　　　　　3　自由に　　　　　4　自然に

7 おじからオペラのイロハをおそわった。
　　1　ならった　　　　2　おしえた　　　　　3　かぞえた　　　　4　はらった

8 彼はそのことばを全部暗記した。
　　1　覚えた　　　　　2　忘れた　　　　　　3　書いた　　　　　4　読んだ

9 それはきっと君にとってプラスになると思います。
　　1　実り　　　　　　2　祈り　　　　　　　3　情け　　　　　　4　助け

10 彼女が怒るのはあたりまえだ。
　　1　本当だ　　　　　2　当然だ　　　　　　3　重要だ　　　　　4　必要だ

답　1③　2③　3④　4③　5①　6②　7①　8①　9④　10②

콕콕 예상 문제 39 유의표현

/ 10

問題 4 ＿＿＿＿に意味が最も近いものを、1・2・3・4から一つえらびなさい。

① そのプランに対するあなたの主な反対理由は何ですか。
　1　計画　　　2　計算　　　3　方法　　　4　方針

② 野球の試合は雨で流れた。
　1　開始になった　2　中止になった　3　まけた　　4　しめた

③ わたしはそのことについて残らず彼に話した。
　1　若干　　　2　一部　　　3　少し　　　4　全部

④ 新製品の見本を送ってください。
　1　テキスト　2　テーマ　　3　サンプル　4　チケット

⑤ おもうしこみはご本人に限ります。
　1　決行　　　2　決定　　　3　申告　　　4　申請

⑥ できるだけたくさんの本を読んでください。
　1　ただちに　2　つぎつぎに　3　すでに　　4　なるべく

⑦ 電車が急に止まった。
　1　まもなく　2　とうとう　3　とつぜん　4　ほとんど

⑧ 経済学にはまったく興味がありません。
　1　にこにこ　2　ぜんぜん　3　ますます　4　ときどき

⑨ 団体旅行の支度はみな旅行社がやってくれる。
　1　準備　　　2　設備　　　3　行事　　　4　行列

⑩ 教科書の20ページを開いてください。
　1　レシート　2　テキスト　3　プリント　4　マニュアル

답　1① 2② 3④ 4③ 5④ 6④ 7③ 8② 9① 10②

콕콕 예상 문제 40 유의표현　　　　/ 10

問題 4　＿＿＿に意味が最も近いものを、1・2・3・4から一つえらびなさい。

[1] 集合したらただちに出発します。
　　1　じつに　　　2　すぐに　　　3　しだいに　　　4　たまに

[2] この見本はただでもらえます。
　　1　速達　　　　2　宅配　　　　3　無料　　　　　4　有料

[3] 最近約束をやぶる人が増えています。
　　1　きめる　　　2　きめない　　3　まもる　　　　4　まもらない

[4] この人形は紙でできている。
　　1　つくられて　2　はられて　　3　かこまれて　　4　おおわれて

[5] 結婚式のドレスをレンタルすることにしました。
　　1　おこる　　　2　おくる　　　3　かりる　　　　4　かえす

[6] 長かった梅雨がやっと明けた。
　　1　さわった　　2　はじまった　3　きまった　　　4　おわった

[7] 仕事はきょうのところはほぼ終わりました。
　　1　だいたい　　2　すっかり　　3　全部　　　　　4　全然

[8] 彼女はおどりがうまい。
　　1　へただ　　　2　じょうずだ　3　はでだ　　　　4　だめだ

[9] 徹夜でがんばってやっと論文を仕上げた。
　　1　努力して　　2　協力して　　3　団体して　　　4　団結して

[10] そのレストランは9月にオープンします。
　　1　開発　　　　2　出発　　　　3　発表　　　　　4　開店

답　1②　2③　3④　4①　5③　6④　7①　8②　9①　10④

콕콕 예상 문제 41 유의표현   / 10

問題 4 ＿＿＿＿に意味が最も近いものを、1・2・3・4から一つえらびなさい。

1 りょうでは10時までに帰るという決まりがある。
　　1 秘密　　　　2 連絡　　　　3 計画　　　　4 規則

2 君が試験に合格してすごくうれしいよ。
　　1 いきなり　　2 とにかく　　3 ひじょうに　　4 たいして

3 わたしの兄は短気だ。
　　1 すぐ泣く　　2 すぐ怒る　　3 すぐ驚く　　4 すぐ笑う

4 ビデオカメラをケースに入れる。
　　1 実体　　　　2 実績　　　　3 容器　　　　4 容積

5 彼女はどうしてもそれを買うと言って聞かない。
　　1 ぜひ　　　　2 おそらく　　3 すぐ　　　　4 まず

6 たいていのホテルは週末のほうが料金が高い。
　　1 したく　　　2 ねだん　　　3 せわ　　　　4 やちん

7 わけあっていまはお話しできません。
　　1 自由　　　　2 現実　　　　3 事実　　　　4 理由

8 あのスポーツのルールは単純だ。
　　1 わかりやすい　　　　　　　2 わかりにくい
　　3 よく知られている　　　　　4 あまり知られていない

9 貿易会社の仕事はとてもきつい。
　　1 簡単だ　　　2 大変だ　　　3 つまらない　　4 おもしろい

10 げんにわたしが見たことだ。
　　1 国際に　　　2 実験に　　　3 実際に　　　4 無実に

답 1④ 2③ 3② 4③ 5① 6② 7④ 8① 9② 10③

콕콕 예상 문제 42 유의표현 　　　　　　　　　　　　　　　　　／10

問題4 ＿＿＿に意味が最も近いものを、1・2・3・4から一つえらびなさい。

① この仕事は年内に<u>上がります</u>。
　1　おわります　　2　はじまります　　3　かわります　　4　おこないます

② 友達を<u>うらぎる</u>ような男は信頼できない。
　1　チェックさせる　2　がっかりさせる　3　ノックさせる　4　おとろかせる

③ 学校まで電車で<u>やく</u>40分です。
　1　たいへん　　2　つまり　　3　だいたい　　4　たぶん

④ 彼は借金で<u>よわっている</u>。
　1　こまっている　2　くらしている　3　注文している　4　生活している

⑤ こちらの<u>言い分</u>も聞いてくれませんか。
　1　提案（ていあん）　2　理由（りゆう）　3　伝言（でんごん）　4　主張（しゅちょう）

⑥ 彼のギターの腕は<u>目に見えて</u>上達した。
　1　少しずつ　　2　目だって　　3　とうてい　　4　必ずしも

⑦ この<u>へん</u>はまったく初めてです。
　1　公園　　2　場所　　3　ながめ　　4　あたり

⑧ 暗くて何でも見えないよ、<u>ライト</u>をこっちに向けて。
　1　あぶら　　2　サンプル　　3　ひかり　　4　マッチ

⑨ <u>いっさい</u>の費用は私がもちます。
　1　ほとんどの　2　ある程度も　3　一部の　4　すべての

⑩ 医者は彼の命は<u>あやうい</u>と言った。
　1　あぶない　2　はげしい　3　みにくい　4　けわしい

답　1①　2②　3③　4①　5④　6②　7④　8③　9④　10①

콕콕 예상 문제 43 유의표현   / 10

問題4　_____に意味が最も近いものを、1・2・3・4から一つえらびなさい。

1 その知らせを聞いてほっとした。
　1　心配した　　　2　安心した　　　3　不安した　　　3　努力した

2 この缶をクッキーの入れ物に使おう。
　1　外食（がいしょく）　2　料理（りょうり）　3　容器（ようき）　4　試食（ししょく）

3 彼の提案に文句はありません。
　1　期待　　　　　2　不平　　　　　3　成功　　　　　4　希望

4 ホテルに部屋をとってもらった。
　1　予約して　　　2　解約して　　　3　注意して　　　4　注文して

5 実際の事件からヒントを得ました。
　1　流れ　　　　　2　きまり　　　　3　情報　　　　　4　手がかり

6 昼食のパンがあまった。
　1　少し足りなかった　　　　　　2　多すぎて残った
　3　とてもおいしかった　　　　　4　そんなにおいしくなかった

7 そのサイズのくつは売りきれた。
　1　全部売れた　　2　少し売れた　　3　半分売れた　　4　ほぼ売れた

8 彼の弁護を引き受けた。
　1　担当した　　　2　成功した　　　3　期待した　　　4　参加した

9 授業に遅刻して先生にしかられた。
　1　かえられた　　2　やめられた　　3　ほめられた　　4　おこられた

10 彼を説得するのはあきらめた。
　1　しまった　　　2　かえた　　　　3　やめた　　　　4　わすれた

답　1② 2③ 3② 4① 5④ 6② 7① 8① 9④ 10③

콕콕 예상 문제 44 유의표현 / 10

問題4　_____に意味が最も近いものを、1・2・3・4から一つえらびなさい。

1. その財産は<u>当然</u>あなたのものです。
   1　ずっと　　　2　もちろん　　　3　たとえ　　　4　たしかに

2. 人込みではすりに<u>用心して</u>ください。
   1　注意して　　2　中止して　　　3　変更して　　4　支度して

3. 私たちは母校の創立50周年を<u>祝った</u>。
   1　仮定した　　2　復習した　　　3　記念した　　4　募集した

4. 夫は食事の<u>したく</u>をしています。
   1　用意　　　　2　方法　　　　　3　販売　　　　4　保存

5. 突然、胸(むね)に痛みが走った。
   1　うっかり　　2　いつのまにか　3　しだいに　　4　いきなり

6. その問題について彼の<u>アドバイス</u>を求めた。
   1　助言　　　　2　直接　　　　　3　共同　　　　4　許可

7. きょうは<u>なるべく</u>早く寝るようにしよう。
   1　たまに　　　2　ときどき　　　3　しばしば　　4　できるかぎり

8. 何でもいいから好きなものを<u>選んで</u>ください。
   1　届(とど)けて　2　取(と)って　3　回収(かいしゅう)して　4　割引(わりびき)して

9. <u>万一</u>君が先にそこへ着いたら外で待っていなさい。
   1　わりに　　　2　たぶん　　　　3　もし　　　　4　ずっと

10. 父が倒れたと聞いて<u>あわてて</u>病院に向かった。
    1　おちついて　2　はしって　　　3　よろこんで　4　いそいで

답 1② 2① 3③ 4① 5④ 6① 7④ 8② 9③ 10④

콕콕 예상 문제 45 유의표현　　　　　　　　　　/ 10

問題 4　____ に意味が最も近いものを、1・2・3・4から一つえらびなさい。

① 彼は目的を達するためにあらゆる手段をつくした。
　1　半分の　　　2　すべての　　　3　少しの　　　4　ほとんどの

② この方法にはほとんどメリットがない。
　1　長所　　　2　欠点　　　3　大変(たいへん)なところ　　　4　単純(たんじゅん)なところ

③ 左右をたしかめながら道路を横断(おうだん)した。
　1　かえた　　　2　わたった　　　3　おぼえた　　　4　しらべた

④ テニスではとてもあなたにはかなわない。
　1　たしかに　　　2　おそらく　　　3　とうてい　　　4　たぶん

⑤ ちょっとした計算のミスをした。
　1　文句　　　2　成功　　　3　言いわけ　　　4　間違い

⑥ 私たちは青空の下で昼食をとった。
　1　明暗(めいあん)　　　2　暴風雨(ぼうふうう)　　　3　雷雨(らいう)　　　4　晴天(せいてん)

⑦ そのことは内緒(ないしょ)にしておいてくれないか。
　1　早く忘れて　　　　　　　2　忘れないで
　3　だれにも話さないで　　　4　いろいろな人に話して

⑧ 森の中は日中でさえ暗かった。
　1　早朝　　　2　昼間　　　3　真夜中　　　4　夕方

⑨ 込んだ電車の中で財布をうばわれた。
　1　さわられた　　　2　にぎられた　　　3　取られた　　　4　どなられた

⑩ 彼は公園をあちこち歩きまわった。
　1　ほうぼう　　　2　あれこれ　　　3　うろうろ　　　4　まごまご

답　1② 2① 3② 4③ 5④ 6④ 7③ 8② 9③ 10①

콕콕 예상 문제 46 용법   / 5

問題5　つぎのことばの使い方として最もよいものを、一つえらびなさい。

1　スケジュール
　　1　こおりが厚くないからスケジュールはできない。
　　2　冷えこむのでスケジュールを首に巻いた。
　　3　最後の秒読みはスケジュールどおりに行われる。
　　4　彼らは核実験反対運動を全国的なスケジュールでおこした。

2　才能
　　1　動物は才能にしたがって行動する。
　　2　山田さんは数学の才能があります。
　　3　このホールの収容才能は約400人です。
　　4　中村さんは子どものころはとても才能だった。

3　あびる
　　1　大きな松の木が、月の光をあびて立っています。
　　2　マスクメロンをあびるほど食べてみたい。
　　3　あの地域の天候は毎年今ごろあびる。
　　4　こんな田舎にも開発の手があびてきました。

4　案外
　　1　先月ボランティアとして調査団を案外した。
　　2　日本の少子化は以前から案外されていた。
　　3　ニューヨーク便は案外より1時間遅れて出発した。
　　4　彼女は親切かと思っていたら案外不親切だった。

5　たしか
　　1　そんなことをたしかに言いだされても困るよ。
　　2　たしかのときのために、保険に入った。
　　3　彼女が僕を愛しているのは絶対たしかだ。
　　4　ボーナスが出たといっても、たしかなものです。

답　1③　2②　3①　4④　5③

콕콕 예상 문제 47 용법　　　　　　　　　　　　　　　　　　　　　　　/ 5

問題5　つぎのことばの使い方として最もよいものを、一つえらびなさい。

① おかしい
1　小包のひもは、おかしくしばってください。
2　荷物を持って、おかしいさかをのぼりました。
3　夏なのにこんなにすずしいのは、おかしいですね。
4　わたしは学問がおかしいので、よくわかりません。

② ユーモア
1　あの俳優の出演するドラマは全部ユーモアしている。
2　彼はユーモアがあっていっしょにいると楽しい。
3　彼はわたしにだまっているようにユーモアで合図した。
4　スタッフに新企画のユーモアを説明した。

③ いつのまにか
1　徹夜したがいつのまにか一通り読めただけです。
2　山を登るにつれて、いつのまにか道が険しくなりました。
3　本を読んでいたらいつのまにか5時間も経っていた。
4　長い病床生活だったが外出を許されて、家の回りをいつのまにか歩いてみた。

④ はやる
1　その角をはやったところにカフェがあります。
2　初めに身長を、次に体重をはやります。
3　あの新聞は事実をはやって報道しました。
4　今、イギリスではどんな歌がはやっていますか。

⑤ 苦労
1　子どものころは親にずいぶん苦労をかけた。
2　失恋は若者に精神的苦労を与える。
3　彼は数多くの苦労にあった。
4　彼はその店のサービスが悪いと苦労を言った。

답　1③　2②　3③　4④　5①

콕콕 예상 문제 48 용법   / 5

問題5 つぎのことばの使い方として最もよいものを、一つえらびなさい。

1 面接
1 そのレストランは面接を停止されました。
2 首相は正式に大統領官邸を面接しました。
3 駅は彼を面接する人々でいっぱいでした。
4 一人一人面接してアンケート調査をしました。

2 やぶる
1 グループは登山道からやぶって道に迷ってしまった。
2 強盗は窓ガラスをやぶって侵入した。
3 君のその意見はポイントがやぶっています。
4 彼女のお腹には新しい命がやぶっています。

3 ラッシュ
1 予定出発時刻の少なくとも2時間前にラッシュする。
2 1週間のラッシュでオーストラリアへ行って来た。
3 ラッシュオフをどう過ごすかが選手には大きな課題だ。
4 ラッシュアワーの混雑は早急に解決を迫られている。

4 どんどん
1 この国の人口はどんどん増加しています。
2 彼女自身がどんどんぼくのかばんを家までとどけてくれた。
3 息子は就職もせずに、家でどんどんしています。
4 彼は考えるときに指で机をどんどんたたくのがくせだ。

5 正直
1 あなたの正直な髪がうらやましい。
2 彼女は正直の場にふさわしい服装をしていた。
3 正直なところわたしはあなたの意見に賛成できない。
4 人に対してまったく正直を欠いています。

답 1④ 2② 3④ 4① 5③

콕콕 예상 문제 49 용법 /5

問題5 つぎのことばの使い方として最もよいものを、一つえらびなさい。

① ようやく
1 そんなにいい本なら<u>ようやく</u>読んでみます。
2 <u>ようやく</u>気がつくともう日が暮れていました。
3 空が暗くなって<u>ようやく</u>雨が降りそうです。
4 冬が終わり<u>ようやく</u>春らしくなって来た。

② もったいない
1 こうすれば安い肉でも<u>もったいなく</u>食べられます。
2 先生からいただいた絵筆は<u>もったいなくて</u>使えません。
3 彼は学校で責任の<u>もったいない</u>地位にあります。
4 この本の物語は<u>もったいなく</u>書きなおしてあります。

③ 発明
1 山田さんは絵画に非常な才能を<u>発明</u>した。
2 コロンブスはアメリカ大陸の<u>発明</u>で有名です。
3 電話は１８７６年にベルによって<u>発明</u>されました。
4 入学試験の結果は、あさって<u>発明</u>になる。

④ リサイクル
1 この繊維はペットボトルを<u>リサイクル</u>して作られた。
2 わたしたちは知事の<u>リサイクル</u>をめざして署名運動を始めた。
3 田中教授は来週ピアノ<u>リサイクル</u>を開きます。
4 市外から横浜にかけるときは、まず０４５を<u>リサイクル</u>してください。

⑤ こまる
1 これは風の強さを<u>こまる</u>機械です。
2 専門家たちは長年この問題で<u>こまって</u>います。
3 車がどろに<u>こまって</u>動きが取れなくなった。
4 先生はみんなの前でその子を<u>こまった</u>。

답 1④ 2② 3③ 4① 5②

콕콕 예상 문제 50 용법 　　　　　　　　　　　　　　　　　　/ 5

問題5　つぎのことばの使い方として最もよいものを、一つえらびなさい。

1　コンテスト
　1　これは鉄筋コンテストの建物である。
　2　電気かみそりを使いたいのですが、コンテストはどこですか。
　3　体のコンテストがよくないので会に出席できません。
　4　彼は英語暗唱コンテストで1位になった。

2　ぐっすり
　1　彼はぐっすりした顔で空を見あげていました。
　2　うちは大家族なので家でぐっすりできません。
　3　一晩ぐっすり寝れば気分がよくなりますよ。
　4　この眼鏡をかけると字がぐっすりと見えます。

3　りっぱ
　1　景子さんはりっぱな成績で大学を卒業なさいました。
　2　この会合のりっぱな目的はクラブ内の親睦を深めることです。
　3　元チャンピオンは決意もりっぱに再び練習を始めた。
　4　今では着物姿の男性を見かけることはりっぱだ。

4　割合
　1　わたしはそれを2割合で買いました。
　2　しょうゆと酢を1対1の割合で混ぜた。
　3　わが国の郵便料金は外国と比べて割合です。
　4　深夜タクシーには割合料金を払わなければならない。

5　オープン
　1　そのスキャンダルは選挙を戦う上で大きなオープンになった。
　2　新しい日本料理店が駅の近くにきのうオープンした。
　3　去年アパートから一戸建てへとオープンアップした。
　4　彼は見るスポーツでなくてオープンなスポーツが好きである。

답　1④　2③　3①　4②　5②

콕콕 예상 문제 51 용법 /5

問題 5　つぎのことばの使い方として最もよいものを、一つえらびなさい。

1 ルール
  1 わたしはルールですてきな帽子を買いました。
  2 このゲームのルールを知っていますか。
  3 一日に多いときには２０以上のルールが来ます。
  4 大阪へ行くにはこのルールで行くのが一番速い。

2 ぴったり
  1 地球の温暖化はぴったりした事実です。
  2 何かぴったりしたものが食べたい。
  3 最後のランナーはゴール寸前でぴったり倒れた。
  4 収支の残高と、現金がぴったりと合った。

3 はぶく
  1 時間がないので、詳細ははぶきます。
  2 砂糖のかたまりをスプーンではぶきました。
  3 留学中の１人をはぶいて全員が同窓会に出席した。
  4 原油をはぶくタンカーが横浜港に到着した。

4 うまい
  1 彼女はクラスでいちばん料理がうまい。
  2 びんのふたがうまくて、開けられなかった。
  3 兄は会うたびに仕事がうまいとこぼした。
  4 カメラのフラッシュがうまくていつも目を閉じてしまう。

5 自身
  1 最近は忙しくて自身な時間があまりない。
  2 彼は６か国語を自由自身にあやつることができる。
  3 彼はその本箱を自分自身で作った。
  4 彼は自分の能力に自身を持った。

답　1② 2④ 3① 4① 5③

콕콕 예상 문제 52 용법   /5

問題5 つぎのことばの使い方として最もよいものを、一つえらびなさい。

1 助ける
 1 わたしの探している商品があるか店員に助けた。
 2 わたしたちは誠意ある回答を助けています。
 3 びんぼうな人々を助けるために、お金を集めています。
 4 その大学は独自の奨学金制度を助けています。

2 カタログ
 1 新しいテレビを買うために、店でカタログをもらってきた。
 2 カメラ修理代として金6,000円確かにカタログいたしました。
 3 人気カタログがでるかどうかゲーム機の売り上げを決める。
 4 むすめの結婚式のために礼服をカタログした。

3 はっきり
 1 おなべにお湯をはっきり入れて火にかけます。
 2 わたしはその夜のできごとをはっきりと覚えています。
 3 その若者はいつもはっきりした身なりをしている。
 4 早く就職を決めてはっきりとしたいなあ。

4 解決
 1 公園の解決時刻は10時半ごろの予定です。
 2 彼女はわたしの言葉をあやまって解決した。
 3 この線の解決は青森です。
 4 まず食料問題を解決しなくてはならない。

5 器用
 1 父の器用で市役所まで行かなければなりません。
 2 学生たちは実験用の器用を準備しました。
 3 コピー機は故障のため1時間器用できなかった。
 4 子どものころから手先が器用でした。

답 1③ 2① 3② 4④ 5④

콕콕 예상 문제 53 용법　　/5

問題5　つぎのことばの使い方として最もよいものを、一つえらびなさい。

1　ぬるい
1　紅茶をいれるときはぬるいお湯は使わないでください。
2　山田さんとは知り合ってまだ日がぬるい。
3　父の髪は年ごとにぬるくなっていく。
4　一日立っていたら今日は足がぬるい。

2　そっくり
1　あの学生はそっくりした意見をもっている。
2　君はおじいさんの若いころにそっくりだ。
3　熱いコーヒーを飲んで頭がそっくりだ。
4　ロミオとジュリエットはその夜そっくり会った。

3　キャンセル
1　彼はキャンセルを決めて出品作の制作に取りかかった。
2　劇場ではキャンセルされた部分もビデオでは見られます。
3　急に用事ができたのでランチの予約をキャンセルした。
4　今夜の宴会は予算を2万円キャンセルした。

4　あまる
1　会議は午前9時からあまります。
2　そのうちの戸はみんなぴたりとあまっていた。
3　そのタクシーは道の真ん中で突然あまった。
4　お金があまったから、もう一晩ここにとまりましょう。

5　うっかり
1　うっかりして彼のかさを持って来てしまいました。
2　彼は新聞紙をひもでうっかり結びました。
3　急がなくていいよ、時間はうっかりあるから。
4　彼女は部屋でうっかりねむっています。

답　1①　2②　3③　4④　5①

부록

파이널 테스트 1~4회
파이널 테스트 정답

JLPT N3 파이널 테스트 1회

問題1 ＿＿＿＿のことばの読み方として最もよいものを、1・2・3・4から一つえらびなさい。

1 <u>朝食</u>はいつもパンとコーヒーです。
　　1 ちゅうしょく　　2 ちゅしょく　　3 ちょうしょく　　4 ちょしょく

2 戦後(ぜんごとうきょう)東京はずいぶん<u>変化</u>した。
　　1 べんけ　　2 へんけ　　3 べんか　　4 へんか

3 この習慣(しゅうかん)はこの地方では<u>一般的</u>だ。
　　1 いっぱんてき　　2 いつはんてき　　3 いっぽんてき　　4 いつほんてき

4 彼は支持者(しじしゃ)に感謝(かんしゃ)の意(い)を<u>表</u>した。
　　1 あらわした　　2 うごかした　　3 ふやした　　4 しめした

5 上野(うえの)さんはそれを自分自身(じぶんじしん)の<u>努力</u>でやりました。
　　1 きょうりょく　　2 ぎょうりょく　　3 とりょく　　4 どりょく

6 ひさしぶりに晴れ(は)たので、洗濯物(せんたくもの)を外に<u>干</u>した。
　　1 かした　　2 ほした　　3 しめした　　4 ふやした

7 田中(たなか)さんの<u>血液型</u>は何ですか。
　　1 けつえきかた　　2 けつえきけい　　3 けつえきがた　　4 けつえきげい

8 台風で街路樹(がいろじゅ)の枝(えだ)が何本(なんぼん)も<u>折</u>れた。
　　1 おれた　　2 ぬれた　　3 われた　　4 こわれた

問題2 ＿＿＿＿のことばを漢字で書くとき、最もよいものを、1・2・3・4から一つえらびなさい。

9 彼らは地下トンネルを通(とお)って<u>にげた</u>。
　　1 進げた　　2 徒げた　　3 逃げた　　4 走げた

10 これまで、一度も人前でがっきを演奏したことがない。
　1 楽機　　　2 楽器　　　3 薬機　　　4 薬器

11 わたしは昨年大阪支社から東京本社にうつった。
　1 動った　　2 移った　　3 映った　　4 写った

12 山田さんの腹痛は食べ過ぎがげんいんです。
　1 原困　　　2 原因　　　3 源困　　　4 源因

13 そのメモはこまかい字で書かれていたので読みにくかった。
　1 細かい　　2 汚かい　　3 詳かい　　4 悪かい

14 日本チームは予想以上のせいせきをあげた。
　1 性積　　　2 性績　　　3 成積　　　4 成績

問題3　（　　　）に入れるのに最もよいものを、1・2・3・4から一つえらびなさい。

15 （　　　）しなくてもその問題は自然に解決しますよ。
　1 心配　　　2 発表　　　3 期待　　　4 希望

16 友だちは（　　　）を持ってわたしにその映画をすすめました。
　1 関心　　　2 印象　　　3 興味　　　4 自信

17 職場ではずっと同じ（　　　）で座っていることも多い。
　1 印象　　　2 間隔　　　3 姿勢　　　4 様子

18 彼のあごには（　　　）ひげが生えています。
　1 こっそりと　2 きっぱりと　3 ぐっすりと　4 うっすらと

19 息子はふろから出て、タオルで体をしっかり（　　　）。
　1 はいた　　　　2 ふれた　　　　3 ふいた　　　　4 なでた

20 月曜日にお店がやっているかどうか（　　　）おいてよ。
　1 見つけて　　　2 たしかめて　　3 気にして　　　4 くりかえして

21 その学生は英語を話すのが目に見えて（　　　）なりました。
　1 おとなしく　　2 うまく　　　　3 なつかしく　　4 えらく

22 その工場は付近の住民と（　　　）を起こした。
　1 トレーニング　2 チャレンジ　　3 トラブル　　　4 アドバイス

23 去年9月の（　　　）では、まだその法律は発効していなかった。
　1 時間　　　　　2 時刻　　　　　3 時代　　　　　4 時点

24 彼女はちょっといやになると、（　　　）でアルバイトをやめてしまう。
　1 意外　　　　　2 平気　　　　　3 重大　　　　　4 正常

25 先輩の（　　　）は素直に聞いた方がいいよ。
　1 アドバイス　　2 アンケート　　3 インタビュー　4 コンクール

問題4　＿＿＿に意味が最も近いものを、1・2・3・4から一つえらびなさい。

26 ラブレターの書き方にこれといったきまりはない。
　1 規則　　　　　2 結果　　　　　3 技術　　　　　4 料金

27 人に助けてもらったらお礼を言うのがあたりまえだ。
　1 間近だ　　　　2 当然だ　　　　3 自然だ　　　　4 同様だ

28 今日は体の調子がいい。
 1 コンディション　　2 スタート　　　3 ダイエット　　　4 コミュニケーション

29 わたしのあこがれの人が同窓会に来なかったのにはとてもがっかりだった。
 1 残念だった　　　2 驚いた　　　　3 安心した　　　　4 うれしかった

30 当日予定されていた長女の運動会が延期になった。
 1 始まるのが予定より早くなった　　　2 後の別の日にやることになった
 3 終わるのが予定より遅くなった　　　4 後の別の日に続けることになった

問題5　つぎのことばの使い方として最もよいものを、1・2・3・4から一つえらびなさい。

31 急
 1 山田さんはあまり急に話すので言うことがよくわからなかった。
 2 子どもは驚くほど物覚えが急なものだ。
 3 この件は、電話より直接お会いしてお話した方が急だと思います。
 4 あの道は急なので自動車では登れない。

32 性格
 1 新しい生活の性格を作るよい機会は定年退職後だ。
 2 彼女は相当落ち込んでいてとても話しかけられる性格ではなかった。
 3 その団体は最近その性格を変え始めたようだ。
 4 この製品は、一番上に冷蔵庫があり野菜室が冷蔵庫の中にある性格だ。

33 緊張
 1 警察は違法駐車を減らすための新しい計画を緊張した。
 2 田中さんはその仕事をすべて1人でやったと緊張した。
 3 テストの当日はとても緊張していた。
 4 少し走ったら胸が緊張した。

34 通り過ぎる
1 15という年の差を通り過ぎて2人は結婚した。
2 鈴木さんは3人の走者を通り過ぎて先頭に立った。
3 山田先生は40代半ばを通り過ぎていると思う。
4 中村さんはわたしたちの前を急いで通り過ぎていった。

35 空(から)
1 内田さんはウィスキーをたいてい空で飲む。
2 田中さんは空さえあればコンピューターに向かっている。
3 教室は講義がすむとたちまち空になる。
4 その国に関する知識はほとんど空だ。

JLPT N3 파이널 테스트 2회

問題1 ＿＿＿＿のことばの読み方として最もよいものを、1・2・3・4から一つえらびなさい。

[1] 1日2,000円までの<ruby>交通費<rt>こうつう ひ</rt></ruby>を支給します。
　　1 しきゅ　　　　2 しきゅう　　　　3 しきょ　　　　4 しきょう

[2] 友人の家の近くに湖があります。
　　1 かわ　　　　　2 うみ　　　　　　3 みずうみ　　　4 はま

[3] その<ruby>現象<rt>げんしょう</rt></ruby>を<ruby>説明<rt>せつめい</rt></ruby>するのにも彼の<ruby>理論<rt>り ろん</rt></ruby>を応用した。
　　1 おうのう　　　2 おうよう　　　　3 えいのう　　　4 えいよう

[4] この柱は垂直に立っている。
　　1 すうじき　　　2 すうちょく　　　3 すいじき　　　4 すいちょく

[5] われわれは彼にその知らせをただちに伝えた。
　　1 たとえた　　　2 おぼえた　　　　3 つたえた　　　4 あたえた

[6] 姉は大学の卒業後、家族から独立しています。
　　1 とくれつ　　　2 どくれつ　　　　3 とくりつ　　　4 どくりつ

[7] 空港で円をドルに替えた。
　　1 かえた　　　　2 はえた　　　　　3 くわえた　　　4 ささえた

[8] <ruby>田中<rt>た なか</rt></ruby>さんは弟の身長を測った。
　　1 しまった　　　2 したがった　　　3 まもった　　　4 はかった

問題2 ＿＿＿＿のことばを漢字で書くとき、最もよいものを、1・2・3・4から一つえらびなさい。

[9] 母はよく土曜の朝にホットケーキをやいてくれた。
　　1 焼いて　　　　2 率いて　　　　　3 導いて　　　　4 抱いて

10 仏教は朝鮮をけいゆして日本へ伝わった。
　　1 通由　　　2 通過　　　3 経由　　　4 経過

11 昨夜この地区はていでんになった。
　　1 閉電　　　2 停電　　　3 止電　　　4 落電

12 このパンフレットをほかのみんなにまわしてください。
　　1 回して　　2 引して　　3 押して　　4 曲して

13 このわかい選手たちがチームの中心となるだろう。
　　1 細い　　　2 若い　　　3 弱い　　　4 強い

14 きのう彼に金をかりたが、まだ返していない。
　　1 借りた　　2 貸りた　　3 降りた　　4 貨りた

問題3 （　　）に入れるのに最もよいものを、1・2・3・4から一つえらびなさい。

15 赤ちゃんが指をしゃぶるのは（　　）な行動です。
　　1 複雑　　　2 重大　　　3 意外　　　4 正常

16 高橋さんは（　　）になってわたしの話を聞いてくれた。
　　1 専門　　　2 親身　　　3 内緒　　　4 姿勢

17 わたしの故郷は（　　）が盛んで、野菜の直売所も数多くあります。
　　1 自然　　　2 資源　　　3 作物　　　4 農業

18 この（　　）では仕事はしばらく終わりそうにありません。
　　1 姿勢　　　2 間隔　　　3 様子　　　4 印象

19 ちょっと（　　）で聞いたんだけど、彼は先月仕事を辞めたらしいよ。
　　1 宣伝　　　2 うそ　　　3 冗談　　　4 うわさ

20 ぬれたくつは、（　　）前に干しておきなさい。
　　1 しまう　　　　2 むく　　　　　3 たたむ　　　　4 しく

21 この浜辺は（　　）中、多くの海水浴客でにぎわう。
　　1 デート　　　　2 シーズン　　　 3 コンクール　　 4 パレード

22 「Aヘルス」は地域ごとに（　　）病気が調べられるサイトです。
　　1 流行している　 2 活動している　 3 派手な　　　　 4 盛んな

23 彼はその子が窓ガラスを割ったのを（　　）やった。
　　1 おさえて　　　 2 ゆるして　　　 3 したがって　　 4 まもって

24 ランチはやっていないので昼間の店はいつも（　　）だ。
　　1 ぐっすり　　　 2 ふらふら　　　 3 うっすり　　　 4 がらがら

25 今年の夏はエベレストに（　　）します。
　　1 オープン　　　 2 アクセス　　　 3 チャレンジ　　 4 セット

問題4　＿＿＿に意味が最も近いものを、1・2・3・4から一つえらびなさい。

26 わたしは試験に落ちるのではないかと不安だ。
　　1 心配だ　　　　 2 危険だ　　　　 3 さびしい　　　 4 つまらない

27 彼はアルコールはいっさい飲まない。
　　1 とにかく　　　 2 まったく　　　 3 どんどん　　　 4 ふたたび

28 スキーのシーズンが近づいてきた。
　　1 あこがれ　　　 2 見本　　　　　 3 ながめ　　　　 4 季節

29 逆の方向の電車に乗ってしまった。
　　1 反対　　　　　 2 外　　　　　　 3 遠く　　　　　 4 奥

30 あそこにきらきらかがやいている星がシリウスです。
　1 明けて　　　　　2 浮いて　　　　　3 光って　　　　　4 広がって

問題5　つぎのことばの使い方として最もよいものを、1・2・3・4から一つえらびなさい。

31 建設
　1 その工場は主にテレビを建設しています。
　2 城を侵攻から守るために堀が建設された。
　3 ここに新しい団地が建設される予定です。
　4 社会のニーズに合った新しい学科を建設してほしい。

32 募集
　1 現在は切手を募集している人も年々減少している。
　2 わたしたちの会社はプログラマーを数人募集している。
　3 使用済みペットボトルは小売店で募集している。
　4 この地方ではもうすぐ米の募集が始まる。

33 身につける
　1 会社はその取引で多大な損害を身につけた。
　2 わたしの身につけている限りでは彼は2002年に亡くなった。
　3 外国語の正しい発音を身につけるのは難しい。
　4 小さいお子さんは必ず身につけてください。

34 沸騰
　1 今度のテストでいい点を取ると、沸騰のクラスに入れる。
　2 物価が沸騰するにつれ生活が苦しくなってきている。
　3 教授の話はわたしには沸騰すぎてついていけない。
　4 お湯が沸騰したら火を止めてください。

35 だるい
1 このところの暑さのせいで体がだるいです。
2 窓を開けると、冷たくてだるい空気が部屋の中に入ってきました。
3 空がだるくなってきました。雨が降るかもしれません。
4 わたしはその知らせを聞いてとてもだるかったです。

JLPT N3
파이널 테스트 3회

問題1 ＿＿＿＿のことばの読み方として最もよいものを、1・2・3・4から一つえらびなさい。

① 事故で首の骨が折れた。
　　1 うで　　　　2 あたま　　　　3 かお　　　　4 くび

② 小林さんは駅の方向へ走って行きました。
　　1 ほうこう　　2 ほうごう　　　3 ほうほう　　4 ほうぼう

③ 彼女はすべての本を主題別に分類した。
　　1 ふんろい　　2 ふんるい　　　3 ぶんろい　　4 ぶんるい

④ その職に30人の申し込みがありました。
　　1 もしこみ　　2 もうしこみ　　3 もしくみ　　4 もうしくみ

⑤ 上着が汚れてきたのでクリーニングに出した。
　　1 くずれて　　2 おくれて　　　3 よごれて　　4 たおれて

⑥ 地面には落ち葉が厚く積もっていた。
　　1 かたく　　　2 ほそく　　　　3 あつく　　　4 せまく

⑦ 新聞広告でこの本はよく売れるようになった。
　　1 こうごう　　2 こうごく　　　3 こうこう　　4 こうこく

⑧ 重い荷物を肩にかついで運んだ。
　　1 にぶつ　　　2 にもつ　　　　3 かぶつ　　　4 かもつ

問題2 ＿＿＿＿のことばを漢字で書くとき、最もよいものを、1・2・3・4から一つえらびなさい。

⑨ 50問中45問にせいかいすれば合格です。
　　1 正解　　　　2 正確　　　　　3 成解　　　　4 成確

10 われわれは彼女が試験に通るようにねがった。
　　1 頼った　　　　2 欲った　　　　3 望った　　　　4 願った

11 こたつがこいしい季節になりました。
　　1 恋しい　　　　2 親しい　　　　3 愛しい　　　　4 新しい

12 うちでは食事のときはいつもテレビをけす。
　　1 切す　　　　　2 消す　　　　　3 止す　　　　　4 停す

13 わたしは夏休みのあいだ毎日天気をきろくした。
　　1 紀録　　　　　2 紀緑　　　　　3 記録　　　　　4 記緑

14 健康に対する人々のかんしんが高まってきている。
　　1 感心　　　　　2 肝心　　　　　3 歓心　　　　　4 関心

問題3　（　　　）に入れるのに最もよいものを、1・2・3・4から一つえらびなさい。

15 この件についてはまだ（　　　）ではないがほぼ確実だろう。
　　1 詳細　　　　　2 収穫　　　　　3 決定　　　　　4 納得

16 チームは来シーズンに向けてトレーニングを（　　　）した。
　　1 指定　　　　　2 姿勢　　　　　3 出張　　　　　4 開始

17 この地方で作られるチーズには際立った（　　　）がある。
　　1 専門　　　　　2 出張　　　　　3 特徴　　　　　4 実力

18 彼女は彼の支払いの要求をきっぱりと（　　　）。
　　1 断った　　　　2 取り消した　　3 否定した　　　4 禁止した

19 この地方の主な（　　　）は大豆とじゃがいもです。
1 農業　　　　2 作物　　　　3 自然　　　　4 資源

20 彼はガラスを割ったのをぼくのせいにしたんだ。まったく（　　　）じゃないよ。
1 冗談　　　　2 うそ　　　　3 宣伝　　　　4 うわさ

21 湖に木の葉が（　　　）いくイメージが浮かんだ。
1 おぼれて　　2 たおれて　　3 しずんで　　4 ころんで

22 昨日の女子バレーボールのアメリカ戦は（　　　）ですね。
1 くさかった　2 おしかった　3 こわかった　4 まずしかった

23 図面を見ただけでは、どんな建物になるのか（　　　）がわかない。
1 ヒント　　　2 タイトル　　3 アイデア　　4 イメージ

24 彼女がいじめで受けた心の（　　　）はいまだに治らない。
1 汚れ　　　　2 傷　　　　　3 故障　　　　4 欠点

25 この夏は（　　　）が3か月分支給された。
1 チップ　　　2 メッセージ　3 ボーナス　　4 パンフレット

問題4 ＿＿＿に意味が最も近いものを、1・2・3・4から一つえらびなさい。

26 何とか1次試験はパスした。
1 正解した　　2 選考した　　3 合格した　　4 節約した

27 当然それはわたしのものです。
1 一般に　　　2 確かに　　　3 しばらく　　4 もちろん

[28] わたしは田中教授から法律をまなんでいる。
1 紹介している　　　　　　　　2 勉強している
3 たくさん飾っている　　　　　4 たくさん持っている

[29] 選手たちはトレーニングにはげんでいる。
1 訓練　　　2 目標　　　3 姿勢　　　4 勝負

[30] パーティーの食べ物はあまりました。
1 多すぎてのこりました　　　　2 とてもおいしかったです
3 少したりませんでした　　　　4 そんなにおいしくなかったです

問題5　つぎのことばの使い方として最もよいものを、1・2・3・4から一つえらびなさい。

[31] 出張
1 わたしたちは最後まで自分たちの出張を曲げなかった。
2 近ごろいろいろな食事が出張で取れるようになった。
3 新聞は予約購読者に朝と夕方2回出張される。
4 昨日から東京に出張に行って先ほど帰ってきた。

[32] 暗記
1 山田さんとは以前どこかで会ったのを暗記している。
2 厳しい自然に生きる動物たちの姿に感動暗記した。
3 鈴木さんは友人全員の電話番号を暗記している。
4 その投手は昨シーズンすばらしい記録を暗記した。

[33] 曲げる
1 腰を曲げるととても痛い。
2 最近いくつかの大学がキャンパスを都心から郊外に曲げた。
3 彼女はすべての子どもに1枚ずつパンを曲げてやった。
4 彼はスキーをしていて脚の骨を曲げた。

[34] 似合う
1 その学校には頭のいい生徒が似合っています。
2 このセーターに似合うスカーフを探しているのです。
3 祖父の記憶は祖母のとは完全には似合わなかった。
4 気分が悪いのは食べた物が似合わなかったからに違いない。

[35] 発生する
1 昨夜駅の近くで火災が発生しました。
2 校門の前に新しいコンビニが発生した。
3 わが家の庭には今色とりどりの花が発生しています。
4 元日の朝、わたしたちは山頂で太陽が発生するのを待った。

JLPT N3
파이널 테스트 4회

問題 1 _____のことばの読み方として最もよいものを、1・2・3・4から一つえらびなさい。

① 東の方から丸い月が出てきました。
   1 ほそい   2 かるい   3 まるい   4 ひくい

② 兄は大学で経営学を専攻しています。
   1 けいえいかく   2 けいえいがく   3 きょうえいかく   4 きょうえいがく

③ わたしはピアノの個人レッスンを受けています。
   1 こうにん   2 こにん   3 こうじん   4 こじん

④ 彼はアメリカ人旅行者を相手にいつも自分の英語の練習をしている。
   1 そうで   2 そうて   3 あいで   4 あいて

⑤ 彼の体重は同年齢の平均以上です。
   1 へいぎん   2 へいきん   3 ひょうぎん   4 ひょうきん

⑥ ハワイの海の美しさは想像どおりだった。
   1 そうじょう   2 そうしょう   3 そうぞう   4 そうそう

⑦ わたしの誕生日を覚えていてくれてありがとう。
   1 あさえて   2 おぼえて   3 ささえて   4 くわえて

⑧ わたしの荷物は税関で入念に検査された。
   1 けんさ   2 けんしゃ   3 げんさ   4 げんしゃ

問題 2 _____のことばを漢字で書くとき、最もよいものを、1・2・3・4から一つえらびなさい。

⑨ この計画にはいくつかのけってんがあります。
   1 欠点   2 欠店   3 決点   4 決店

10 妹はレストランにつとめています。
　　1 働めて　　　2 勉めて　　　3 強めて　　　4 勤めて

11 牧場はみどりに覆われていた。
　　1 涙　　　　2 緑　　　　3 泡　　　　4 縁

12 このマンションでペットを飼うのはきそく違反だ。
　　1 規則　　　2 規律　　　3 基則　　　4 基律

13 石をなげてくりの実を落とした。
　　1 役げて　　2 捨げて　　3 放げて　　4 投げて

14 わたしは次の駅でげしゃして次の普通電車を待った。
　　1 乗車　　　2 降車　　　3 下車　　　4 上車

問題3 （　　）に入れるのに最もよいものを、1・2・3・4から一つえらびなさい。

15 （　　）の不足は子どもの自然な発育をさまたげる。
　　1 礼儀　　　2 栄養　　　3 保護　　　4 沸騰

16 そのスポーツ選手は世界じゅうの人々の（　　）を集めている。
　　1 関心　　　2 評価　　　3 通信　　　4 発展

17 はげしいトレーニングを（　　）試合に臨むつもりです。
　　1 くんで　　2 あんで　　3 つんで　　4 やんで

18 このことはほかの人には（　　）だよ。
　　1 後方　　　2 中身　　　3 裏側　　　4 内緒

19 彼は国際レベルで渡り合えるだけの（　　）を備えている。
　　1 資源　　　2 実力　　　3 出張　　　4 自然

20 その選手はトーナメントに備えてきびしい（　　　）を始めた。
　1 決議　　　　　2 競技　　　　　3 訓練　　　　　4 経過

21 妹の髪は美しく（　　　）して肩にかかっている。
　1 ウェーブ　　　2 イメージ　　　3 エリート　　　4 オーダー

22 その本は伝記として分類されていますか（　　　）小説としてですか。
　1 ただし　　　　2 しかも　　　　3 そこで　　　　4 それとも

23 そのピアニストは体調不良を理由に演奏会を（　　　）した。
　1 オーバー　　　2 ストップ　　　3 キャンセル　　4 カット

24 忙しくて料理できない場合はレトルト食品に（　　　）ことが多い。
　1 預ける　　　　2 頼る　　　　　3 願う　　　　　4 尋ねる

25 彼女との待ち合わせを忘れるなんて君も（　　　）しているね。
　1 やっと　　　　2 ぐっすり　　　3 そっと　　　　4 うっかり

問題4　_____に意味が最も近いものを、1・2・3・4から一つえらびなさい。

26 早めに家を出て正解だった。
　1 わるかった　　2 よかった　　　3 まずかった　　4 おしかった

27 この件に関してはいっさいお任せします。
　1 ほとんど　　　2 大部分　　　　3 まるで　　　　4 全部

28 道路を横断する前に左右を確かめてください。
　1 わたる　　　　2 すわる　　　　3 はしる　　　　4 はいる

29 わたしはあなたに恥をかかせようというつもりはまったくなかった。
　1 まだ　　　　　2 もう　　　　　3 ぜんぜん　　　4 あまり

30 足元に気をつけてください。
    1 注意して   2 変更して   3 中止して   4 下車して

問題5 つぎのことばの使い方として最もよいものを、1・2・3・4から一つえらびなさい。

31 訪問
    1 今度の休みは家族で海を訪問したいです。
    2 首相は来月ロシアを訪問する予定です。
    3 思いがけず彼女にオリンピック出場のチャンスが訪問してきた。
    4 彼から長文の手紙が訪問して、「わあ、これは大変」と思った。

32 にぎる
    1 女の子は母親の手をしっかりとにぎった。
    2 彼女は髪をヘアバンドでにぎっている。
    3 彼が新しいチームの指揮をにぎることになっている。
    4 その水泳選手はにぎった体をしている。

33 翻訳
    1 名前の漢字をひらがなに翻訳してください。
    2 長い文章を短くわかりやすい文章に翻訳するのは難しい。
    3 言葉を飾らずにほかの言葉に翻訳して書いてください。
    4 その劇はギリシャ語から英語に忠実に翻訳された。

34 消費
    1 どうやらファイルをあやまって消費してしまったようだ。
    2 日本は新しい技術を消費して取り入れる能力が高い。
    3 この運動ではわずかなカロリーしか消費することができない。
    4 明日までにはどうしてもこのレポートを消費させなければならない。

[35] なぐさめる
1 落ち込んだときにはいつも、彼女になぐさめてもらっていた。
2 そのすばらしい庭園は訪れる人の目をなぐさめてくれる。
3 わが社では転勤をなぐさめたからといって昇進に差し障ることはない。
4 やっと来たね。もう来ないかとなぐさめていたよ。

JLPT N3 파이널 테스트 정답

1회 ▶p.276

問題1	1. ③	2. ④	3. ①	4. ①	5. ④	6. ②	7. ③	8. ①
問題2	9. ③	10. ②	11. ②	12. ②	13. ①	14. ④		
問題3	15. ①	16. ④	17. ③	18. ④	19. ③	20. ②	21. ②	22. ③	23. ④	24. ②	25. ①
問題4	26. ①	27. ②	28. ①	29. ①	30. ②			
問題5	31. ④	32. ③	33. ③	34. ④	35. ③			

2회 ▶p.281

問題1	1. ②	2. ③	3. ②	4. ④	5. ③	6. ④	7. ①	8. ④
問題2	9. ①	10. ③	11. ②	12. ①	13. ②	14. ①		
問題3	15. ④	16. ②	17. ④	18. ③	19. ②	20. ①	21. ②	22. ①	23. ②	24. ④	25. ③
問題4	26. ①	27. ②	28. ④	29. ①	30. ③			
問題5	31. ①	32. ②	33. ③	34. ④	35. ①			

3회 ▶p.286

問題1	1. ④	2. ①	3. ④	4. ②	5. ③	6. ③	7. ④	8. ②
問題2	9. ①	10. ④	11. ①	12. ②	13. ②	14. ④		
問題3	15. ③	16. ④	17. ③	18. ①	19. ②	20. ①	21. ③	22. ②	23. ④	24. ②	25. ③
問題4	26. ③	27. ④	28. ②	29. ①	30. ①			
問題5	31. ④	32. ③	33. ①	34. ②	35. ①			

4회 ▶p.291

問題1	1. ③	2. ②	3. ④	4. ④	5. ②	6. ③	7. ②	8. ①
問題2	9. ①	10. ④	11. ②	12. ①	13. ④	14. ③		
問題3	15. ②	16. ①	17. ③	18. ④	19. ②	20. ③	21. ①	22. ④	23. ③	24. ②	25. ④
問題4	26. ②	27. ④	28. ①	29. ③	30. ①			
問題5	31. ②	32. ①	33. ④	34. ③	35. ①